UNE FEMME AU SOMMET

SON EXCELLENCE
JEANNE
SAUVÉ

Couverture
- Conception graphique:
  KATHERINE SAPON
- Photo:
  YOUSOUF KARSH/MILLER SERVICES

Maquette intérieure
- Conception graphique:
  LAURENT TRUDEL
- Photocomposition et montage:
  COMPOTECH INC.

Équipe de révision
Anne Benoit, Jean Bernier, Patricia Juste,
Marie-Hélène Leblanc, Jean-Pierre Leroux, Linda Nantel,
Paule Noyart, Robert Pellerin, Jacqueline Vandycke

DISTRIBUTEURS EXCLUSIFS:

- Pour le Canada:
  AGENCE DE DISTRIBUTION POPULAIRE INC.*
  955, rue Amherst, Montréal H2L 3K4 (tél.: 514-523-1182)
  * Filiale de Sogides Ltée

- Pour la France et l'Afrique:
  INTER-FORUM
  13, rue de la Glacière, 75013 Paris (tél.: (1) 43-37-11-80)

- Pour la Belgique et autres pays:
  S. A. VANDER
  Avenue des Volontaires, 321, 1150 Bruxelles
  (tél.: (32-2) 762.98.04)

UNE FEMME AU SOMMET

SON EXCELLENCE

JEANNE SAUVÉ

SHIRLEY E. WOODS

Traduit de l'anglais
par
Jacques Constantin.

LES ÉDITIONS DE L'HOMME*

CANADA: 955, rue Amherst, Montréal H2L 3K4

*Division de Sogides Ltée

Données de catalogage avant publication (Canada)

Woods, Shirley E.

   Une femme au sommet, son Excellence Jeanne Sauvé

   Publ. aussi en anglais sous le titre:Her Excellency
Jeanne Sauvé.

   2-7619-0633-0

   1. Sauvé, Jeanne, 1922-   . 2. Gouverneurs généraux - Canada - Biographies. I. Titre.

FC631.S38W66 1986   971.064'092'4   C86-096422-1
F1034.3.S38W66 1986

© 1986 LES ÉDITIONS DE L'HOMME,
DIVISION DE SOGIDES LTÉE
Tous droits réservés

Bibliothèque nationale du Québec
Dépôt légal — 4ᵉ trimestre 1986

ISBN 2-7619-0633-0

Édition originale: *Her Excellency Jeanne Sauvé*
Macmillan of Canada Publishing Ltd.
ISBN 0-7715-9899-8

À Sandrea

Préface

Ma première rencontre avec un gouverneur général remonte à février 1938. J'avais quatre ans. Nous habitions alors, en banlieue d'Ottawa, un quartier peu peuplé, situé à un ou deux kilomètres de Rideau Hall. J'avais, cet hiver-là, pris l'habitude de me cacher, par jeu, derrière une des colonnes de pierre sur lesquelles s'ouvrait l'allée de notre maison. Et je me mettais à l'affût des passants. Mis à part le laitier et son traîneau, il ne passait pas là grand monde, et mes cibles étaient rares. Les seuls passants sur lesquels j'aurais pu compter étaient deux hommes aux manteaux gris, qui déambulaient par là presque chaque après-midi. Cibles toutes désignées, jusqu'au jour où ma mère me surprit en train de les bombarder de boules de neige. Elle descendit l'allée à la course, me saisit par l'oreille et m'entraîna énergiquement hors des lieux du crime. J'appris plus tard qu'un de ces messieurs s'appelait Shuldham Redfern, alors secrétaire du gouverneur général, et qui porta par la suite le titre de Sir Shuldham. Quant à l'autre, c'était... Lord Tweedsmuir en personne.

À Tweedsmuir succéda le comte d'Athlone, qui avait pour épouse la princesse Alice. La guerre qui sévissait en Europe les avait amenés à prendre avec eux au Canada leur petit-fils, Richard Abel-Smith. Or, celui-ci était mon condisciple et ami, à l'école Ashbury. À ce titre, je fus invité à plus d'une réception d'enfants données en son honneur à Rideau Hall. Avant chacune de ces sorties, on me frottait et me polissait comme un sou neuf, et l'on me sermonnait sur la conduite à tenir. La fête commençait toujours sur un ton guindé, jusqu'à ce qu'on passât à la salle de bal pour jouer à la chaise musicale. Mais alors le diable était de la partie. Au son de marches militaires exécutées par une fanfare, l'excitation s'emparait de nous tous. Je me souviens, comme si c'était hier, d'un valet de pied, perclus d'arthrite, qui voulut déplacer une chaise; il fut renversé par deux garçons qui, à toute allure, fonçaient dans sa direction. La princesse Alice, frêle comme un oiseau, présidait à ces fêtes. Elle dégageait, malgré sa petite taille, une force avec laquelle il fallait composer, et nous la redoutions.

Le comte d'Athlone eut pour successeur le vicomte Alexander, maréchal de l'armée anglaise et militaire distingué. Des membres de la noblesse britannique qui occupèrent ici la fonction de gouverneur général, il fut le dernier — et peut-être, aussi, le plus populaire. J'ai connu sa fille Rose durant son séjour à Ottawa: d'abord adolescente, puis faisant ses débuts mondains. Du même âge qu'elle, j'étais invité aux bals qu'on donnait chaque année en son honneur. Invitations prestigieuses, puisque la résidence du gouverneur représentait le sommet de l'échelle sociale. Certes, je m'estimais tout à fait adulte avec ma cravate blanche et mon habit à queue. Mais ma mère me poursuivait encore de ses admonestations sur la bonne tenue; elle y allait même d'un couplet sur la modération dans le boire. Je ne suivais pas à la lettre tous ses conseils, et ces réceptions étaient formidables. Elles marquaient le point culminant de la période des fêtes de Noël.

C'est à Vincent Massey qu'incomba le rôle ingrat de premier gouverneur général d'origine canadienne. Non seulement lui fallait-il — tâche ardue — égaler la performance de son prédécesseur mais il devait encore faire mentir un certain monarchisme inconditionnel, qui voyait dans la nomination d'un homme du commun une perte de prestige pour la fonction de gouverneur général. Profonde erreur. Massey, homme d'une culture exceptionnelle, avait de la classe. Lord Cranborne, garde du petit sceau de la reine, disait de lui: «Bon diable, ce Massey; mais à ses côtés, on a tous l'impression d'être des sauvages.»

À l'âge de dix-neuf ans, je fus admis dans la garde à pied du gouverneur. Ce corps a pour rôle, en particulier, de servir de garde d'honneur au gouverneur général durant les cérémonies d'ouverture du Parlement. À l'hiver 1954, j'y étais officier subalterne pour l'inauguration de la session. Vêtus de la capote Athol Grey et du bonnet à poil, nous étions en rangs devant la tour de la Paix, dans l'attente du cortège officiel. Massey, que ne gênait ni son âge ni le froid rigoureux de cette journée d'hiver, arriva en carrosse ouvert, escorté de gendarmes à cheval, aux lances décorées de fanions. Spectacle prenant. Quand s'arrêta devant nous le carrosse, nous fîmes le salut royal, et la fanfare entonna le «Dieu protège la Reine». Comme l'heure sonnait au carillon de la tour, une batterie de canons, postée non loin de là, lança la première des vingt et une salves du salut royal. Chaque coup de l'horloge, chaque coup de canon produisaient un bruit assourdissant, que je sentais jusqu'à l'estomac. Pendant la revue de la garde comme pendant tout le reste de la cérémonie, Massey, vêtu du chapeau à plume blanche et de tous ses atours officiels, manifesta une aisance digne d'un roi.

Pour la nomination du premier gouverneur général d'origine canadienne-française, on ne pouvait trouver meilleur choix que le major-général Georges Vanier. Celui-ci avait combattu vaillamment durant la Première Guerre mondiale, où il avait perdu une jambe; puis il avait accompli une brillante carrière de diplomate. Comme sa digne épouse Pauline, il était parfaitement bilingue et se préoccupait beaucoup de l'harmonie à faire régner entre les deux peuples fondateurs du pays. Frâce à une chaleur et à une élégance qu'on n'est pas près d'oublier, ce couple étroitement uni introduisait à Rideau Hall des standards difficiles à surpasser.

Après Georges Vanier vint Roland Michener, boursier de Rhodes, celui-ci avait été ministre au sein du cabinet conservateur, puis président de la Chambre des communes. Il était haut-commissaire du Canada en Inde lorsque le premier ministre Pearson l'invita à devenir gouverneur général. Michener donna un nouveau lustre à cette fonction, par l'enthousiasme et la vigueur qu'il y apporta. Je fus maintes fois convié à jouer avec lui au curling, sur la patinoire extérieure de Rideau Hall. Il s'agissait de parties improvisées sans cérémonie, et l'expérience des joueurs était très inégale. Ardent au jeu et féru de victoire, Michener restait beau joueur sur la patinoire — et hôte charmant, la partie terminée.

Jules Léger, frère cadet du cardinal Paul-Émile Léger, avait fait carrière dans la diplomatie. Esprit intelligent et cultivé, il portait aux arts un intérêt considérable. Le malheur voulut que, six mois après son assermentation, il fût frappé d'une congestion cérébrale, dont il ne se remit jamais tout à fait. Avec un courage digne d'admiration, il s'efforça d'exercer ses fonctions. Mais il dut maintes fois déléguer celles-ci à sa charmante épouse, Gabrielle, et son état de santé devint pour lui un sérieux handicap.

On choisit, pour lui succéder, Ed Schreyer. Cette nomination n'alla pas sans causer quelque surprise. Schreyer avait passé sa vie en politique. Il arrivait tout droit du Manitoba où, après avoir été premier ministre, il était devenu chef de l'opposition. Itinéraire insolite pour un gouverneur général, dont la fonction se situe au-dessus des partis et ne doit comporter aucune attache politique. (Roland Michener, et plus tard Jeanne Sauvé, furent un temps présidents de la Chambre des communes et prirent ainsi quelque distance par rapport à leur passé politique.) Nommé à l'âge de quarante-quatre ans, Schreyer devenait le plus jeune titulaire de la fonction de gouverneur général. Avec lui aussi j'eus plusieurs fois l'occasion de jouer au curling à Rideau Hall; il m'apparut comme un homme d'une grande sincérité, mais peu porté vers la communication.

La nomination de Jeanne Sauvé, au contraire, provoqua peu de surprise. C'est que la tradition de l'alternance réclamait un francophone, et que le temps était venu de confier à une femme le poste de gouverneur général.

Je savais d'elle bien peu de choses, si ce n'est les controverses qui l'entouraient sur la colline parlementaire. Curieux d'en savoir plus, je partis à la chasse aux renseignements et j'interrogeai à son sujet des amis bien informés. Ce que je découvris piqua ma curiosité et me mit en appétit d'écrire sa biographie. Inutile, cependant, de me lancer dans une telle entreprise sans la collaboration de l'héroïne. Je la lui demandai donc.

Madame Sauvé étudia ma requête pendant plus de deux mois avant de donner son feu vert. Malgré la collaboration qu'elle m'a prodiguée, ce livre ne constitue pas une biographie «officielle». Madame Sauvé n'a ni lu ni approuvé quelque partie que ce soit du manuscrit; elle ne saurait donc être tenue responsable du contenu de celui-ci. Ainsi était assurée ma liberté d'écrire les choses telles que je les percevais et d'assumer intégralement les opinions que j'exprime ici.

CHAPITRE PREMIER
Prud'homme

Ottawa, 29 octobre 1984. Par un jour radieux, la capitale se prélasse encore dans la douceur de l'été des Indiens. Dans le parc de la résidence du gouverneur, les arbres se sont dépouillés de leur frondaison, mais au sol l'herbe verte soigneusement ratissée évoque une chasse gardée de cerfs.

Aux douze coups de midi, un cortège de quatre automobiles quitte Rideau Hall par la sortie latérale. En tête, une limousine noire arbore sur l'aile un petit drapeau bleu et, sur la plaque, la couronne d'or qui, posée en relief sur fond écarlate, tient lieu d'immatriculation. Assis à côté du chauffeur en livrée, un jeune officier de marine porte la bride d'épaulette lisérée d'or: c'est l'aide de camp. Seule autre passagère à bord: une femme toute menue, aux cheveux blancs élégamment coiffés, à la peau impeccable, aux yeux d'un bleu-vert inoubliable. Madame porte aujourd'hui un chic tailleur de tweed bourgogne, avec chemisier assorti et bijoux d'or. Malgré la douceur du temps, elle est coiffée d'une toque de vison; un manteau de même fourrure repose à ses côtés sur la banquette.

Cette femme, c'est Son Excellence Madame Jeanne Sauvé, CP., C.C., C.M.M., C.D., D.H.L., Ph. D. (Sciences), L.L.D., gouverneur général du Canada et représentante du souverain régnant. Les origines de cette fonction remontent à Samuel de Champlain, institué gouverneur de Nouvelle-France en 1627. Première femme de toute l'histoire du Canada à occuper ce poste, Madame Sauvé est le soixantième vice-roi depuis Champlain, et le

13

trente-troisième depuis la Confédération. Nommé par le souverain lui-même, le gouverneur général se situe au-dessus des débats politiques et incarne tout le peuple canadien.

Pour mieux comprendre les aspirations de ce peuple, pour connaître les problèmes que celui-ci affronte, le gouverneur général parcourt le pays. Par cet après-midi doré d'octobre, Madame Sauvé part justement pour la Saskatchewan, où elle va effectuer une tournée officielle. Il y a quelques heures à peine, on l'a mise en garde contre les températures hivernales que connaît déjà l'Ouest: de là la fourrure dont elle s'est munie.

Sitôt franchies les barrières de Rideau Hall et enfilée la promenade Sussex, la seconde voiture du convoi, une berline grise, se met à talonner la limousine vice-royale, presque pare-chocs contre pare-chocs; elle la suivra ainsi jusqu'à l'aéroport, débordant sans cesse la ligne médiane de la route. À bord de la berline grise, deux hommes et une femme. Leur attitude décontractée de touristes en balade contraste singulièrement avec l'attention vigilante qu'exerce le chauffeur. Touristes? Pas tout à fait. Ce sont, en vêtements civils, trois officiers de la Gendarmerie royale — et tous trois armés!

Cette berline, c'est, en langage policier, un véhicule d'intervention; il a pour mission de tenir à distance les agresseurs éventuels. Gardant obstinément le centre de la route, il peut déjouer toute tentative de doubler la limousine vice-royale: d'un coup de volant, il bloquerait à l'intrus la voie de dépassement, quitte à provoquer une collision qui lui vaudrait doublement son appellation anglaise de *crash-car*.

Vingt minutes après le départ de Rideau Hall, le cortège débouche sur la piste d'envol d'Uplands, aéroport militaire situé en banlieue d'Ottawa. À peine la limousine s'est-elle immobilisée, l'aide de camp est debout à la porte arrière, qu'il ouvre en saluant. Son Excellence en descend, accueillie par le commandant de la base. À deux pas de là, les occupants de la voiture de sécurité sont aux aguets. Pendant que Madame Sauvé échange quelques mots avec l'officier commandant, son secrétaire enjoint les gens de la suite de prendre place à bord de l'avion posé sur la piste. Car une règle protocolaire veut que le gouverneur général soit toujours le dernier à monter à bord d'un avion ou d'un bateau — et le dernier à en descendre. Voici donc tout ce monde en place. Le commandant de la base peut donc accompagner Madame Sauvé jusqu'au pied de la passerelle, où il lui fera le salut d'adieu. Quelques instants encore et l'aéronef roulera au sol avant de s'envoler vers la Saskatchewan.

Le vol durera cinq heures pour ce Convair de type Cosmopolitan: c'est un des rares avions à hélices que l'escadrille n° 412 utilise encore pour le transport des passagers de marque. Certes, Madame Sauvé aurait très bien pu prendre, comme on l'y encourageait, un Challenger 600, cet avion à réaction construit par Canadair. Mais voilà... Madame n'est pas très brave dans les airs. Elle a naguère entendu, de la bouche de ses collègues du cabinet, d'horribles histoires sur ce Challenger 600 et, jusqu'en 1985, elle a refusé d'y mettre le pied. Le Cosmopolitan, malgré sa lenteur, reste à la fois fiable et confortable. Son compartiment arrière, qu'occupe Madame Sauvé, est meublé à la façon d'un salon, avec fauteuils rembourrés et sofa. Le compartiment avant, où a pris place la suite vice-royale, offre des tables recouvertes de nappes blanches et rappelle un wagon-restaurant.

Une des étapes importantes de la tournée en Saskatchewan sera la visite de Prud'homme, village natal de Madame Sauvé. Il tarde à celle-ci de revoir ces lieux, qu'elle a quittés à l'âge de trois ans sans jamais y revenir. Son mari, Son Excellence Monsieur Maurice Sauvé, n'a pu l'accompagner pour ce retour aux sources; elle a donc invité son frère, Jean Benoit, ainsi que Berthe Belisle, leur soeur aînée devenue veuve. La suite vice-royale se compose de dix personnes, dont M. Esmond Butler, secrétaire du gouverneur général; Mme Marie Bender, attachée de presse; Mme Liane Benoit, attachée, chargée de la rédaction des discours en langue anglaise; et Mme Thelma Francoeur, habilleuse.

Une heure s'est écoulée depuis le décollage d'Ottawa. Un maître d'hôtel en uniforme sert le lunch. Après quoi la plupart des membres de la suite font la sieste. À leur réveil, le paysage qui se déploie sous l'avion a viré du brun au blanc annonçant que l'Ouest du pays a déjà basculé dans le royaume de l'hiver.

À la fin de l'après-midi, Madame Sauvé passe au compartiment avant pour y discuter du déroulement d'une conférence de presse. Elle remarque, sur la table voisine de Mme Bender, une revue féminine populaire que vient de parcourir Mme Benoit; la couverture affiche, à côté d'une jeune beauté fort aguichante, des titres qui ne le sont pas moins. Madame Sauvé saisit le magazine, dont elle examine un instant la couverture. Puis elle lit à haute voix l'un des titres: «Quand une femme occupe de hautes fonctions, où trouve-t-elle le temps de faire l'amour?» Toute la suite observe un silence gêné, jusqu'à ce que Madame Sauvé déclenche le rire général par un simple commentaire: «Tenez, je devrais lire ça!»

À la tombée de la nuit, l'avion se pose à l'aéroport de Regina. Trois dignitaires s'y tiennent déjà avec leurs épouses, pour accueillir le gouverneur général: le lieutenant-gouverneur de la province, M. Frederick Johnson; le premier ministre, M. Grant Devine; ainsi que le maire de la ville, M. Larry Schneider. À leurs côtés, une poignée de photographes tremblant de froid, et une équipe de télévision tout aussi transie, s'apprêtant à filmer l'arrivée. La porte de l'avion s'ouvre, et Madame Sauvé fait son apparition au sommet de la passerelle. Au même instant, une bourrasque glacée lui rabat les cheveux sur la figure. Combat inégal. Madame réintègre la carlingue pour replacer sa coiffure, puis, tenant d'une main celle-ci, entreprend en toute sérénité la descente de l'escalier.

Échange de poignées de main avec ses hôtes, qui l'entraînent bientôt dans une longue limousine grise, en route pour la conférence de presse. Oui, vous avez bien vu: c'est la voiture personnelle du premier ministre, que celui-ci a mise à la disposition de Madame Sauvé pour la durée de la tournée. La conférence de presse terminée, on emmène Madame à l'hôtel Saskatchewan. La direction de celui-ci a littéralement fait dérouler le tapis rouge. Entouré de ses directeurs de service — dont le chef de cuisine, coiffé de sa haute toque blanche —, le patron de l'établissement accueille Son Excellence à l'entrée; il a confié à sa propre fille, âgée de huit ans, le soin de présenter un bouquet de fleurs à la visiteuse. Puis on accompagne celle-ci jusqu'à l'appartement royal, situé au huitième étage.

D'autres chambres du même étage logeront les membres de la suite vice-royale. Mais les pièces contiguës à celles qu'occupe

16

Madame Sauvé sont réservées à des membres de la Gendarmerie, habillés en costumes civils et munis de tout un équipement de détection électronique.

Une fois les cérémonies officielles terminées, l'aide de camp sollicite de Madame Sauvé la permission de prendre congé; ses grands-parents, explique-t-il, vivent sur une ferme non loin de Regina et espèrent le rencontrer ce soir à l'hôtel même. Madame acquiesce de bon coeur, et manifeste même le désir de rencontrer les grands-parents du jeune homme. Or, on a invité la suite vice-royale et le personnel du protocole de la province à prendre l'apéritif ensemble dans l'appartement royal — question de lier connaissance dans une atmosphère détendue. Pendant une vingtaine de minutes, les conversations languissent, cérémonieuses et guindées.

Là-dessus arrive l'aide de camp, accompagné de ses grands-parents. Le vieux couple, qui ne s'attend pas le moins du monde à rencontrer le gouverneur général, paraît incongru dans ses habits de tous les jours. Comme l'aide de camp s'emploie à présenter ses aïeuls à Son Excellence, voici que grand-mère saute au cou de Madame Sauvé et embrasse celle-ci sur la joue. Le silence tombe comme un couperet: la coutume ne veut-elle pas qu'on serre la main du gouverneur général? Les femmes, souvent, n'esquissent-elles pas une révérence? Imperturbable devant cet accroc au protocole, Madame Sauvé rend à la grand-mère une chaleureuse bise. Puis elle invite auprès d'elle l'aide de camp et ses grands-parents et fait pendant dix bonnes minutes la conversation avec le trio, si bien que le vieux couple, en quittant la salle, nage en pleine euphorie.

Le lendemain s'amorce la partie officielle de la tournée. On a, bien sûr, prévu pour le gouverneur général une promenade en carrosse jusqu'au Parlement, où les autorités provinciales doivent l'accueillir en grande pompe. Mais le froid qui sévit a déjoué ces plans. Il a même gelé toute la surface de la rivière Wascana et forcé les bernaches du Canada à se poser sur la glace. On a dû mettre à couvert la fanfare, ainsi que la centaine d'hommes qui forment la garde d'honneur. Fort heureusement, l'immeuble qui abrite l'Assemblée législative est aussi vaste qu'imposant, et tous trouvent place sous la rotonde à colonnes de marbre — même les centaines d'écoliers brandissant des drapeaux, et les adultes accourus en nombre au moins égal. Accueil bruyant, surtout avec les vingt et un coups de canon qui retentissent devant l'immeuble, en guise de salut royal. À la fin de la cérémonie, Madame Sauvé s'entretiendra avec plusieurs des jeunes gens venus la saluer. L'un d'eux, à qui elle demande s'il fait partie de quelque troupe scoute, en reste d'abord bouche bée; mais il retrouve bientôt son aplomb pour répondre qu'il est louveteau.

Le président de l'Assemblée législative entraîne ensuite le gouverneur général dans une visite de ce haut lieu. Longtemps présidente de la Chambre des communes à Ottawa, Madame manifeste un vif intérêt à la disposition des sièges de ce parlement provincial et aux règlements dont il s'est doté. Son expérience des télécommunications explique aussi la curiosité qu'éveille chez elle l'équipement vidéo, très sophistiqué, mis à contribution pour la diffusion des débats parlementaires. À l'invitation du premier ministre Devine, le gouverneur général prend ensuite part à un goûter au cours duquel on lui présente les membres du cabinet ainsi que le chef de l'opposition.

L'agenda du séjour à Regina prévoit maintenant la visite du «Chip and Dale Home». Il s'agit d'un établissement spécialisé dans le traitement d'enfants souffrant de handicaps profonds. C'est la seule institution du genre à Regina — et l'une des rares, d'ailleurs, dans tout le pays. Étant elle-même mère de famille, Madame Sauvé témoigne une grande sympathie à l'égard des patients et s'arrête auprès de chacun d'eux. On célèbre justement le premier anniversaire de la fondation de la maison; aussi Madame Sauvé tranchera-t-elle le gâteau symbolique. Dans son allocution au personnel, elle louera la compétence et le dévouement dont ses membres font preuve auprès des enfants.

Au sortir du foyer «Chip and Dale», le gouverneur général partage dans l'intimité le déjeuner avec le lieutenant-gouverneur de la province, à la résidence officielle de ce dernier. C'est un vaste hôtel particulier d'inspiration victorienne, aux plafonds élevés et aux escaliers tournés en spirale, avec salle de bal et serre. Après plusieurs années d'abandon, cette demeure a retrouvé depuis peu sa splendeur d'antan. Pour conserver aux pièces l'aspect qu'elles offraient au tournant du siècle, on a apporté à leur restauration un soin minutieux; on est allé jusqu'à reconstituer des papiers peints à partir de lambeaux des originaux. L'immeuble sert désormais de musée, en même temps que de résidence officielle au lieutenant-gouverneur. Sous la conduite éclairée du maître de céans, Madame Sauvé effectue après le lunch une visite des lieux.

L'après-midi de cette même journée est consacré à la visite du siège social de la Gendarmerie royale, à Regina. Ce vaste établissement, connu sous l'appellation de Division «F», comprend, entre autres, le Centre de formation des recrues. Son Excellence est accueillie au siège social par le commissaire général de la Gendarmerie et par l'officier commandant du Centre, qui lui font visiter les lieux. Madame Sauvé gagne ensuite le bureau du commissaire adjoint, Bill Neill, officier commandant de la Division.

Décor austère. Bill Neill est un homme aux cheveux blonds et courts, à la figure sympathique et au sourire amical; embarrassé, il est assis derrière son bureau. Sa place aurait été là, en bas, pour accueillir le gouverneur général; mais Neill s'est cassé une jambe il y a quelques jours, et le voilà engoncé dans un plâtre qui lui monte jusqu'à la hanche. Il est mal à l'aise à la seule pensée que Madame Sauvé se soit déplacée pour le rencontrer dans son bureau à lui. À l'entrée de la visiteuse, il a bien tenté de se lever pour lui serrer la main, mais il s'est bêtement effondré sur son fauteuil. Madame Sauvé s'enquiert d'abord de l'état de sa santé, puis entreprend de lui poser des questions précises et pertinentes sur le rôle des femmes au sein de la Gendarmerie. Sans être féministe radicale, elle croit fermement à l'égalité des droits pour la femme.

Ayant ainsi réglé son tir, elle poursuit impitoyablement l'interrogatoire. On sent grandir l'embarras de Neill, jusqu'à ce qu'intervienne en douceur le commissaire général, M. Bob Simmonds. Cet homme singulier allie à une allure militaire le calme et l'autorité d'un recteur d'université. Avec un tact consommé, il saisit au vol les questions de l'examinatrice et y répond, au soulagement de tous.

Au Centre de formation, le gouverneur général adresse la parole aux recrues. Puis, le cortège vice-royal se dirige vers la

19

chapelle de la Gendarmerie. C'est le plus vieil édifice de tout Regina. Ses murs de crépi sont les témoins d'une longue histoire. Sait-on, par exemple, que les drapeaux qui flanquent l'autel sont ceux-là mêmes qui flottaient en 1875 sur le fort Walsh? Et que, à l'intérieur, les plaques commémoratives qui ornent les murs de bois remontent à l'époque lointaine de la rébellion du Nord-Ouest? Le mur du fond est tapissé de petites plaques rappelant les membres de la Gendarmerie tués dans l'exercice de leurs fonctions. L'une d'elles paraît émouvoir particulièrement Madame Sauvé: elle rappelle le souvenir de Margaret Clay, femme du sergent fourrier Clay, commandant du détachement de Chesterfield Inlet. Le 19 septembre 1984, à l'âge de trente-deux ans, elle connut une fin tragique: en l'absence de son mari parti en patrouille, elle sortit pour nourrir les chiens de traîneaux; elle fit une chute, et ses chiens lui infligèrent des blessures mortelles.

La visite de la chapelle est suivie d'un thé, servi au mess des officiers. Là, on présente au gouverneur général une cinquantaine d'officiers accompagnés de leurs épouses, et plusieurs s'entretiennent avec l'illustre visiteuse. Puis c'est, à quatre heures, le retour à l'hôtel Saskatchewan.

Madame Sauvé a déjà prononcé, depuis le petit déjeuner, cinq allocutions impromptues; mais il reste un important discours à donner ce soir à l'occasion d'un dîner d'État qu'offre le premier ministre, M. Grant Devine. Dès son retour à l'hôtel, Madame Sauvé convoque sa nièce, Liane Benoit, préposée aux discours en langue anglaise, pour qu'ensemble elles apportent au texte les changements de dernière minute. Cette méthode comporte toutefois certains risques, car Son Excellence multiplie les corrections manuscrites, que parfois elle éprouve quelque difficulté à relire en public.

Pour le dîner, Madame porte une robe de bal en soie vert émeraude, à manches longues et corsage ajusté. Cette couleur se marie bien à celle de ses yeux, tout en créant un frappant contraste avec sa chevelure blanche. Madame Sauvé arbore à l'épaule une boucle rouge et blanc avec l'insigne des compagnons de l'Ordre du Canada et, à la poitrine, une brochette de petites médailles. Il est sept heures vingt quand le commandant K.C. Mc-Caw, aide de camp honoraire, et M. Michael Jackson, chef du protocole de la province, accompagnent le gouverneur vers l'étage inférieur où, salle Victoria, une réception se tiendra avant le dîner.

Ce dîner est offert en l'honneur de Jeanne Sauvé et d'autres personnes qui, originaires de la Saskatchewan, se sont illustrées comme elle dans le monde.

La liste des invités affiche des noms venus de tous les champs d'activité; plusieurs de ces personnes n'ont pas revu leur province depuis des années. Une fois tout ce monde assis à table, l'observateur reste impressionné du nombre de célébrités qui ont vu le jour dans cette province dont la population est pourtant clairsemée. Parmi les quatre cents invités, on remarque le gouverneur de la Banque du Canada et son adjoint, le président de l'Imperial Oil et celui de Gulf Canada, l'archevêque anglican de Winnipeg, trois recteurs d'université, le greffier de la Chambre des communes, le commissaire de la Gendarmerie royale, le journaliste Alan Fotheringham, la journaliste et vedette de télévision Pamela Wallin, ainsi que la chanteuse folkloriste Joni Mitchell. À ces noms bien connus s'ajoutent ceux d'une cinquantaine d'hommes et de femmes décorés de l'Ordre du Canada.

Dans son allocution de bienvenue, le premier ministre trébuche plus d'une fois sur la prononciation du prénom de Jeanne, qui devient dans sa bouche la «Djiiine» des anglophones. Madame Sauvé saura bien restituer dans son discours l'esprit de cette soirée exceptionnelle. Elle commencera par raconter de savoureuses anecdotes reliées à Prud'homme, son village natal. Elle observera aussi avec humour que, si tous les invités de ce soir quittaient simultanément leurs fonctions, on verrait de larges secteurs de la vie canadienne s'arrêter soudainement de fonctionner. Sur un ton plus grave, elle rendra ensuite hommage aux pionniers dont le travail acharné a créé cette province, mais dont toute la vie s'est déroulée dans l'obscurité de l'anonymat. La foule des invités, dans un geste spontané, se lèvera pour applaudir ce discours.

Le dîner est suivi, pour les invités spéciaux et pour leurs conjoints, d'une réception privée, offerte dans une suite de l'hôtel. Même si les invités y sont peu nombreux, et triés sur le volet, on n'en remarque pas moins la présence d'un membre de la Gendarmerie. Il s'agit, en fait, d'un gendarme en vêtements civils, d'autant plus difficile à repérer qu'elle se mêle aux autres invités. Jeune et svelte, jolie et peu maquillée, elle est vêtue d'une robe très simple et porte à la main un réticule. Ce dernier contient un revolver *Smith and Wesson*, calibre .38, à canon court. Lorsque Son Excellence prendra congé, cette jeune femme fera partie du groupe qui l'escortera jusqu'à la suite royale.

Ce soir-là, une autre tempête s'abat sur la province. Le lendemain matin, la neige qui poudroie réduit à zéro la visibilité et entraîne à l'aéroport de Regina l'annulation de tous les vols. Plusieurs des invités venus de l'extérieur pour participer au dîner se voient retenus au sol pour la journée. Même l'horaire de Madame Sauvé en est perturbé: elle qui devait s'envoler vers Saskatoon dès après le petit déjeuner apprendra, par l'officier coordonnateur du voyage, que cela est maintenant impossible. Faut-il, dès lors, attendre l'accalmie et partir à la faveur de celle-ci, ou simplement annuler toutes les visites figurant au programme du jour? Consciente de tous les efforts qu'a exigés la mise sur pied d'un tel programme — et particulièrement la visite à Prud'homme —, Madame Sauvé est bien résolue à respecter ses engagements. Les appels téléphoniques se succèdent tant et si bien qu'on voit bientôt surgir une version remaniée de l'horaire de la journée.

Peu après dix heures ce matin-là, on quitte l'hôtel, après avoir accompli tout le rituel protocolaire, y compris celui du tapis rouge. Mais, au lieu de prendre place sur la banquette arrière d'une limousine, Son Excellence monte à bord d'un autobus nolisé; c'est encore, compte tenu du mauvais temps, le véhicule le plus rapide pour franchir les deux cent cinquante kilomètres qui séparent Regina de Saskatoon, où les autorités municipales ont préparé pour le gouverneur général un déjeuner officiel. Avec sa soeur Mme Belisle, Madame Sauvé prend place sur la première banquette, du côté opposé au chauffeur, les autres membres de la suite occuperont la partie arrière de l'autobus. On trouvera aussi à bord l'inspecteur Larry Gallens qui, responsable de la sécurité, garde constamment le contact radio avec le siège social de la Gendarmerie. Voyage fort long, agrémenté seulement de quelques coups d'oeil sur la prairie enneigée. Une heure après avoir quitté Regina, l'autobus s'arrête à un modeste restaurant situé au bord de la route. Le propriétaire de l'établissement n'en croit pas ses yeux quand il aperçoit devant sa porte cet autobus de la grande ville, et moins encore à la vue de l'officier de marine qui, dans son uniforme galonné d'or, vient commander... une douzaine de cafés «à emporter». La suite du voyage se passe sans histoire et, à deux heures moins le quart, nos «touristes» s'amènent devant l'édifice du Centenaire, à Saskatoon.

Le repas a été annoncé pour midi; impossible d'entrer en contact avec chaque invité pour l'aviser du retard. Aussi tout ce monde a-t-il attendu patiemment à table pendant deux heures; quelques-uns seulement sont partis. C'est un bel hommage à Madame Sauvé et un témoignage de l'hospitalité de la Saskatchewan. Dans son allocution, le populaire maire de la ville — Son Honneur M. Cliff Wright — fait remarquer que c'est aujourd'hui l'«Halloween» et que, même s'il ne fait pas encore nuit, chaque invité a déjà connu son mauvais tour et reçu son cadeau[1]: le mauvais tour étant ce sale temps, et le cadeau, la présence du gouverneur général.

Le commandant de la base accueille Madame Sauvé et l'entraîne vers le réfectoire, où les élèves de l'école de Radar Hill attendent avec impatience. Deux enfants de cinq ans présentent un bouquet de fleurs à Son Excellence, qui, dans chacune des classes, s'entretient avec les élèves. Puis, elle s'adresse à l'ensemble des élèves réunis dans la salle. Tous, fait-elle observer, lui ont dit adorer l'école; ils ne sauraient donc que faire d'un congé (qu'intérieurement, elle compte bien décréter en l'honneur de sa visite). Consternation et incrédulité dans la salle; puis, c'est un choeur de protestations unanimes. Madame Sauvé feint d'abord la surprise, puis fait mine de se raviser pour, enfin, convenir que le lendemain sera férié. L'annonce soulève des cris de joie et trois salves d'applaudissements.

---

1. Le soir de l'Halloween, veille de la Toussaint, les enfants, selon la tradition, se déguisent pour effectuer une tournée de petits fous (*tricks*), chez les voisins et les amis qui les reçoivent et leur distribuent de petits cadeaux (*treats*). (N.D.T.)

C'est sur cette note gaie que le gouverneur général prend congé des enfants, pour se rendre au mess des officiers. Là lui sont présentés les membres du personnel militaire et civil de la base, ainsi que leurs conjoints. À titre de commandant en chef des Forces armées canadiennes, le gouverneur général félicite ses auditeurs pour l'excellence de leur conduite et souligne l'importance du poste de radar pour la sécurité du pays. En remerciant l'illustre visiteuse, le commandant de la base présente à celle-ci une plaque en souvenir de Radar Hill. Et lorsque la limousine quitte la base, les sentinelles ont, comme par enchantement, regagné leur poste.

Puis, c'est le départ pour Prud'homme, point culminant du voyage de Son Excellence. Deux fois, pendant le trajet, le fanion vice-royal tombera de la limousine: le froid rigoureux s'entête à gêner l'effet de la ventouse qui fixe le petit drapeau à l'aile du véhicule. Chaque fois, l'aide de camp doit sortir du véhicule et, pour réinstaller le fanion, cabrioler sur la route glacée — au grand amusement de ses amis, passagers de l'autobus qui vient derrière. Déjà le jour tombe lorsque le cortège prend un chemin de traverse. Un peu plus loin, une enseigne annonce le village de Prud'homme et rappelle fièrement que c'est là que naquit Madame Jeanne Sauvé, gouverneur général du Canada. On aperçoit au loin la silhouette de trois élévateurs à grain, dont un a été construit par le père de Jeanne.

C'est d'abord la paroisse catholique romaine des saints Donatien et Rogatien qui reçoit Son Excellence. L'église rappelle à Madame Sauvé à la fois ses racines spirituelles et ses racines familiales. Jeanne Sauvé n'a-t-elle pas été baptisée dans cette église? Et son père n'a-t-il pas construit ce clocher de bois? Au pied des marches, deux hommes attendent la visiteuse: le maire, Steve Sopotyk, et le curé de la paroisse, le père Gaston Massé. De chaque côté d'eux se tiennent les membres de la Gendarmerie qui, portant tunique écarlate et bonnet de fourrure, saluent Son Excellence à sa descente de l'auto. Le gouverneur gravit les marches sous l'arche étincelante des épées: c'est la garde d'honneur des Chevaliers de Colomb, vêtus de leurs longues capes et de leurs chapeaux à plume blanche. À l'entrée de la visiteuse, le calme se fait dans l'église, puis tout le monde se lève. Madame Sauvé

24

monte la grande allée, au chant de «Les Voix de chez nous». Avec sa soeur et son frère, elle prend place au premier banc, suivie des autres membres de sa suite.

Comme elle signe le livre d'or, Esmond Butler jette un coup d'oeil circulaire sur le temple rempli à craquer et, à voix basse, s'enquiert auprès d'un habitant de la place: «De combien est la population de Prud'homme?» Long moment de réflexion. «Je pourrais pas vous dire exactement, répond enfin l'homme, mais c'est *à peu près* deux cent vingt-trois personnes.»

Après la cérémonie de la signature, on présente à Madame Sauvé trois personnes qui ont avec elle un passé commun: la fille de ses parrain et marraine, Mme Lucille Courchène, venue de Surrey, en Colombie-Britannique, expressément pour la rencontrer; Mme Delima Denis, fille de la sage-femme qui assista à la naissance de Jeanne; et Mme Annette Loiselle, qui, le même jour que Jeanne, fut présentée au baptême par les mêmes parrain et marraine. Madame Sauvé, visiblement émue par ce retour aux sources et par la chaleur de cet accueil, commence en français son discours. Mais, à la mine déconcertée de ses auditeurs, elle se rend compte que ceux-ci n'y comprennent pas un mot. Cette constatation a sur elle l'effet d'un choc: le Prud'homme de son enfance n'était-il pas un village francophone? Or, voici que sa population d'aujourd'hui est en majorité d'ascendance ukrainienne ou hongroise, et que la langue anglaise y prédomine. Sans aucune hésitation, Madame passe à l'anglais, langue dans laquelle elle reprend ses remarques de tout à l'heure. La chorale entonne successivement différents chants, dont le lancinant «Un Canadien errant». Pendant ce temps, on présente à la visiteuse un bouquet de fleurs, ainsi que d'autres cadeaux, parmi lesquels figure un facsimilé de son extrait de baptême, qu'elle accrochera, assure-t-elle, à Rideau Hall en souvenir de ses origines. La cérémonie prend fin, dans l'église, par l'examen de quelques objets historiques exposés près de l'autel. Comme le gouverneur quitte le temple, la foule entonne en choeur «Ô Canada».

De là, on se rend à la maison natale de Madame Sauvé, dont on a vite parcouru l'unique étage, puis au «Silver Age Hall», où, comme à l'église, des Chevaliers de Colomb forment une haie d'honneur. Le «Silver Age Hall», c'est un long bâtiment en bois où se tiennent toutes sortes d'activités communautaires, dont les rencontres du troisième âge. Tout le village s'est réuni là, en plus des maires des municipalités voisines, pour accueillir la grande dame. Le maire Sopotyk présente à celle-ci les notables de la place ainsi que leurs épouses, puis on s'installe pour assister à un spectacle de danses ukrainiennes. Les danseurs, dont l'âge varie entre huit et dix-huit ans, sont vêtus de costumes nationaux qu'ont confectionnés leurs mères. Ils forment quatre équipes d'égale qualité, mais l'attention est vite braquée sur l'équipe des plus jeunes, en particulier sur deux petits garçons qui exécutent un numéro très enlevant de danse cosaque. Pendant que la cérémonie se déroulait à l'église, les danseurs étaient déjà réunis au «Silver Age Hall»: ils ignorent donc tout du congé scolaire que Madame Sauvé a décrété pour le lendemain. Dans les remerciements qu'elle adresse ensuite aux jeunes artistes, elle ne manque pas de leur annoncer la bonne nouvelle. Sandwichs et petits fours de toutes sortes, oeuvres de bonnes fées de la place, accompagnent ensuite le thé qu'on sert aux visiteurs. Après son bref discours, Son Excellence se voit encore remettre deux autres cadeaux: une poterie représentant un élévateur à grain, ainsi que le premier exemplaire d'un livre relatant l'histoire de Prud'homme.

Il faut à Madame Sauvé près de vingt minutes pour quitter la salle, tant sont nombreuses les mains qui veulent serrer la sienne. Et pourtant, certaines personnes perdent l'usage de la parole quand enfin elles se trouvent face à face avec le gouverneur général; d'autres, au contraire, deviennent intarissables, et leur poignée de main n'en finit plus. Plusieurs, pour accompagner dehors la visiteuse et lui faire leurs adieux, affrontent la bourrasque dans des vêtements trop légers. En prenant congé, Madame Sauvé retient à peine ses larmes. Voilà décidément, pour elle et pour tous les habitants de Prud'homme, une journée inoubliable.

*   *   *

26

Le 26 avril 1922, naquit à Prud'homme Jeanne Benoit, cinquième enfant de Charles et d'Anna Benoit. Charles, de taille élancée, le cheveu noir et les yeux bleus, venait d'Ottawa. Homme paisible et doué d'un grand sens de l'humour, il adorait s'installer confortablement pour lire un bon bouquin. Sa femme, née Anna Vaillant, était originaire de Sainte-Cécile-de-Masham, village situé au Québec, à quelques kilomètres d'Ottawa. Anna était une petite femme aux cheveux blonds et à la physionomie avenante. Parfaitement heureuse dans son rôle de maîtresse de maison, elle consacrait à ses enfants toutes ses énergies.

Charles était parti en 1911 vers l'Ouest pour tenter d'y faire fortune. C'était abandonner tout son univers familier — y compris le milieu francophone où il avait été élevé — pour une vie de pionnier dans une région à l'avenir incertain. Mais il n'était pas seul dans cette aventure: à cette époque, bien des Canadiens quittaient l'Est du pays pour les provinces de l'Ouest. Et plus d'un millier d'immigrants débarquaient chaque jour au Canada pour s'ajouter aux colons qui venaient s'établir dans les Prairies. Le gouvernement canadien et les autorités des chemins de fer encourageaient cette migration et faisaient miroiter le rêve de l'Ouest: le gouvernement, pour assurer le peuplement de ces régions, les autorités des chemins de fer, pour arrondir les revenus de leur entreprise. À l'implantation sur un lot de terre vierge, Charles préféra l'installation à Saskatoon. N'avait-il pas déjà une famille: sa femme et un bébé de dix mois, Berthe? Sans doute aussi fut-il influencé par une annonce que la chambre de commerce de Saskatoon avait publiée dans les journaux d'Ottawa, sous un titre racoleur: «Les gens de Saskatoon — sociables, cultivés et aimables.» On y lisait en particulier ceci:

> On vient difficilement à bout de mensonges depuis trop longtemps colportés, si absurdes soient-ils. Il en est ainsi du préjugé qui fait voir Saskatoon une ville aux moeurs rudes et incultes. L'étranger qui entretient cette opinion éprouvera une agréable surprise dès son arrivée dans notre ville. Loin d'être rude et inculte, la vie y est au contraire policée et raffinée. La prospérité générale dont on y jouit a engendré chez ses habitants non pas la vulgarité, mais plutôt

un attachement discret aux choses simples, confortables et belles que cultivent les gens de bon goût et de bonne éducation. La vie n'y a rien de terne ni d'ingrat, si ce n'est pour ceux qui la veulent ainsi; elle est faite d'une suite ininterrompue d'événements extraordinaires, l'ambiance y est colorée et animée. Bref, on y respire à plein coeur la joie de vivre...

À Saskatoon, Charles contracta des liens d'amitié durables, mais il n'y fit pas fortune. La vie n'y fut pas pour lui cette «suite ininterrompue d'événements extraordinaires»: la fortune le fuyait si bien qu'il devint conducteur de tramway. Six ans plus tard, il quittait Saskatoon et rentrait à Ottawa.

Là, pendant deux ans, il travailla comme charpentier et s'initia aux techniques du bâtiment. C'est à cette époque qu'il construisit pour ses beaux-parents une solide maison de bois, sur la ferme qu'ils possédaient près de Masham. (Cette maison, incidemment, est encore occupée par des descendants de la famille Vaillant.) Mais le travail, à cette époque, était rare dans la région: nombreux étaient les soldats qui, de retour de la Première Guerre mondiale, envahissaient les métiers de la construction.

Quelques mois après l'armistice de 1918, Charles reçut une lettre d'un ami de Saskatoon, appelé Turcotte. Celui-ci venait d'être nommé chef de gare à Howell, village situé sur la ligne ferroviaire transcontinentale, à quelque cinquante kilomètres au nord-est de Saskatoon. Dans cette lettre, Turcotte invitait Charles à venir s'installer à Howell: le village, écrivait-il, se développe rapidement, et les nouvelles constructions s'y multiplient. C'était une occasion inespérée pour un ouvrier de la construction. La population — autre élément non négligeable — y était en majorité d'origine française. La perspective de repartir encore à pied d'oeuvre séduisit Charles, qui accepta l'invitation de son ami. Ce fut donc, au printemps de 1919, le long voyage en train qui ramenait en Saskatchewan Charles et Anna avec leurs trois enfants, Berthe, Lina et Armand.

À cette époque, Howell était encore un territoire de pionniers. N'était-ce pas, vingt-cinq ans plus tôt, une aire de chasse à l'usage des Cris et des Métis? Le premier colon blanc fut Joseph Marcotte, qui, venu du Québec en 1897, y implanta une ferme qui chevauchait quatre cantons. Trois ans plus tard, Marcotte épousait une immigrante autrichienne, du nom d'Anielka Belenski. Ils donnèrent à leur domaine le nom de «Ranch de la campanule», pour rappeler les fleurs bleues qui en émaillaient les champs. Durant la construction du chemin de fer «Grand Trunk», Marcotte était le seul pourvoyeur de viande fraîche pour les ouvriers qui y travaillaient: d'où le nom de «Marcottes's Crossing» que les ouvriers substituèrent à celui qu'avaient donné les propriétaires du lieu. Autre changement de nom, encore, quand Mme Marcotte donna naissance à une fille qu'on baptisa Lally. C'était le premier enfant de race blanche à naître dans la région. En son honneur — et en l'honneur du chemin de fer —, la place prit le nom de «Lally's Siding». Le chemin de fer attira de nombreux colons, si bien qu'en 1906 leur nombre justifiait l'implantation d'un bureau de poste. On lui donna officiellement le nom de Howell, en souvenir d'un avocat de Winnipeg envers qui Joseph Marcotte avait une dette de reconnaissance. Ainsi donc, cet établissement connut-il quatre appellations différentes en moins d'une décennie.

Presque tous les habitants de Howell étaient de langue française, et les soeurs de la Providence géraient, au village, un couvent pour les élèves de cette langue. Pourtant, bien des fermes des environs avaient pour propriétaires des Hongrois ou des Ukrainiens. (Berthe, soeur aînée de Jeanne, conserve le souvenir d'Ukrainiennes qui, vêtues de longues jupes et chaussées de babouches, allaient de porte en porte pour vendre des légumes.) Le village ne comptait aucune industrie, mais la présence d'un dépôt de chemin de fer drainait vers lui le commerce des fermes de la région. À l'époque où Charles Benoit y arriva, Howell était formé de quelques douzaines de maisons, de l'église des Saints Donatien et Rogatien, du petit couvent, d'une banque, d'un hôtel, d'un magasin général, d'une échoppe de barbier et d'une salle de billard, de deux écuries de louage, ainsi que de deux élévateurs à grain. Au début, Charles ne manqua pas de travail. Il construisit plusieurs maisons: il habitait quelque temps l'une d'elles, qu'il revendait par la suite avec profit. Il construisit aussi d'immenses granges, ainsi qu'un élévateur à grain. Il dirigea encore la construction du plus grand bâtiment de la région — le

29

nouveau couvent à quatre étages — et érigea le clocher de l'église.

En août 1919, sa femme Anna mit au monde une troisième fille, Annette. Deux ans plus tard, au cours d'une nouvelle grossesse, elle contracta une grave pneumonie. La sage-femme du lieu, Mme Mathilde Lafrenière, la soigna avec diligence. Lorsque, le 26 avril 1922, le Dr Martial Lavoie, assisté de Mme Lafrenière, accoucha Anna d'une fille en pleine santé, on baptisa celle-ci Marie-Jeanne Mathilde: ce dernier prénom était un hommage aux talents d'infirmière de Mme Lafrenière. Mais, bien que le prénom officiel fût Marie, c'est celui de Jeanne qu'elle porta dès son enfance et qui lui resta.

Peu après la naissance de Jeanne, le nom du village devint objet de controverse parmi ses habitants. Eu égard à sa population largement francophone, on convenait facilement qu'il portât un nom français. Mais voilà: on n'arrivait pas à s'entendre sur le choix d'un nouveau nom. Les uns désiraient Marcotteville, d'autres pensaient à Lallytown, quelques-uns même auraient voulu garder l'ancien nom. Le père Bourdel, missionnaire français et fondateur de la paroisse, faisait campagne pour qu'on baptisât le village du nom d'Hélène ou de Sainte-Hélène; il entendait par là honorer la mémoire de Mlle Hélène Dejoie, morte en 1918 de la grippe espagnole après avoir été généreuse bienfaitrice de la paroisse. Pendant qu'on discutait et que les esprits s'échauffaient au cours d'assemblées houleuses, le Dr Lavoie fut plus expéditif: il écrivit à l'honorable J.M. Ulrich, à Ottawa, lui assurant que la population souhaitait troquer le nom de Howell pour celui de Prud'homme. Lavoie voulait ainsi honorer monseigneur J.-Henri Prud'homme, qui venait d'être nommé évêque catholique romain de Prince-Albert. Le Gouvernement se rendit à la requête de Lavoie et, le 15 novembre 1922, changea officiellement le nom en Prud'homme. C'est ainsi que, Jeanne étant née avant cette décision, son extrait de baptême porte Howell comme lieu de naissance. Et le bon Dr Lavoie, peu après avoir fait trancher à sa façon cette épineuse question, quitta le village ainsi rebaptisé.

Jeanne était née dans une maison à deux étages, recouverte de planches à clins et peinte de blanc. Mais Charles Benoit vendit plus tard cette maison, qui par la suite changea plusieurs fois de propriétaires. Elle tomba un jour entre les mains d'un couple aux prises avec de graves problèmes conjugaux. À la suite d'une violente querelle, madame se réfugia chez sa mère. Monsieur profita de cette absence pour faire hisser la maison sur un fardier et la faire remorquer jusqu'au village voisin, si bien que la pauvre dame ne retrouva plus qu'un terrain vague. Quand, des années plus tard, Jeanne devint gouverneur général, les anciens du village voulurent apposer une plaque commémorative sur sa maison natale. Impossible de repérer celle-ci. En guise de compromis, on décida d'installer la plaque sur une autre des maisons qu'elle avait habitées.

La vague de construction dont Charles Benoit avait bénéficié à Prud'homme connut un jour son déclin. Charles fonda alors une entreprise d'instruments aratoires. Faute d'y trouver le succès escompté, il retourna à la construction. En 1923, la famille déménagea à Dana, petite municipalité sise à quelques kilomètres de Prud'homme; il s'y érigeait encore quelques bâtiments. Par la suite, Charles construisit des maisons pour les travailleurs d'une saline, située non loin de là sur le lac Muskiki. C'est d'ailleurs à Muskiki Springs que naquit, en juin 1924, son sixième enfant, Jean Benoit, second fils du couple.

Charles et Anna accordaient à l'éducation de leurs enfants la plus haute importance. Aussi, en octobre 1924, envoyèrent-ils leurs deux filles aînées dans l'Est du pays. Berthe, âgée de quatorze ans, avait terminé son cours au couvent de Prud'homme, toujours à la tête de sa classe; elle irait parfaire son éducation à Ottawa, où elle fréquenterait l'École normale. Lina, âgée de douze ans, avait une intelligence très vive; mais sa surdité congénitale obligeait ses parents à la diriger vers un établissement francophone pour enfants sourds, à Montréal.

En décembre de l'année suivante, le reste de la famille regagna Ottawa. Cette décision tenait principalement au désir de Charles Benoit de donner à ses enfants une bonne éducation dans leur langue maternelle. Et la capitale, en plus de représenter pour lui la ville natale, offrait un bon éventail d'écoles françaises, ainsi qu'une université dispensant un enseignement dans cette langue.

La nuit était déjà tombée quand la famille prit place à bord du transcontinental, à Prud'homme; Anna mit donc immédiatement les enfants au lit. Jeanne, véritable moulin à paroles malgré ses trois ans, partageait la couchette supérieure avec sa soeur Annette, de trois ans son aînée. Le lendemain matin, les deux enfants blondes s'éveillèrent fort tôt et, tout excitées par leur nouvel habitat, se mirent à glousser et à rire. Soudain, voilà les rideaux qui s'ouvrent: c'est un garçon qui, d'une voix sévère, les enjoint de se tenir tranquilles. Jeanne et Annette, qui, de leur vie, n'ont jamais vu un Noir, sont terrifiées. Les rideaux fermés, elles ne firent plus entendre un seul bruit, jusqu'à ce que leur mère les fît descendre de leur pigeonnier pour le déjeuner.

De Prud'homme à Ottawa, le train mit trois jours et quatre nuits. Bonne occasion, pour Charles et Anna, de faire un retour sur le passé et d'élaborer des plans pour l'avenir. Quant à Jeanne et aux autres enfants, le voyage leur parut une éternité; mais au troisième jour, alors que le convoi poursuivait à travers l'Ontario sa trajectoire toussotante, ils se rendirent compte que le départ pour Ottawa marquait un point tournant dans leur vie. Dès lors, l'ennui fit place à un mystérieux sentiment d'attente face à l'inconnu de l'avenir.

CHAPITRE 2

Les années de formation Ottawa, 1925-1942

Aidée du garçon, Jeanne fut, de toute la famille Benoit, la première à descendre du train à l'arrivée à Ottawa. Elle avait sur le dos son bien le plus précieux: un manteau de lainage rouge, garni de lapin blanc. La main dans la main, Jeanne et Annette ouvraient le cortège familial qui s'avançait sur le quai. Maman venait immédiatement après, bébé Jean dans les bras. Puis papa et Armand, celui-ci âgé de dix ans, fermaient la marche, lourdement chargés de bagages.

Quelle différence entre cette gare Union et la tranquille petite gare de Prud'homme! Celle d'Ottawa était noire de monde, bruyante, et respirait la suie. Tout le monde y affichait une hâte fébrile, et les bribes de conversation que saisissait Jeanne étaient toutes en anglais. Pénible, ce parcours du quai! On passa devant une énorme locomotive, qui, au milieu de bruits sinistres annonçant quelque explosion, laissait s'échapper de sa chaudière un jet sifflant de vapeur. Le groupe familial émergea enfin de la sombre haie de trains pour déboucher dans la salle des pas perdus, brillamment illuminée. Au soulagement de tous, les grands-parents Benoit et les grands-parents Vaillant étaient là pour accueillir les arrivants.

33

Grand-père Benoit saisit Jeanne dans ses bras et lui demanda d'où lui venait cet élégant manteau. Elle lui répondit en français, certes, mais la structure même de sa phrase trahissait l'influence de l'anglais. Malgré le jeune âge de Jeanne, cette faiblesse, qui devint plus tard sujet de plaisanterie dans la famille, ne manqua pas de consterner le grand-père. Charles Benoit en fut lui-même gêné, tant il était fier de l'héritage français que sa famille avait su conserver; il résolut que ses enfants parleraient un bon français. À cette fin, il établit quelques règles intangibles, dont une voulait qu'à la maison on parlât français seulement.

Après un séjour de quelques semaines chez les parents d'Anna à Sainte-Cécile-de-Masham, Charles Benoit loua une maison à Ottawa; c'était rue Carling, paroisse Saint-Jean-Baptiste, dans la partie ouest de la ville. Ce quartier ouvrier réunissait un groupe de francophones au tissu social très homogène; mais on y trouvait aussi d'autres communautés culturelles: Italiens, Chinois, Polonais et Allemands. Charles accordait beaucoup d'importance à la qualité des écoles franco-catholiques qui desservaient ce quartier, ainsi qu'à l'éventail d'activités qu'offrait aux jeunes la paroisse.

Le coeur de celle-ci se trouvait rue Empress. Cette rue transversale s'étendait vers le nord à partir de la rue Somerset, qui constituait l'artère commerciale du quartier. Au coin de Somerset et d'Empress s'élevait l'école Saint-Jean-Baptiste, réservée aux garçons et dirigée par les frères des Écoles chrétiennes; Armand et Jean la fréquentèrent. En face de l'école, le centre récréatif paroissial — ou salle Saint-Jean-Baptiste — avec son boulodrome au sous-sol et, à l'étage, une salle consacrée au théâtre et aux autres formes de spectacles. Du même côté de la rue que l'école Saint-Jean-Baptiste, on apercevait le couvent des dominicains, impressionnante construction de pierre, dont les larges parterres étaient entourés d'un haut mur de pierre. À côté du monastère, à l'intersection de l'avenue Primrose, l'église Saint-Jean-Baptiste, également dirigée par les pères dominicains. Devant l'église, sur un promontoire qui faisait face aux collines de la Gatineau et dominait le quartier Lebreton, on remarquait un autre immeuble de pierre: le couvent Notre-Dame-du-Rosaire. C'était une école confiée aux religieuses de la Charité, familièrement appelées soeurs grises. Jeanne et ses soeurs la fréquentèrent.

Au cours des trois premières années passées à Ottawa, Charles Benoit s'employa à asseoir son entreprise de construction. Pendant cette période, la famille connut trois déménagements. Peu après la naissance de Lucille, en juillet 1926, on quitta l'avenue Carling pour une maison plus spacieuse, louée rue Larch. Un an plus tard, on déménageait à une rue de là, rue Poplar; on se trouvait, à pied, à une dizaine de minutes de l'avenue Empress. C'est cette année-là que Jeanne fut inscrite en première année au couvent Notre-Dame-du-Rosaire.

Curieuse et enjouée, elle adora l'école dès le départ. Ce n'est pas sans fierté qu'elle en portait l'uniforme, fait de serge noire plissée au corsage et à la jupe, avec manches longues, col et poignets blancs. (Il fallait chaque soir nettoyer, à coups de brosse à dents et d'eau savonneuse, le col et les manchettes, faits de celluloïd rigide.) Été comme hiver, les jeunes filles portaient de longs bas de fil noirs, dans des souliers de même couleur.

Durant son cours primaire, Jeanne fut souvent décorée de rubans qui attestaient ses succès en classe. Son père ne manquait pas de l'accueillir chaque fois d'un «Voilà mon petit chef indien!», la priant de lui réciter sa leçon. Scène familière: toute petite, son père l'installait parfois debout sur la table de la cuisine, pour qu'elle amusât toute la famille par ses traits d'esprit et son éloquence. Mais Charles et Anna savaient, par bonheur, faire en sorte que chacun se sentît lui-même au sein du groupe familial: aucune trace, donc, de jalousie. Ce goût pour le théâtre procurait d'ailleurs à la famille son passe-temps favori. Dans la maison de la rue Poplar, Charles mit à profit un grand hangar contigu à la cuisine en y érigeant une scène. Ce théâtre faisait la joie du quartier: on payait d'un bouton le droit d'assister à des pièces dont le clan Benoit fournissait à la fois les auteurs, les metteurs en scène et les acteurs.

Jeanne subissait la forte influence de sa grand-mère maternelle, Théodosie Vaillant. C'était une toute petite femme, à l'énergie indomptable, à l'humour espiègle. Leurs ressemblances d'aspect et de tempérament avaient tissé entre les deux femmes des liens tacites. L'été ramenait chaque année, pour les enfants Benoit, une de leurs grands joies: le séjour auprès de leur grand-mère, dans la ferme familiale près de Sainte-Cécile-de-Masham. Les enfants s'y rendaient à raison de deux ou trois à la fois; Jeanne y était généralement accompagnée de sa soeur aînée Annette, et de son frère cadet, Jean. Leur père les mettait à bord de l'autobus et leur laissait comme viatique, pour ce voyage d'une trentaine de kilomètres, un sac de friandises.

La ferme était située dans les doux vallonnements de la Gatineau. À l'époque, on n'y trouvait ni eau courante ni électricité. On s'éclairait à la lampe à l'huile, on faisait la cuisine sur un poêle à bois, et une chaise percée, installée dans une cabane extérieure, tenait lieu de salle de toilette. La ferme introduisait les enfants Benoit dans un monde de rêve, où il y avait plein de choses à faire. Jeanne adorait s'ébattre dans les champs, parmi les fleurs sauvages et les parfums de trèfle ou de foin coupé. Son frère Jean passait des heures à taquiner le poisson, dans le ruisseau qui bordait la propriété. Il emportait pour tout attirail une tige d'aulne, quelques mètres de fil, un petit crochet et une ample provision de vers. L'astuce consistait à s'approcher silencieusement d'un trou, pour y jeter discrètement l'hameçon en haut du courant. Souvent, sentant un petit coup sur la ligne, Jean tirait de l'eau, dans un geste rapide, une truite mouchetée, de la taille d'une poêle à frire. Jeanne et Annette pouvaient bien accompagner Jean dans de telles excursions, mais pas question pour les filles de pêcher. (La seule femme qui se permît un tel accroc aux bonnes moeurs était une tante anglaise vivant à Arnprior — et considérée comme excentrique.) Chaque séjour à la ferme était marqué d'un ou de deux pique-niques en famille à l'érablière, située à deux champs de la maison. Même par beau temps, on s'installait dans la cabane à sucre, pour le bonheur d'y déguster les sandwichs.

Mais rien ne valait les plaisirs de la grange. Contre toute permission, on montait haut, très haut dans les poutres du toit, pour se jeter dans le foin. Après quelques minutes de ce jeu, vous aviez la chevelure et les vêtements pleins de paille, et la poussière vous montait au nez; mais quel plaisir! Le grenier exerçait sur Annette une fascination particulière, avec toutes les reliques qu'il recélait: un rouet, le cadre d'un vieux lit, des cisailles, un fer à friser, et d'autres objets anciens.

La ferme était en exploitation. Les enfants n'étaient donc pas autorisés à monter les chevaux, ni même à prendre place sur une charrette à foin pendant la fenaison. Mais ils n'en apportaient pas moins leur contribution à certains travaux. Quelle aubaine quand grand-mère leur permettait de donner à manger aux poulets, et plus encore quand elle les laissait ramasser les oeufs! Une autre de leurs tâches consistait à actionner la manivelle de l'écrémeuse. Une chose fascinait Jeanne: c'était le double jet — crème et lait — qui s'échappait de cette singulière machine. Pour conserver la crème au frais jusqu'à l'arrivée du laitier qui allait l'emporter, on la versait dans un bidon qu'on déposait dans le ruisseau, en aval d'une source froide: ingénieux procédé de réfrigération, qui gardait à la crème toute sa fraîcheur.

La ferme appartenait à grand-mère Vaillant. Mais comme elle était veuve, elle en confiait l'exploitation à l'un de ses fils. Ce dernier élevait une famille fort nombreuse et, presque chaque année, un nouveau bébé apparaissait dans la maison. Le dîner terminé, Jeanne avait grand plaisir à bercer son plus jeune cousin pour l'endormir. Après souper, à l'heure où la lumière déclinante couvre les champs d'un immense velours, elle se rendait, avec ses cousins et le chien, jusqu'au pâturage pour en ramener les bestiaux. Cette activité symbolisait, pour Jeanne, la satisfaction d'une journée accomplie.

Mais le clou de tout séjour à Sainte-Cécile, c'était la randonnée à l'église en compagnie de grand-mère Vaillant, à bord de la voiture à cheval. L'honneur de tirer cette calèche peinte en noir et soigneusement astiquée était réservé à un cheval nommé Marlin qui, de toute la semaine, n'avait d'autre tâche à accomplir. L'attelage de Marlin était décoré de clochettes de laiton que grand-père Vaillant avait laborieusement collectionnées au fil des années; chacune avait sa dimension et son timbre. À bord de la calèche, la banquette surélevée ne pouvait recevoir que grand-mère et son fils, avec un des enfants Benoit coincé entre les deux. De la ferme à l'église de Sainte-Cécile, le trajet était d'environ une heure. En entrant dans l'église en compagnie de sa grand-mère, Jeanne, voyant se tourner les regards vers elles, se sentait dans la peau de quelque célébrité. À la sortie de la messe, les paroissiens, venus presque tous des fermes avoisinantes, restaient à bavarder sur le parvis. Un bon dimanche, après l'office, Jeanne accompagna sa grand-mère à une assemblée politique organisée dans la salle paroissiale, face à l'église. Cette rencontre fort animée — la première à laquelle il lui eût été donné d'assister — lui procura un vif plaisir.

Jeanne avait douze ans quand sa tante, qui vivait sur la ferme, mourut en couches. Cette tragédie allait faire reposer sur les épaules de grand-mère Vaillant l'éducation des huit enfants de son fils. Lourde tâche, qui n'allait plus lui laisser le loisir d'inviter les enfants Benoit à la ferme. Mais sur ce coin de terre, Jeanne avait appris à apprécier les beautés de la nature; et Jeanne qui, enfant, portait sur la vie un regard de théoricienne, avait acquis le sens des réalités au contact de cet univers qui n'offre aucune prise à l'abstraction. Se remémorant ses vacances passées avec sa grand-mère, elle s'est un jour exclamée: «Dieu merci, il y avait ça! Autrement, quel sale caractère aurait été le mien!»

Bien sûr, la vie à Ottawa n'avait rien des vacances à la campagne. Mais cette ville offrait quand même son lot d'activités récréatives. Le parc Booth, à dix minutes de marche de la maison des Benoit, était son aire de jeu, avec balançoires, terrains pour le lancer du fer à cheval, et deux terrains de base-ball. Dans l'autre direction, on atteignait en quelques minutes l'édifice municipal Plante, avec sa piscine intérieure. Jeanne, mordue du tennis, y jouait presque chaque jour de l'été, sur le terrain asphalté du couvent. Par crainte du bruit, les religieuses n'en permettaient l'accès aux jeunes filles qu'après trois heures de l'après-midi. Les joueuses se pliaient à cette règle, mais leur ardeur les poussait à jouer jusqu'à la nuit tombante. En hiver, derrière l'arboretum de la Ferme expérimentale, une colline offrait un terrain propice au ski. Pour s'y rendre, Jeanne chaussait ses skis au sortir de la maison, descendait la rue Somerset, puis suivait la voie ferrée jusqu'à la colline. On y verrait aujourd'hui une pente pour débutants. Mais, à l'époque, la remontée était rude en l'absence de remonte-pente, et la descente vous faisait dévaler jusqu'au lac Dow. De plus, la paroisse organisait des randonnées en traîneaux pour les jeunes, et l'on pouvait patiner sur la glace que les dominicains entretenaient à côté de leur monastère.

La famille Benoit comptait maintenant sept enfants. À Jeanne était confiée la responsabilité de surveiller les deux plus jeunes, Jean et Lucille. À l'âge de dix ans, Jean contracta une mauvaise grippe; on était à la veille de Noël, et il dut rester à la maison jusqu'à la mi-janvier. Afin de saluer son retour — et pour assurer le succès de sa première sortie en patins —, Jeanne réquisitionna, pour patiner avec son frère, la plus populaire des filles du même âge. Mais l'affaire ne tourna pas comme elle l'eût souhaité. Les présentations faites, le jeune garçon prit par la main la jeune fille et, sans un mot, fit avec elle un tour de patinoire. Puis, il lui fit de brusques adieux et retourna vers ses copains, à l'autre bout de la glace. Ce fut la première et la dernière tentative que fit jamais Jeanne pour présenter à son frère quelque personne du beau sexe. Quant à Jean, le traumatisme de cette expérience le dissuada, pour cinq ans encore, de faire des avances aux filles.

Jeanne avait treize ans quand un des pères dominicains la persuada de s'inscrire au mouvement des Guides catholiques. Cet été-là, à la tête d'une compagnie de six guides, elle fut surveillante de jeunes enfants au centre paroissial de loisirs. Elle prenait très au sérieux l'action des Guides, dont elle épousait les nobles idéaux. Mais un de leurs principes — celui de la fidélité — lui causait bien des soucis. Pensant aux déchirements qu'avait connus son âme d'adolescente, elle dira plus tard: «Je devais avoir un problème de ce côté-là, pour que cette question me tourmentât si fort!»

Les parents Benoit vouvoyaient leurs enfants; mais Jeanne n'en grandit pas moins dans une atmosphère de chaleureuse et aimante familiarité. Elle se sentait particulièrement proche de son père, qui lui apprenait à trouver à tout problème une solution logique, à résoudre de façon rationnelle toute situation difficile. C'est ainsi qu'il formait ses enfants à la discipline. L'un d'eux commettait-il quelque écart? Le père, loin d'utiliser la force, le ramenait par la raison dans le droit chemin. Les enfants se sentaient dès lors responsables de leur propre conduite et, pour cela même, s'estimaient plus chanceux que la plupart de leurs amis. À la table familiale, le père discutait avec eux de politique et d'actualité; les traitant en adultes, il renforçait chez eux le sens des responsabilités. La famille, du reste, visait un objectif commun:

faire en sorte que chacun de ses membres reçût la meilleure éducation possible.

En semaine, après souper, Anna prenait en charge la vaisselle, afin que chacun des enfants pût consacrer tout son temps à ses travaux scolaires. Le samedi, Charles les amenait à la Bibliothèque publique d'Ottawa ou au Musée national. Il profitait lui-même de la visite à la bibliothèque pour rendre les livres qu'il avait lus durant la semaine et rapporter à la maison une nouvelle brassée de lectures. Au musée, le père et les enfants visionnaient des documentaires ou écoutaient des conférences. À moins que, pour faire changement, on ne visitât les édifices du Parlement; bonne occasion de prendre place dans les tribunes réservées au public et de suivre les débats de la Chambre des communes. Un jour, Charles y signala la présence d'Agnes Macphail, qui avait été la première femme à se faire élire à la Chambre. S'adressant à Jeanne, il lui dit qu'elle pourrait très bien en faire un jour autant. Jeanne trouva l'idée complètement farfelue...

Au couvent, Jeanne, année après année, était toujours à la tête de sa classe. Elle était aimée de ses compagnes, tout comme des religieuses. Cela tenait en particulier à son sens de l'équipe. Une compagne de classe éprouvait-elle des difficultés à faire ses devoirs? Jeanne aussitôt lui portait secours. En classe, loin de faire de l'esbroufe en essayant de répondre à toutes les questions, elle ne prenait la parole que si on l'en priait. Hors de la classe, elle affichait aussi un tempérament de chef. Douée pour parler en public, c'est elle qu'on choisissait généralement pour souhaiter la bienvenue à l'évêque ou à quelque visiteur important. L'année même où elle reçut son diplôme, elle remporta les honneurs d'un concours oratoire ouvert aux élèves de plusieurs couvents d'Ottawa: chaque candidat devait prononcer un discours en français, puis le reprendre en anglais. Bien des années plus tard, un interviewer de Radio-Canada demandait à soeur Marguerite Myre si Jeanne avait quelque défaut. «Non, de répondre la religieuse. Mais, à l'époque je ne la voyais qu'à l'école; peut-être commettait-elle quelques fautes à la maison.»

La religion fit partie intégrante de l'éducation de Jeanne. Celle-ci, fidèle dévote de l'Église catholique romaine, allait à la messe tous les dimanches et jours de fête. Au couvent, les religieuses lui enseignèrent le catéchisme, et Jeanne suivit plus tard des cours de philosophie et de théologie au monastère des dominicains. Elle participa également à de nombreuses activités religieuses organisées par la paroisse Saint-Jean-Baptiste: festivals, pièces de théâtre, chorales. Son zèle incita même un jour une religieuse du couvent, soeur Marie Varnelle, à lui demander ce qu'elle aimerait faire, devenue grande. Sans doute la question cachait-elle l'espoir de déceler une vocation religieuse? Jeanne, après un moment de réflexion, répondit: «J'aimerais porter de magnifiques robes.» Soeur Marie ne trouva pas cette réponse très drôle...

Mais Jeanne, loin de s'enorgueillir de ses propres succès, avait une crainte obsédante de ne les point mériter. Tout au long de sa vie scolaire, elle éprouva la hantise de devoir à quelque faveur les fortes notes qu'on lui attribuait et les rôles de vedette qu'on lui confiait. Elle fut particulièrement gênée lorsqu'elle passa en septième année de dépasser sa soeur Annette, de trois ans son aînée. Mais cette dernière, loin de lui en tenir rigueur, disait à une amie: «Pourquoi reprocherais-je à Jeanne de m'avoir dépassée, moi, alors qu'elle a dépassé toutes les autres?» C'est seulement au stade des examens de fin d'études que Jeanne put enfin faire taire sa crainte de bénéficier de faveurs indues de la part de ses institutrices. Ces épreuves, préparées et corrigées par le ministère de l'Éducation de l'Ontario, étaient d'autant plus difficiles que les élèves de langue française étaient tenus d'y répondre en anglais, sauf pour les textes à traduire du latin. Jeanne passa ces examens avec grande distinction et gagna même une bourse qui allait lui permettre de faire au couvent Rideau son baccalauréat ès arts.

C'est ici que Jeanne vécut son premier revers de fortune. Son père, à l'annonce de l'obtention de la bourse, déclara qu'elle ne pourrait accepter celle-ci: encore obligé de verser à l'école privée les frais de scolarité de Jean et de Lucille, il ne saurait acquitter en même temps la chambre et la pension de Jeanne. En vérité, cette dépense n'aurait pas dépassé ses moyens financiers; mais la grande dépression qui sévissait alors lui inspirait une prudence exagérée. Deux journées de plaidoyer de la part de Jeanne n'arrivèrent pas à faire fléchir son père. Elle dut donc renoncer à son rêve d'études universitaires et entrer sur le marché du travail. Cruelle déception, qui lui valut des semaines de pleurs et d'insomnie.

À sa sortie du couvent Notre-Dame-du-Rosaire en juin 1940, Jeanne avait dix-huit ans. Svelte et athlétique, elle avait une chevelure qui, d'un blond cendré depuis l'enfance, prenait maintenant une douce teinte de miel. Malgré sa physionomie attirante et ses yeux d'un bleu-gris particulier, elle n'avait décidément rien d'une séductrice. Aux dires d'une compagne de classe, elle était toujours astiquée et, contrairement à plusieurs condisciples, dégageait un parfum de savon frais. Au grand déplaisir de son père, elle prenait l'allure et le vêtement des adolescentes de son âge. Côté garçons, elle avait bien eu quelques béguins, mais peu de cavaliers — aucun, en tout cas, qui la fréquentât régulièrement. Rien d'étonnant à cela: les rencontres en milieu paroissial faisaient appel à l'esprit de groupe et n'encourageaient guère les amitiés personnelles entre garçons et filles. Vers la fin de cet été-là, Jeanne crut avoir trouvé la solution à son problème d'études universitaires. Une annonce parue dans le journal offrait un bon salaire aux étudiants qui voudraient se rendre dans la vallée du lac Niagara pour la cueillette des fruits; elle pourrait ainsi gagner en quelques mois de quoi payer pour l'année chambre et pension. Mais Charles et Anna ne virent pas la chose du même oeil: si un garçon pouvait, à cette époque, prendre un emploi d'été, la chose ne seyait pas à une jeune fille de bonne famille. Nouvelle frustration baignée de larmes.

On trouva enfin un compromis: elle travaillerait le jour et suivrait des cours du soir à l'université. Elle se donna une formation de traductrice et décrocha un emploi au ministère de la Défense nationale. Son travail consistait principalement à traduire à l'intention du ministre, M. James Ralston, les lettres écrites en français: rien d'emballant. Elle s'inscrivit aussi aux cours du soir de l'Université d'Ottawa, pour l'obtention du baccalauréat ès arts. Elle se trouva dans la même classe que soeur Marguerite Myre, qui avait été l'une de ses professeures au couvent. Après le cours, elles faisaient souvent route ensemble — à pied, puisque la religieuse, liée par son voeu de pauvreté, ne pouvait se payer le luxe du tramway.

Les deux femmes avaient beaucoup à se dire, Jeanne participant encore étroitement aux activités de la paroisse et à celles de la Jeunesse étudiante catholique. Ce dernier organisme, d'inspiration religieuse, s'adressait aux laïques; créé en Europe, il s'était implanté au Canada au début des années 30. Mouvement d'apostolat, certes, mais qui prenait une coloration sociale. Son but premier était d'aider les jeunes à surmonter le double traumatisme de la Dépression et de la Seconde Guerre mondiale, en établissant un lien étroit entre foi religieuse et vie quotidienne. C'est une des religieuses du couvent qui, au nom de la piété et du service social, avait offert à Jeanne de joindre les rangs de la J.É.C. Jeanne devint plus tard présidente de l'organisme pour le diocèse d'Ottawa, en reconnaissance de son excellent travail de déléguée du couvent.

Au printemps 1942, le Gouvernement recruta, par voie d'annonces, du personnel féminin pour le Bureau d'information du Canada à Washington. (C'était l'époque où, les États-Unis n'étant pas encore entrés en guerre, les Alliés voulaient à tout prix contrer la propagande dont l'Allemagne inondait nos voisins du Sud.) Jeanne crut voir là une aubaine, mais ses parents furent consternés à la pensée que leur fille, âgée tout juste de vingt ans, vécût à l'étranger. Charles lui refusa carrément la permission de postuler l'emploi. Ce qui représentait pour Jeanne une nouvelle déception n'en prépara pas moins la voie à un autre projet qu'elle avait en tête: un travail à Montréal.

Au cours des deux années précédentes, elle avait participé à plusieurs rencontres nationales de la J.É.C., tenues à Montréal ou à Québec. Son comportement au cours de ces assemblées avait attiré l'attention de plusieurs personnes influentes dans l'organisme, et leur avait fait voir en elle une recrue éventuelle pour le personnel de la Centrale, implantée à Montréal. À ses qualités de chef, s'ajoutait chez elle une bonne connaissance de l'anglais parlé, chose rare au sein de ce mouvement majoritairement francophone. Bien qu'elle eût toujours utilisé le français à la maison et au couvent, elle parlait l'anglais couramment, l'ayant appris avec des amis d'enfance. Pour évaluer la compétence de Jeanne, on manda Alexandrine Leduc, petite personne brune, jolie et dynamique, responsable du mouvement

43

pour l'Ontario et les provinces de l'Ouest. Alex se rappelle la première impression que lui fit Jeanne: «Jolie fille, à l'intelligence vive et au jugement sûr. Exactement ce qu'il nous fallait. Et amusante par-dessus le marché.» Après sa rencontre avec Jeanne à Ottawa, Alex déclara au père Lalande, aumônier de la Centrale: «Celle-là, il faut l'amener à Montréal!»

Cependant, «celle-là» n'était pas du tout sûre d'être prête au type d'engagement qu'exigerait ce travail au sein de la J.É.C. Cela supposait qu'elle quittât sa famille et tournât le dos à tout un univers familier. La décision à prendre lui causa un grand tourment, mais un dominicain de la paroisse la persuada d'accepter l'offre et en parla lui-même aux parents. Lui qui avait réussi à convaincre Jeanne n'arriva pas à ébranler Charles Benoit. Jeanne, cependant, pour emporter le morceau, ramena sur le tapis son projet de travail à Washington: cette perspective effraya si fort ses parents qu'ils cédèrent devant la proposition montréalaise: de deux maux, il fallait choisir le moindre, et Montréal n'était, après tout, qu'à quelques heures d'Ottawa.

Quel crève-coeur, pour Jeanne, de quitter sa famille! D'autant plus qu'elle avait le sentiment d'abandonner ainsi sa plus jeune soeur, Lucille. Sa mère, toute chavirée, s'enquérait sans cesse de la durée de cette absence. Charles Benoit, convaincu que Jeanne allait gâcher sa vie, était tout attristé de ce départ. Mais, voilant son émotion, il disait à sa femme: «Mieux vaut t'y faire. Elle ne reviendra jamais.»

CHAPITRE 3

Un tempérament de chef Montréal, 1942-1948

Aux yeux de Jeanne, la décision de travailler à la Centrale de la Jeunesse étudiante catholique revêtait la même gravité qu'une entrée au couvent. Mais, une fois qu'elle avait posé un geste, Jeanne ne revenait jamais sur une décision. Le 31 août 1942, elle envoya un télégramme à Jacqueline Ratté, dont elle allait partager la chambre à Montréal. Jacqueline, du même âge que Jeanne mais originaire de Québec, a conservé ce télégramme:

ARRIVERAI MÉTROPOLE GARE WINDSOR SEPT HEURES DIX PM STOP POMPEZ ORGUES AIGUISEZ FLÛTES — SIGNÉ: LA CAPITALISTE.

Sachant que la J.É.C. avait peu à offrir à ses bénévoles, Jeanne apportait avec elle sa literie, ses serviettes et ses ustensiles de cuisine. La J.É.C. était démunie au point de ne pouvoir verser qu'une allocation hebdomadaire de sept dollars aux bénévoles venus de l'extérieur de Montréal. Mais ceux-ci étaient hébergés gratuitement par les pères de Sainte-Croix qui parrainaient le mouvement. Pour les six premiers mois, Jeanne et Jacqueline partagèrent une chambre, au troisième étage de l'immeuble des Éditions Fides, rue Saint-Denis. C'était à quelques pas de la Centrale et, chose plus importante, l'immeuble était propriété des pères de Sainte-Croix. Mis à part ces avantages évidents, l'endroit n'était

45

pas idéal pour les deux jeunes filles. L'ancien bureau qui leur tenait lieu de chambre n'offrait aucune possibilité de faire la cuisine, et il leur fallait franchir deux corridors pour accéder à la salle de bains. Rentrant chez elles à la nuit tombée, elles gravissaient les trois volées d'escalier qui menaient à leurs quartiers; frissons au dos, elles entendaient dans ce lieu désert l'écho de leurs pas.

Jeanne aimait malgré tout Montréal et, surtout, la liberté dont elle y faisait la découverte. Expérience enivrante que la vie dans cette ville cosmopolite, pétrie de culture française et où prédominait cette langue. En cette année 1942, la Dépression n'était plus qu'un mauvais souvenir, et Montréal, malgré les rationnements qu'imposait la guerre, bourdonnait d'activité. Important port de mer, la ville recevait des rumeurs sur la guerre par l'intermédiaire des soldats en route pour le vieux continent et des réfugiés qui affluaient d'Europe. Plusieurs de ces derniers, artistes ou intellectuels de renom, enrichissaient la vie culturelle de la métropole. Mais, parmi les soldats, il n'en manquait pas pour effectuer, avant de s'embarquer, une dernière virée dans les lupanars et les maisons de jeu. (Les maladies vénériennes étaient si répandues chez les prostituées montréalaises que le ministère de la Défense nationale envisagea même d'interdire aux soldats en transit l'accès à la ville.)

Mais durant la guerre, la structure sociale de la métropole connut un problème plus grave encore: le fossé que la question de la conscription creusa entre les anglophones et les francophones.

La majorité des Québécois voyaient dans cette guerre un problème propre à l'Angleterre, dont les Canadiens français n'avaient pas à se soucier; et cette attitude recevait l'encouragement de l'Église et des autorités civiles de la province. En 1940, le bouillant maire de Montréal, Camilien Houde, exhorta la population à défier un ordre du gouvernement fédéral qui imposait, aux fins du service militaire, l'enregistrement de tous les citoyens. Accusé de désobéissance civile, Houde fut arrêté, puis interné jusqu'en août 1944. (Sa popularité était telle que, à sa libération, plus de cinquante mille personnes se massèrent pour l'accueillir.) Quand, au printemps de 1942, on tint référendum sur la question du service militaire obligatoire, près de 73 p. 100 des Québécois votèrent contre la conscription, que le reste du pays favorisait pourtant à plus de 80 p. 100. Les résultats de cette consultation suscitèrent un profond ressentiment et dressèrent l'un contre l'autre les deux groupes linguistiques du Canada. L'opposition du Québec retarda jusqu'en novembre 1944 la proclamation de la conscription.

Certes, des milliers de Canadiens français se portèrent volontaires pour le combat outre-mer, et plusieurs unités québécoises s'illustrèrent sur les champs de bataille; mais nombre de jeunes Québécois, parmi lesquels figuraient des personnalités comme Pierre Elliott Trudeau, refusèrent de participer à cette guerre. La raison qu'ils invoquaient — c'est-à-dire l'intérêt purement britannique du conflit — suscitait l'hostilité des Canadiens anglais, qui tenaient pour trahison tout refus d'appuyer l'effort de guerre. Parmi les plus brillants opposants canadiens-français à la conscription, plusieurs mirent leurs énergies au service d'un redressement de la situation sociale des Québécois. Victimes des critiques acerbes venues du Canada anglais — traîtrise, lâcheté, etc. —, la plupart des jeunes gens de la J.É.C. ne cachaient pas leur aversion pour les anglophones. Leur attitude choquait Jeanne, qui dit un jour à une collègue, bénévole comme elle, Marie Tessier-Laviche: «Que veux-tu? J'ai été élevée comme ça. À mes yeux, les Anglais ne sont pas nos ennemis, ils sont une partie de nous-mêmes.» Les deux frères de Jeanne s'étaient enrôlés: Armand dans l'armée de terre, et Jean dans l'aviation.

En lésinant sur les dépenses courantes, Jeanne arrivait à acheter quelques livres français, et à fréquenter quelque peu le cinéma et le théâtre de langue française. À l'époque, on obtenait pour soixante-cinq cents un repas complet; à la Palestre nationale, centre sportif situé rues Cherrier et Saint-Hubert, vingt-cinq cents donnaient droit à un repas composé d'un potage, d'un plat au choix et d'une excellente pointe de tarte. Dans leur recherche de repas à bon compte, Jeanne et Jacqueline découvrirent plus tard un petit restaurant italien situé à l'étage d'un immeuble, rue Sainte-Catherine. Malgré ses prix d'aubaine, l'établissement n'avait qu'une clientèle clairsemée; bientôt une douzaine d'employés de la Centrale y mangèrent une fois la semaine, à une table que le patron leur réservait aimablement. Mais le groupe mit fin abruptement à cette habitude après avoir appris, par un policier municipal, que l'endroit était un repaire bien connu de la mafia.

Jeanne prenait généralement le petit déjeuner, et quelquefois le déjeuner à la Centrale même, située tout près, au 430 de la rue Sherbrooke est. Cette grande maison abritait, telle une garenne de lapins, un bon nombre de bureaux, une presse d'imprimerie au sous-sol, un dortoir pour les bénévoles masculins venus de l'extérieur de la ville, et une cafétéria. Jeanne, quand elle travaillait tard le soir — ce qui lui arrivait fréquemment — prenait là le dîner également.

À la Centrale, son premier poste fut celui de «propagandiste», dont la tâche consistait à répandre la doctrine du mouvement. Ce mot de «propagande», devenu synonyme d'information mensongère durant la Seconde Guerre mondiale, était tombé en discrédit; il venait de la congrégation qui, au sein du Sacré Collège, à Rome, a la responsabilité des missions étrangères. Dans son rôle de «propagandiste» bilingue, Jeanne voyageait beaucoup, parcourant les collèges et les institutions religieuses situés hors du Québec. Elle écrivait aussi des articles pour deux journaux que publiait la J.É.C., et elle entretenait une prodigieuse correspondance. Mais la bonne compréhension du rôle dévolu à Jeanne au sein de la J.É.C. exige que nous jetions ici un coup d'oeil sur l'histoire de ce mouvement.

La Jeunesse étudiante catholique était une ramification spécialisée d'un vaste organisme connu sous le nom d'Action catholique. Les buts de l'Action catholique, mise sur pied par le pape Pie XI après la Première Guerre mondiale, étaient la promotion d'un renouveau spirituel et l'insertion des valeurs chrétiennes dans la vie quotidienne de la jeunesse. La branche connue sous le nom de Jeunesse étudiante catholique devait sa fondation à l'abbé Joseph Cardijn, prêtre belge d'une haute spiritualité. La perspective oecuménique où se situait Cardijn faisait de lui un homme d'avant-garde, en qui certains membres de la hiérarchie catholique voyaient une forte tête. N'avait-il pas été, pour la formulation de sa doctrine, jusqu'à consulter toute une brochette de leaders de la jeunesse mondiale, y compris des communistes et

...rud'homme, septembre 1922. De gauche à droite: Lina, Annette, Jean-e (bébé), Mme Benoit, Berthe, Armand. (Gracieuseté de Mme Berthe ...elisle.)

...harles-Albert Benoit, père de Jean-...e. (Gracieuseté de Jean Benoit.)

Les enfants Benoit. Ottawa, 1930. De gauche à droite : Lucille, Jean, Jeanne, Annette, Lina, Berthe (absent: Armand). (Gracieuseté de Berthe Belisle.)

Une classe du couvent Notre-Dame-du-Rosaire, d'Ottawa. Jeanne est au deuxième rang, l deuxième à partir de la droite. (Collection de la famille Sauvé.)

Les diplômées du couvent Notre-Dame-du-Rosaire, d'Ottawa, en 1940. Au centre: le père Syl vain, dominicain. À l'extrême gauche: Jeanne Sauvé. (Collection de la famille Sauvé.)

Jeanne à l'âge de treize ans, dans son uniforme de guide catholique. (Collection de la famille Sauvé.)

Jeanne (à l'extrême droite, en haut), avec ses compagnes de chambre de la J.É.C., Montréal, 1944. Avant-plan, à gauche: Berthe Deschênes. Avant-plan, à droite: Françoise Chamard. Derrière elles: Fernande Martin. (Gracieuseté de Berthe Bellemare.)

Les trois benjamins de la famille Benoit. Ottawa, 1944. Jean est au centre, Lucille à gauche, Jeanne à droite. (Gracieuseté de Jean Benoit.)

Une partie de sucre près de Montréal, en avril 1946. Maurice Sauvé à gauche, Jeanne à droite. (Gracieuseté de Berthe Bellemare.)

Jeanne et Maurice Sauvé. Départ pour la réception de noce, le 24 septembre 1948. (Collection de la famille Sauvé.)

Dans un studio de Radio-Canada: Jeanne (à gauche, à l'avant-plan) discute avec des collègues. (Gracieuseté de la Société Radio-Canada.)

Jeanne avec Jean-François, 1962.
Collection de la famille Sauvé.)

Au soir de l'élection du 30 octobre 1972. Un collègue libéral, Marcel Roy, félicite Jeanne, en présence d'un autre libéral élu, Jean-Pierre Goyer. (Photo Gerry Davidson, *Montreal Star*, fournie par les Archives publiques du Canada, document AP-146046.)

Le cabinet Trudeau, 1972. Jeanne est assise au fond de la salle. (Collection de la famille Sauvé.

des fascistes? Un de ses conseillers les plus écoutés était le fondateur des *Boy Scouts*, Sir Robert Baden-Powell, qui devint lord par la suite et à qui il rendait visite en Angleterre. Convaincu que l'attitude dogmatique de l'Église n'était plus de mise, Cardijn conçut une démarche en trois étapes — «voir, juger, agir» — qui était bien de nature à séduire les jeunes. Par la suite, Cardijn estima que son mouvement, pour atteindre toute son efficacité, devait d'une part se doter de secteurs spécialisés et, d'autre part, être confié à des laïques qui, en matière de spiritualité, s'appuieraient sur des aumôniers. C'est à cette fin qu'il fonda la Jeunesse ouvrière catholique (J.O.C.) pour les jeunes travailleurs, la Jeunesse agricole catholique (J.A.C.) pour les milieux ruraux, et la Jeunesse étudiante catholique (J.É.C.) pour les élèves des écoles et des collèges. Durant la Dépression, ces mouvements se répandirent comme une traînée de poudre parmi une jeunesse désillusionnée et réduite au chômage. C'est en 1931 que le mouvement fit son apparition au Canada. Un oblat du nom d'Henri Roy fonda au Québec une section de la Jeunesse ouvrière catholique. La même année, un autre prêtre québécois, le père Brault, créait une section de la Jeunesse agricole catholique, tandis que la congrégation canadienne des pères de Sainte-Croix implantait la Jeunesse étudiante catholique.

Or, le chanoine Lionel Groulx, professeur et écrivain bien connu, venait de fonder au Québec un mouvement de jeunesse appelé l'Association canadienne de la jeunesse catholique (A.C.J.C.). Militant nationaliste québécois, Groulx modela l'A.C.J.C. sur l'Action française, mouvement de jeunesse qui, en France, se situait nettement à droite, et dont le pape Pie XI allait peu après condamner les tendances racistes et antisémites. Conjuguant politique et religion, Groulx adressait son message aux élèves des collèges classiques ainsi qu'aux jeunes membres des professions libérales — l'élite intellectuelle, quoi. Clientèle forcément limitée, de sorte que ce mouvement ne connut jamais l'essor qu'espérait son fondateur. À la fin des années 20, la puissante compagnie de Jésus prit en charge l'A.C.J.C. et lui imprima une orientation nationaliste encore plus radicale. Les jésuites, qui dirigeaient cinq collèges classiques et parrainaient bon nombre d'organismes importants — dont les Ligues du Sacré-Coeur —

s'estimaient capables d'élargir les assises de l'A.C.J.C. et de lui insuffler une nouvelle vie. L'entrée en scène de l'aile canadienne du mouvement de Cardijn sonna le glas de cet espoir. Les jésuites feignirent d'abord d'ignorer sa présence, mais ils durent se rendre à l'évidence quand le nombre de membres de la J.O.C., de la J.A.C. et de la J.É.C. réunies dépassa celui des jeunes inscrits à l'A.C.J.C. Au milieu des années 30, les jésuites virent échouer leur tentative de rallier à leur mouvement les différents secteurs nés de l'Action catholique de Cardijn. Cet échec délimita nettement deux camps idéologiques: d'une part les jésuites, qu'appuyait la majeure partie de la hiérarchie, dont un certain nombre d'évêques; et, d'autre part, les pères de Sainte-Croix, les dominicains, les oblats, quelques évêques, ainsi que la majorité du clergé.

Les deux factions se livraient bataille sur des points de doctrine et sur la question du changement à l'intérieur de l'Église catholique romaine; les jésuites et l'aile conservatrice de l'Église, bien déterminés à maintenir le *statu quo*, s'opposaient à toute forme d'évolution. Car la démarche proposée par Cardijn — «voir, juger, agir» — non seulement remettait en question les dogmes de l'Église, mais prêtait aux jeunes la responsabilité et la maturité nécessaires pour juger eux-mêmes des choses de la religion. Hérésie aux yeux des jésuites, qui demandaient à leurs ouailles une obéissance aveugle, qu'ils obtenaient d'ailleurs. Cardijn était convaincu de la nécessité de confier aux laïques un rôle actif dans les affaires de l'Église; il encourait ainsi les foudres de certains clercs conservateurs, qui voyaient là un glissement vers le protestantisme. La question du nationalisme était une autre source de dissension. Dans sa vision globale, Cardijn appelait un relèvement des conditions sociales. Mais il ne le cherchait pas dans le nationalisme, dont il craignait qu'il enserrât la pensée religieuse dans le carcan des frontières géographiques. Les jésuites, au contraire, étaient de fervents adeptes du nationalisme québécois. La province connut, ces années-là, un triste exemple de la division qui régnait dans les hautes sphères de l'Église: l'archevêque de Montréal, monseigneur Joseph Charbonneau, était un allié de la J.É.C., tandis que monseigneur Georges Courchesne, évêque de Rimouski, entretenait à l'égard de celle-ci une hostilité qui lui valait, au sein de la Centrale, le sobriquet de «monseigneur Cour*chisme*».

Lorsqu'en 1942 Jeanne se joignit au personnel de la Centrale, la province de Québec avait à plusieurs égards quelque chose d'un ghetto. Depuis des années, le gouvernement provincial et la hiérarchie catholique avaient, de conserve, répandu dans la population une mentalité d'état de siège: le seul moyen de protéger la langue française était, prêchait-on, de se tourner vers l'intérieur, et non de s'ouvrir sur le monde. Le véritable ennemi, répétait-on aux Québécois, c'était le gouvernement fédéral, et tous les malaises sociaux ou économiques que connaissait la province lui venaient de l'extérieur. La J.É.C., rejetant cette attitude mesquine, choisissait de s'attaquer aux vrais problèmes de l'heure: la toute-puissance de l'Église et sa mentalité répressive, la pauvreté du système d'éducation, l'urgent besoin de services sociaux. Dans ses journaux, dans ses réunions, dans la correspondance qu'elle entretenait avec ses représentants diocésains, la J.É.C. analysait ces problèmes; elle exhortait ses membres à «voir, juger, agir» en termes de changement. Au début des années 40, la J.É.C. avait des représentants dans plus de sept cents maisons d'enseignement: c'était une force avec laquelle il fallait compter. Pierre Juneau, qui travailla en étroite collaboration avec Jeanne Benoit, résumait en ces termes l'attitude des bénévoles de la J.É.C.: «Nous nous considérions comme profondément religieux, mais anticléricaux; nous faisions partie d'un mouvement de libération, et nous entendions bien libérer les esprits de traditions sclérosées.»

La J.É.C. attira donc des jeunes hommes et des jeunes femmes pleins d'idéal et d'ambition; plusieurs d'entre eux allaient être appelés à d'importants rôles, sur la scène provinciale ou fédérale. Un Gérard Pelletier, intellectuel dont l'allure tranquille cachait une volonté de fer, dirigeait la section des garçons à la J.É.C.; il devint rédacteur en chef de *La Presse*, occupa d'importants portefeuilles dans le gouvernement Trudeau, fut ambassadeur du Canada aux Nations Unies puis en France. Pelletier parti étudier en Europe, Pierre Juneau lui succéda; administrateur énergique, il eut, lui aussi, rang de ministre dans le gouvernement Trudeau à titre de secrétaire d'État, fut président-fondateur de la Commission canadienne de la radio-télévision et des communications, avant de devenir président de la Société Radio-Canada. Un autre responsable de la section des garçons au sein de la J.É.C., Marc Lalonde, fit carrière en politique. Avant d'entrer au parlement, il fut attaché spécial auprès du premier ministre Lester B. Pearson, puis premier secrétaire du premier ministre Trudeau. Entré au cabinet, il y détint d'importants ministères, dont ceux de la Justice et des Finances, et travailla efficacement à la promotion de l'unité canadienne. Claude Ryan, journaliste distingué et ancien chef du Parti libéral du Québec, est également du nombre des «anciens» de la J.É.C. qui ont fait carrière en politique. On trouve enfin, parmi ceux-ci, d'éminents défenseurs de la cause séparatiste.

La Centrale de la J.É.C. comportait deux sections: l'une pour les garçons, l'autre pour les filles. Chacune avait son président ou sa présidente et fonctionnait de façon autonome; mais les deux sections unissaient leurs effectifs pour certaines réalisations communes, comme l'organisation de camps de vacances pour écoliers, la publication des deux journaux, ou la tenue de séminaires à l'intention des directeurs de journaux de jeunesse. Des deux périodiques que publiait la Centrale, l'un, intitulé *François* et lancé par Alexandrine Leduc, s'adressait aux élèves du primaire et du premier cycle du secondaire; l'autre, *La vie étudiante*, était destiné aux collégiens. Chaque journal, publié deux fois le mois, tirait à plus de cinquante mille exemplaires. À l'arrivée de Jeanne Benoit, Gérard Pelletier était à la fois responsable de la section «Garçons» et rédacteur en chef du journal des aînés. Il venait d'épouser Alex Leduc, qui, même si elle quittait la Centrale, gardait sa fonction de rédactrice du journal des cadets. Jeanne prenait la succession d'Alex comme agent de liaison avec les cellules jécistes situées hors du Québec et collaborait à la rédaction des deux publications.

Jeunes hommes et jeunes femmes travaillaient ensemble à la Centrale et tenaient souvent, hors de la ville, des réunions entre rédacteurs: tout cela alimentait, dans l'Église, les critiques de l'aile réactionnaire. Celle-ci prêtait aux jécistes toutes sortes de conduites immorales, qu'elle dénonçait du haut de la chaire. Soupçons sans fondement, puisque ces réunions se tenaient généralement dans des institutions religieuses — comme le couvent des pères de Sainte-Croix, à Sainte-Scholastique — avec quartiers séparés pour les filles et les garçons, ces derniers logeant chez les prêtres. Un chapelain de la Centrale faisait, du reste, partie du groupe.

Parmi ces aumôniers, l'un des plus populaires fut le père Germain-Marie Lalande, qui allait devenir supérieur général de l'Ordre de Sainte-Croix, à Rome. Petit homme nerveux aux traits accusés, Lalande respirait la bonté et entretenait avec les jeunes des rapports merveilleux. Lui demandait-on conseil? Il savait se mettre dans la peau de l'autre et lui apporter immanquablement la bonne réponse — pas toujours, d'ailleurs, celle qu'on voulait entendre. Les jécistes apprécièrent également les qualités d'un autre de leurs aumôniers, le père Maurice Lafond, plus tard nommé supérieur provincial des pères de Sainte-Croix. Grand, digne, cet homme doué d'une intelligence remarquable exerça une grande influence sur le personnel de la Centrale. Jeanne, comme plusieurs de ses contemporains, a gardé contact avec ces deux conseillers spirituels de sa jeunesse jéciste.

Ni Jeanne Benoit, ni Jacqueline Ratté ne souffraient du caractère rudimentaire de leur installation dans l'immeuble des Éditions Fides; elle leur apparaissait comme une halte où se remettre des fatigues de leurs dures journées de travail. Ce sont plutôt leurs parents qui s'en plaignirent auprès des pères de Sainte-Croix. Résultat: les jeunes filles emménageaient, six mois plus tard, dans une vaste maison du quartier Outremont; c'était le port d'attache des Compagnons de Saint-Laurent, troupe de théâtre que commanditait la congrégation de Sainte-Croix. Elles s'y sentirent moins isolées: Alex et Gérard Pelletier, qui avaient là leur appartement, leur tenaient lieu de chaperons; le chanteur Félix Leclerc y logeait aussi avec sa femme. La troupe théâtrale, à toute heure du jour ou de la nuit, tenait au sous-sol ses répétitions, et on venait parfois réveiller nos deux jeunes filles pour solliciter leur opinion — généralement favorable — sur telle ou telle scène. Le dimanche, le père Émile Legault, qui habitait là, célébrait parfois la messe dans les locaux de la troupe.

À la Centrale, Jeanne se lança avec entrain dans son travail. Douée d'un bon sens de l'organisation, elle adorait relever ce genre de défi. L'agressivité de l'écolière avait fait place à la force intellectuelle, si bien que, avec ses vingt ans, Jeanne affichait une confiance et une maturité peu communes à son âge. Comme aujourd'hui, elle savait analyser avec soin une situation avant de s'y attaquer. La logique de cette méthode fit dire à une personne de son âge que «Jeanne était une vraie fille des dominicains et de saint Thomas d'Aquin». Un jour, au cours d'une réunion, le père Lalande crut lui faire un compliment en déclarant qu'elle raisonnait comme un homme. Venu des religieuses du couvent, le mot l'eût flattée; mais, cette fois, elle fut outrée de ce qu'elle y trouvait de paternaliste, d'insultant pour sa féminité.

Jeanne avait également le don de la communication; sa parole et ses écrits revêtaient une exceptionnelle clarté. À l'aise devant un vaste auditoire, elle parlait volontiers sans l'aide de notes; contrairement à la plupart des écrivains, elle ne s'embarrassait pas de brouillons, rédigeant de façon définitive à l'aide de sa machine à écrire. Sa réserve naturelle donnait à certains l'impression qu'elle était une personne froide et distante. Mais — ses amis le savaient bien — ce n'était là qu'une façade, qui cachait un être chaleureux et sympathique, facilement ému jusqu'au rire ou aux larmes. Tous, à la centrale, s'accordaient à reconnaître en elle un chef.

En 1943, soit un an après son entrée à la Centrale, Jeanne fut nommée présidente de la section féminine. Quelques mois plus tard, le père Lalande l'emmenait dans une tournée de conférences sur la côte Ouest. Objectif: l'expansion du mouvement, par le recrutement d'un plus grand nombre d'écoles et d'institutions religieuses de langue anglaise. Par économie, nos voyageurs s'étaient munis d'un immense panier de sandwichs et voyageaient en classe ordinaire; c'est donc assis dans de simples fauteuils qu'ils traversèrent le pays. En route, ils s'arrêtèrent dans plusieurs villes, pour y rencontrer des responsables diocésains et y prendre la parole; Jeanne prononçait, certains jours, cinq ou six allocutions en autant d'heures. À bord du train de nuit qui l'amenait de Winnipeg à Calgary, elle fut aux prises avec un costaud d'ivrogne qui tenta de la molester comme elle se dirigeait vers la salle de toilette. Situation pénible: une porte séparait ce couloir, mal éclairé, du wagon où tous les passagers, y compris le père Lalande, s'étaient endormis. Pour refroidir les ardeurs de son agresseur, Jeanne tira le cordon de la sonnette d'urgence et menaça de faire stopper le train. C'est seulement plus tard qu'elle raconta l'incident, qui pendant plusieurs mois avait hanté ses cauchemars. Nos deux «missionnaires» séjournèrent plus d'une semaine à Vancouver. Partout, on les accueillait chaleureusement, malgré le soin que Jeanne, pour afficher ses origines françaises et québécoises, mettait à mal prononcer certains mots anglais dans ses discours. Le voyage, mémorable et épuisant à la fois, devenait une école parfaite pour un futur gouverneur général; mais n'anticipons pas...

Un an avait suffi pour faire de Jeanne une ardente nationaliste québécoise, confirmant ainsi les craintes de son père. Cependant, la tournée dans l'Ouest créa chez elle une forte impression et élargit la perception qu'elle avait du Canada; si bien qu'à son retour à Montréal elle avait renoué avec ses convictions fédéralistes. Subsistait malheureusement, parmi les catholiques, la vieille tension entre anglophones et francophones, de sorte que la tournée ne suscita que peu de nouvelles adhésions à la J.É.C.

Pas facile, donc, de «vendre» aux Anglo-Canadiens la J.É.C. Aux États-Unis, ce fut tout le contraire. Dans toute la Nouvelle-Angleterre, et jusqu'à Chicago, le père Lalande et Jeanne Benoit furent accueillis à bras ouverts dans les institutions. Jeanne prit souvent la parole devant une communauté entière ou devant tous les étudiants d'un établissement: un auditoire de trois cents prêtres ou de mille étudiants n'était pas chose rare. Le sommet de cette tournée fut peut-être la visite à l'Université Notre-Dame, dans l'Indiana. Cette maison, que dirigent les pères de Sainte-Croix, jouit, on le sait, d'une excellente réputation pour son collège de théologie et pour... son équipe de football. Le seul incident déplorable de tout le périple étasunien survint à Cleveland, au cours d'une assemblée diocésaine. Jeanne venait de s'adresser à un vaste auditoire à qui le père Lalande l'avait présentée comme le prototype de la permanente jéciste. On vit se lever un membre de la hiérarchie, qui dénonça avec hargne les propos de Jeanne; le diable, ajoutait-il, revêt plus d'un déguisement, dont celui de ces travailleuses laïques. On imagine l'ahurissement de Jeanne, absolument impuissante devant une telle sortie.

Au Québec aussi, il arrivait que Jeanne recût un accueil hostile. Mais elle constatait parfois le phénomène inverse. Devant des auditoires composés de religieuses, elle se sentait souvent écoutée avec un respect proche de la vénération, d'autant plus étonnant que ce respect s'adressait à une jeune fille d'à peine vingt ans. Elle en apprit plus tard la raison: les religieuses la croyaient inspirée du Saint-Esprit, tant il leur paraissait étrange qu'une jeune laïque, sans formation religieuse particulière, pût ainsi discourir devant elles.

À la Centrale, une telle méprise était impossible. Bien sûr, Jeanne était une fervente catholique; mais on la respectait d'abord pour ses talents d'organisatrice et d'administratrice. Le titre ici n'importait guère, puisque tous étaient bénévoles: ce qui comptait, c'était l'habileté et la compétence de la personne. Lorsqu'elle assuma la présidence de la section féminine, elle s'efforça de structurer celle-ci à l'image d'un bureau d'affaires soumis à une hiérarchie rigoureusement définie. Mais elle dut bientôt se résigner au style plus bohème inhérent au bénévolat. Si, du reste, elle s'accommodait de l'état des choses, c'est que la force de sa personnalité venait généralement à bout des résistances. Comme le rappelait récemment un ancien membre de la Centrale: «Ah! Ce qu'elle nous a fait travailler!» Jeanne réussit aussi à tenir son bout, face aux jeunes hommes qui se succédèrent à la tête de la section masculine: pour un Gérard Pelletier ou un Pierre Juneau, elle était non seulement une collaboratrice, mais aussi une bonne camarade. Mais Juneau l'exaspérait parfois, moins prompt qu'elle à cerner une situation ou à exprimer sa pensée. Elle maîtrisait en particulier un art qui allait la servir admirablement durant son séjour au cabinet: celui de saisir rapidement les données d'un problème complexe et de s'y colleter sans tergiversation. Aussi, au cours de discussions en groupe, Jeanne et ses copines taquinaient-elles souvent Juneau, d'un «Vas-y, Pierre, vas-y!» Par la suite, Jeanne rencontra plusieurs fois sur sa route ses anciens collègues de la Centrale, Pelletier et Juneau.

Peu après son accession à la présidence de la section féminine, Jeanne développa cette section et recruta, pour y travailler, trois nouvelles bénévoles venues de l'extérieur de Montréal: Fernande Martin, Berthe Deschênes et Françoise Chamard;

chacune d'elles avait été responsable jéciste dans son diocèse d'origine. Par la seule façon dont elle s'y prit pour recruter Fernande Martin, Jeanne révélait un trait de son caractère. À une nature timide et douce, Fernande alliait un humour pétillant. Elle habitait Saint-Hyacinthe, non loin de Montréal, et désirait ardemment venir travailler à la Centrale. Mais elle était la benjamine d'une famille de huit enfants, et sa mère voyait d'un mauvais oeil son départ. Jeanne fit exprès le voyage à Saint-Hyacinthe et s'entretint avec Mme Martin, qu'elle persuada de permettre à Fernande de travailler à la J.É.C. Cette force de persuasion était faite d'une logique rigoureuse, mais exprimée avec sympathie et émotion. À la fin de la rencontre, les trois femmes étaient en pleurs: épisode éprouvant, qui justifiait Jeanne de s'estimer une seconde mère pour Fernande.

Mais où loger les trois nouvelles venues? Il n'y avait plus de place dans la maison des Compagnons de Saint-Laurent, à Outremont. On décida donc d'installer Jeanne, avec les trois nouvelles, dans un appartement de la rue Laval, non loin de la rue Saint-Denis. Ce logement, fait d'une chambre double éclairée d'une seule fenêtre, n'offrait ni eau chaude ni cuisine. Le père de Fernande Martin, irrité d'une installation aussi rudimentaire, protesta auprès du père Lafond. Celui-ci répondit que l'Ordre, déjà endetté auprès de la banque, ne pouvait se permettre installation plus coûteuse. En homme d'affaires, M. Martin déclara au prêtre: «Noyade pour noyade, trente pieds d'eau ne sont pas plus dangereux que dix.» Forts de ce conseil pratique, les pères de Sainte-Croix, contractèrent un nouvel emprunt, qui servit à loger les filles dans un appartement de la rue Saint-Hubert, près de Laurier. Le voisinage n'avait rien d'enchanteur, mais l'appartement paraissait, par comparaison, presque luxueux: deux chambres doubles, une salle de séjour et une cuisine. Il n'y manquait que les meubles: on donna à Jeanne deux cents dollars, grâce auxquels elle acheta des meubles chez Dupuis Frères.

Il régnait entre les filles une entente parfaite. Pour éviter les querelles, elles comptaient sur le sens de l'humour dont chacune était douée, particulièrement Berthe Deschênes avec son rire rabelaisien et contagieux. D'ailleurs, chacune était fort occupée et devait souvent prendre la route dans l'exercice de ses fonctions. À cet égard, un ami de Jeanne a calculé que celle-ci, à l'époque, visitait au moins deux fois l'an tous les diocèses francophones du Canada. Le souvenir de la rue Saint-Hubert suscitait plus tard chez Berthe le commentaire suivant: «Jeanne était pour nous une mère: elle prenait soin de nous, et s'inquiétait de nos petites maladies ou de notre mal du pays.» Et aujourd'hui, après quarante ans, l'amitié unit encore ces trois personnes, malgré leurs longues séparations et leurs carrières divergentes.

Le travail à la Centrale laissait peu de place aux sorties personnelles, mis à part un film ici, là une pièce au Théâtre du Nouveau Monde (issu des compagnons de Saint-Laurent), et parfois un repas pris le dimanche chez un des membres montréalais de la Centrale. Le personnel de celle-ci organisait parfois son propre spectacle, auquel chacun prenait part; Jeanne adorait, surtout, la danse folklorique. Le calendrier était jalonné d'un certain nombre d'excursions hors de la ville: un séjour estival de deux semaines dans une des colonies de vacances de la J.É.C. et, en hiver, quelques randonnées en ski. Les filles ne se sentaient pas privées de contacts extérieurs, tant elles rencontraient, à la Centrale, de personnes intéressantes, d'ici ou d'ailleurs.

Peu d'affaires de coeur, en tout cas. Car une règle tacite voulait que, sitôt sérieusement engagée dans une idylle avec un jeune homme de la Centrale, la fille quittât son emploi. Les quelques romans d'amour qui s'y sont tissés ont été fort discrets et se sont presque tous terminés par un mariage: ce fut le cas de Gérard Pelletier et d'Alexandrine Leduc, de Pierre Juneau et de Fernande Martin. Le temps a passé, et le code moral de ces jeunes catholiques bien élevés nous paraît aujourd'hui extrêmement rigoureux: les boissons fortement alcoolisées étaient bannies des réunions de jeunes, qui ne connaissaient pas la drogue et chez qui la religion opposait aux relations prémaritales un interdit redoutable. Cette morale n'abolissait certes pas l'attirance d'un sexe pour l'autre, mais elle conférait une note platonique aux relations qui s'ensuivaient.

Jeanne ne manquait pas d'admirateurs. Au premier rang de ceux-ci figurait Ambroise Lafortune, jeune chef scout enthousiaste et populaire, qui gravitait autour de la Centrale. Il était beaucoup plus attiré vers Jeanne que celle-ci ne l'était vers lui.

Pendant une réunion de journalistes étudiants, tenue en novembre 1943 chez les pères oblats de Ville LaSalle, Ambroise voulut jouer un tour à Jeanne grâce auquel il s'attirerait attention et gratitude: il cacha le sac à main de la jeune fille, avec l'intention de le faire réapparaître quand tout le monde l'aurait cherché en vain. Il n'aurait pu choisir pire moment. Car, sur l'entrefaite, le président, Gérard Pelletier, annonça la mort du père de Jeanne; et celle-ci, ajoutait-il, avait perdu son sac à main, dans lequel se trouvait son billet de train pour Ottawa. Ambroise dut, en catimini, «retrouver» le sac. La dernière rencontre de Jeanne avec Ambroise fut l'occasion, pour ce dernier, de lui annoncer son entrée dans les ordres. Sous le nom de «père Ambroise», il a, par la suite, non seulement accompli son ministère, mais est aussi devenu un écrivain reconnu et une personnalité bien connue des téléphiles.

Un autre jeune homme vouait, de loin, un culte à Jeanne Benoit. Son nom? Guy Cormier, alors «propagandiste» à l'esprit articulé et journaliste au flair indiscutable. Après son départ de la J.É.C., il entra à *La Presse*, où il devait accéder à de hautes fonctions. Jeanne, de son côté, eut le béguin pour trois jeunes hommes; mais chaque fois ce fut court — et sans avenir, puisque tous se destinaient à la prêtrise.

Avant sa rencontre avec Maurice Sauvé, l'homme le plus important qu'eût connu Jeanne avait été son propre père. La mort de celui-ci, en 1943, lui causa un dur choc, dont elle fut longue à se remettre. Âme secrète, elle garda pour elle sa peine, malgré son mal du pays et son affliction profonde. Elle s'en confia à l'une de ses compagnes de chambre, plusieurs mois après le départ de l'être aimé: «Tu ne peux pas comprendre la profondeur de mon chagrin; encore aujourd'hui, ça reste terrible.» Jusqu'à la fin des années 40, Jeanne ne songea guère au mariage. Le mouvement jéciste remplissant toute sa vie, elle avait tendance à reléguer dans l'ombre tout ce qui la concernait personnellement. Années de ferveur, non seulement sur le plan religieux, mais aussi sur le plan social. Les étudiants vivaient au sein d'un monde autoritaire, surtout dans le Québec de cette fin d'année 1944: après cinq ans du régime répressif d'Adélard Godbout, la main de fer de Maurice Duplessis s'était de nouveau abattue sur la province. Or, le message de la J.É.C. prônait une politique réformée, une religion éclairée, des services sociaux accrus. C'est à ces objectifs que Jeanne consacrait toutes ses énergies.

L'influence de la J.É.C. atteignit son apogée en juin 1946, à l'occasion du quinzième anniversaire de la fondation de l'aile canadienne. On vit affluer, de toute l'Amérique du Nord et de l'Europe, plus de vingt-cinq mille personnes, étudiants compris, venues participer aux célébrations. Au programme: un rassemblement monstre au stade DeLorimier, de Montréal, avec messe célébrée par des centaines de prêtres et d'évêques. Jeanne prit la parole devant la foule du stade, ainsi que devant un groupe de personnalités importantes réunies au Cercle universitaire. (Chose curieuse, elle trouva ce dernier auditoire beaucoup plus intimidant que l'immense foule.) Au total, ce congrès du quinzième anniversaire se révéla un grand succès.

Mais un succès auquel Jeanne et tout le personnel de la J.É.C. avaient pendant des mois travaillé d'arrache-pied. L'un des problèmes de logistique relié aux célébrations avait été de servir le lunch aux vingt-cinq mille personnes rassemblées au stade. Une équipe de volontaires le résolut en passant la nuit à préparer des sandwichs pour en remplir des boîtes à lunch; on confia la direction de l'opération à Jean Cadieux, qui allait plus tard devenir recteur de l'Université de Moncton. Autre problème délicat: le réglage de la parade à travers les rues de Montréal. Pour trouver l'homme de la situation, on dut chercher hors des cadres de la J.É.C. On dénicha, à la faculté de droit de l'Université de Montréal, un étudiant âgé de vingt-deux ans. Il s'était fait remarquer, en 1943, comme organisateur et tête d'affiche de la plus grosse manifestation anticonscriptionniste de toute l'histoire canadienne, ce qui lui avait valu une photo dans le magazine *Time*. Il s'agissait d'un dénommé Maurice Sauvé...

Grand, mince, la mèche noire, le teint coloré, Maurice Sauvé avait bonne mine. Il affichait déjà l'autorité de l'homme qui a réussi en politique. Esprit exceptionnellement articulé, il avait acquis dans son domaine une haute compétence et parlait avec une conviction qui ne souffrait guère la réplique. L'arrogance qu'on lui trouvait parfois savait faire place à un charme séduisant, qui ne passait pas inaperçu auprès des jeunes femmes.

Pour Maurice, l'organisation de la parade jéciste parut un jeu d'enfants. Fort de son expérience et muni d'une carte de la ville, il traça le parcours du cortège; il eut tôt fait de repérer les points qui nécessitaient des cordons de sécurité, des affiches, des haut-parleurs, ou un encadrement de la foule par du personnel de la J.É.C. Maurice apporta à la planification un soin tel que, le jour venu, tout baigna dans l'huile malgré son absence — il était employé d'été à bord d'un bateau de croisière de la «Canada Steamship Line».

La première rencontre de Jeanne et de Maurice a eu lieu durant une réception offerte aux organisateurs du fameux congrès. Maurice remarqua Jeanne dès l'abord et parvint vite à se frayer un chemin à travers la foule pour aller engager une conversation. Sans créer sur elle une impression du tonnerre, il ne lui sembla pas sans attraits: elle a toujours eu un penchant pour les hommes forts, et celui-ci faisait si différent des types sérieux qu'elle côtoyait à la J.É.C.! Elle ne l'oublia donc pas. En octobre de la même année, Maurice alla à Ottawa pour rendre visite à son amie Lucille Robillard, dont il avait fait la connaissance l'été précédent durant une croisière. Mais, arrivé à Ottawa, il apprit que Lucille, ayant une vilaine grippe, ne pourrait le recevoir. Pour ne pas le renvoyer bredouille à Montréal, elle lui suggéra une sortie avec une cousine à elle, Jeanne Benoit, qui passait aussi le week-end à Ottawa. Maurice accepta l'offre avec enthousiasme et passa avec Jeanne, dans le salon de la famille Benoit, une soirée agréable mais sans histoire. Aux yeux de Jeanne, il n'y avait pas de quoi fouetter un chat: «Ne s'agissait-il pas, après tout, de l'ami de ma cousine, et non du mien?» Suite à cette rencontre, Maurice prit l'habitude de faire un saut à la Centrale pour causer avec Jeanne et ses amis. Fin raconteur, il régalait son auditoire du récit de ses fredaines à bord des bateaux et de ses exploits mondains. Les jeunes filles l'écoutaient avec amusement, mais, intérieurement, ne le tenaient pas pour très sérieux.

En décembre 1946, un ami de Maurice, étudiant avec lui à l'université, lui demanda de le remplacer dans un emploi d'été à la

Commission des liqueurs du Québec[1]. Maurice gagnait suffisamment l'été pour n'avoir pas à travailler durant l'année scolaire; c'est donc dans le seul but d'aider son copain qu'il accepta l'offre. Un jour, un client un peu trop imbu de l'esprit des fêtes lui fit cadeau de deux billets d'admission au Forum. Maurice, qui n'avait jamais assisté à une joute des «Canadiens», fut enchanté de l'offre. Après mûre réflexion, il invita Jeanne à l'accompagner au Forum. Ni elle ni lui ne se souviennent des points enregistrés par les équipes en présence, mais tous deux s'accordent à reconnaître là leur première «vraie sortie».

Entre Noël et le jour de l'An, Maurice participa, à Toronto, à l'assemblée annuelle de la Fédération canadienne des étudiants universitaires. Grâce à l'appui des délégués de l'Université McGill, il fut élu président de la Fédération: il était le premier Canadien français à accéder à cette fonction, en seize ans d'existence de l'organisme. Une des raisons qui motivait ce choix était le besoin d'un chef bilingue au sein de l'organisme, qui pût amener dans le giron de la Fédération toutes les universités canadiennes, y compris celles du Québec. Or Maurice, qui tenait d'un jésuite irlandais sa bonne connaissance de l'anglais (et la pointe d'accent qu'on y décelait), manifestait dans les deux langues une étonnante force de persuasion. Et, comme président d'assemblée, il possédait à un haut degré l'art d'amener les gens à un consensus sans trop de frustrations. Son style de présidence combla les attentes de ses électeurs. Durant l'année 1947, il visita une à une toutes les universités du Canada et réussit à les enrégimenter toutes dans la Fédération.

Jusqu'à son élection à cette présidence, Maurice avait été un adepte convaincu du nationalisme québécois: n'avait-il pas appris l'histoire du Canada auprès des jésuites du collège Sainte-Marie? Or, l'Histoire est trompeuse, tant chaque historien colore à sa façon les événements du passé. La version jésuite de l'histoire du Canada voulait que, depuis la Conquête, les Anglais eussent trompé systématiquement les Canadiens français. En authentique

---

1. Cet organisme s'appela par la suite «Régie des alcools du Québec», puis «Société des alcools du Québec». (N.D.T.)

étudiant d'histoire, Maurice avait même un jour dressé une liste de treize occasions importantes où les francophones avaient été perdants. Mais, à ce Québécois qui n'avait jamais quitté sa province, les voyages à travers le pays allaient ouvrir les yeux. L'anticonscriptionniste d'hier, l'étudiant à qui on avait fait voir dans l'Anglais un ennemi, fut très étonné de l'accueil amical que lui réservaient les universités de tout le pays. L'éventail des cultures et l'étendue du territoire créèrent en lui une profonde impression. Aussi, tout au long de son mandat à la tête de la Fédération des étudiants, sa pensée politique suivit-elle à son insu une évolution progressive, si bien qu'à la fin de l'année il s'acheminait vers le fédéralisme.

Durant l'année 1947, Jeanne et Maurice se virent de plus en plus souvent, chacun entretenant toutefois des relations avec d'autres gens. C'est seulement en janvier 1948 que, Maurice devenu titulaire d'une bourse de la «London School of Economics», leurs relations prirent une tournure plus sérieuse. Maurice avait établi son propre «plan quadriennal»: prendre femme, et partir avec elle pour l'Angleterre à l'automne. Son raisonnement était net: s'il ne se mariait pas avant son départ, il trouverait casées, à son retour, toutes les filles de sa connaissance — ou, du moins, la crème de celles-ci. (Il appréhendait aussi, pour le célibataire débarquant en Europe qu'il serait, la tentation d'épouser une étrangère, à qui le retour au Canada poserait un problème d'adaptation culturelle.) Mais il s'était fixé, dans le choix d'une épouse, des critères plutôt insolites pour l'époque.

Il cherchait une femme qui lui fût d'égale intelligence, manifestât une bonne dose d'indépendance, acceptât de n'avoir d'enfants qu'une fois bien établie la carrière de son mari, et, enfin, voulût elle-même poursuivre une carrière. C'était, dans le Québec des années 40, une perle très difficile à trouver. Car toutes les jeunes filles de sa connaissance avaient été éduquées dans les mêmes couvents, à la lumière des mêmes valeurs. À l'issue de leurs études, elles se mariaient ou devenaient religieuses et, mariées, elles ne vivaient plus que pour leur époux et leurs enfants.

Or, arrivait cette Jeanne. qui répondait à tous les critères ainsi formulés. En plus de la trouver extrêmement séduisante,

Maurice l'estimait, comme il disait, «brillante, autonome, pas intéressée à se faire la servante d'un mari, et désireuse de faire elle-même carrière». Son choix ainsi tranché, il ne lui restait plus qu'à la convaincre de l'épouser. Maurice, qu'une ancienne amie décrivait comme une force de la nature, entreprit une cour étourdissante. Tout amoureuse qu'elle fût de lui, Jeanne prenait son temps et supputait le projet. Ses hésitations tenaient en particulier à ce que le mariage signifiait l'abandon de la J.É.C. Et il y avait aussi la mère de Maurice, qui s'opposait ouvertement à leur union.

Maurice Sauvé, né à Montréal le 20 septembre 1923, était le fils aîné de Joseph-Honoré Sauvé et de sa femme Mélanie. Joseph-Honoré, atteint de tuberculose après l'obtention de son baccalauréat ès arts, avait dû renoncer à des études de médecine. À l'issue d'une convalescence de quatre ans, on lui interdit la carrière médicale: tout travail d'intérieur entraînerait une rechute; il lui fallait trouver un emploi de plein air. Homme affable et d'humeur facile, il résolut de se faire représentant de commerce. Malgré ses qualités de vendeur, il ne gagna jamais beaucoup d'argent, et la famille, durant la Dépression, dut plusieurs fois émigrer vers quelque logement moins coûteux. Le père sillonnant les routes par métier, Maurice et ses deux jeunes frères eurent leur mère pour principale éducatrice; c'est d'elle qu'ils tenaient le dynamisme et l'ambition qui les caractérisaient. Loin de se laisser arrêter par les difficultés financières, Mélanie veilla à procurer à ses fils une excellente éducation. Son dévouement trouva sa récompense: Maurice alla de succès en succès dans les affaires et la politique; Gaston se bâtit une solide réputation comme chirurgien cardiologue et comme professeur à l'Université d'Ottawa; quant à Robert, installé à Montréal, il fut nommé juge à la Commission des accidents du travail, après une fructueuse carrière d'avocat.

Maurice avait vingt-cinq ans à l'époque où il faisait la cour à Jeanne, mais sa mère, Mélanie, le croyait encore trop jeune pour songer au mariage: sitôt épousée, Jeanne le mènerait par le bout du nez. Sans doute l'opinion de Mélanie sur sa future belle-fille était-elle dictée par son conservatisme religieux et politique: elle taxait la J.É.C. d'anticléricalisme et pensait les pires choses du rôle de Jeanne dans ce nid d'activistes. Et pendant que Maurice usait de tous ses charmes auprès de Jeanne, sa propre mère déployait toutes ses armes contre l'idylle, allant même jusqu'à téléphoner au père Lalande pour en faire son allié.

La famille Benoit, pour sa part, aimait beaucoup Maurice et favorisait le projet de mariage. Il leur tardait de voir se caser leur fille Jeanne, maintenant âgée de vingt-six ans. Une seule réserve: le bonheur de Jeanne aurait été mieux assuré auprès d'un homme plus tranquille, plus intellectuel. Ainsi pensaient, du reste, plusieurs des amis de Jeanne, à la J.É.C. Février 1948, Jeanne consentit enfin, et la célébration du mariage fut fixée à fin septembre. À la fin de mai, Maurice obtint son diplôme en droit de l'Université de Montréal et, comme les étés précédents, partit travailler sur les bateaux de croisière. Pour se rapprocher de lui, Jeanne prit un poste de comptable au Manoir Richelieu, à Pointe-au-Pic, un des ports d'attache de Maurice.

C'est le coeur rempli de sentiments contradictoires que Jeanne quitta la Centrale, où elle avait dirigé pendant six ans la section féminine: d'une part, la satisfaction d'avoir accompli du bon travail, mais, d'autre part, le regret de voir le Québec stagner encore dans un ghetto.

Elle ne pouvait mesurer elle-même l'importance du rôle qu'elle avait joué dans la lutte pour l'évolution du Québec, dans ce combat qui allait, quinze ans plus tard, déboucher sur la Révolution tranquille.

Jeanne Benoit ne devinait pas, non plus, l'influence que, avec d'anciens collègues de la J.É.C., elle allait exercer pendant encore trois décennies sur le destin du Canada.

CHAPITRE 4

La vie à Londres et à Paris, 1948-1952

Le 24 septembre 1948, Jeanne et Maurice se marièrent à Ottawa, en l'église Saint-Jean-Baptiste, située en face du couvent Notre-Dame-du-Rosaire. Le célébrant n'était nul autre que le père Lalande, à cette époque ami et conseiller spirituel de la J.É.C. Mariage fort simple, à cause de la maladie de coeur dont souffrait la mère de Jeanne, devenue veuve cinq ans plus tôt. Les nouveaux mariés, du reste, mettaient leurs sous de côté pour leur séjour en Europe. Une centaine d'amis et de parents assistèrent à la cérémonie. Jeanne, qui entra à l'église au bras de son frère Jean, portait une robe de soie bleu marine avec souliers assortis; Maurice avait revêtu un complet bleu foncé tout neuf, dans lequel il paraissait un peu guindé.

Les parents de Maurice, arrivés à Ottawa la veille au soir, avaient décliné l'invitation de Mme Benoit à une rencontre des deux familles; c'est seulement le lendemain que la mère de Jeanne put faire la connaissance des Sauvé. La mère de Maurice fit à l'église une entrée d'autant plus remarquée qu'elle y arriva une fois la cérémonie commencée. Indifférente au placier qui lui suggérait à voix basse d'emprunter une allée latérale, elle descendit triomphalement la grande allée jusqu'à son banc. Ce petit incident présageait déjà du style de ses relations avec sa belle-fille, celles, au mieux, d'une coexistence pacifique.

Après la cérémonie religieuse, Berthe, soeur de Jeanne,

reçut à déjeuner dans son appartement de la promenade Sussex quelque vingt-cinq proches parents. Mme Benoit aurait bien voulu donner elle-même la réception, mais le médecin l'en avait dissuadée vu l'état de son coeur. Vers midi, on partit pour Montréal, où les nouveaux mariés se retirèrent à l'hôtel Mont-Royal.

Le lendemain, ils s'embarquaient pour l'Angleterre, à bord de l'*Empress of Canada*. Les membres des deux familles ainsi qu'un fort contingent d'amis jécistes étaient sur le quai pour assister au départ. Les adieux, d'autant plus émouvants qu'ils préludaient à une absence de quatre ans, furent marqués, sur le quai, de baisers et de larmes. Une fois à bord, Jeanne et Maurice demeurèrent longtemps au bastingage à saluer le groupe. La sirène retentit enfin, la fanfare entonna «Auld Lang Syne», et le navire enrubanné de serpentins et de banderoles se mit à glisser doucement sur les eaux du Saint-Laurent.

La lune de miel eut quelque chose de décevant, malgré le voyage en première classe — ce luxe que les nouveaux mariés ne pouvaient guère se payer mais que Maman Mélanie avait presque imposé. Il y avait d'abord cette cabine minuscule où l'on pouvait à peine se retourner; et puis nos tourtereaux éprouvaient aussi quelque gêne face aux autres passagers de première, de beaucoup leurs aînés. Et, pour couronner le tout, Jeanne eut le mal de mer pendant presque toute la traversée.

À l'arrivée à Liverpool, le couple fut accueilli par un représentant du «British Council», organisme qui avait accordé à Maurice sa bourse d'études. Cet homme fort serviable dédouana les bagages et trouva une auberge en attendant quelque logement plus permanent. Le surlendemain, le couple loua un meublé, dans une petite maison du quartier londonien de Denmark Hill.

Ce logement à une seule pièce n'offrait guère d'intimité, mais il avait le double avantage d'être économique et d'être à proximité de la «London School of Economics». Car l'argent demeurait une préoccupation capitale: le couple arrivait en Grande-Bretagne avec en poche mille neuf cent cinquante dollars, dont mille cinq cents provenaient d'un emprunt bancaire garanti par un des professeurs de droit de Maurice. À cela s'ajoutait la bourse, d'une valeur de trois cents livres sterling. Après avoir fait un calcul minutieux, Maurice estima qu'il leur fallait vivre avec un budget hebdomadaire de neuf livres: si une semaine on crevait ce plafond, il faudrait se serrer la ceinture la semaine suivante.

Mais cette situation financière précaire ne les empêchait pas d'adorer Londres. Dès l'abord, ils furent frappés par la gentillesse et la politesse des Londoniens. Maurice a dit un jour, en se rappelant cette époque: «Les Londoniens étaient des gens très policés, doués d'un sens civique aigu. Faisiez-vous la queue quelque part? Personne ne songeait à vous court-circuiter. La confiance régnait: quand vous preniez l'autobus, la préposée vous demandait votre destination et s'en remettait à votre réponse pour déterminer le tarif; personne ne trichait.» Autre agréable surprise: l'attitude des policiers de Londres, les *Bobbies*; ils traitaient avec une inlassable courtoisie quiconque leur demandait des renseignements.

De graves pénuries et des rationnements sévères frappaient les denrées alimentaires et le combustible, dans cette Angleterre de l'après-guerre. Jeanne et Maurice, ayant pour eux la jeunesse, la santé — et un amour «tricoté serré» — s'en tiraient mieux que la majorité des gens. Prévenus de la situation alimentaire, ils avaient apporté une énorme provision de conserves. Celle-ci épuisée, ils durent collectionner les tickets de rationnement pour acheter chaque semaine un quart de livre de beurre et une demi-livre de viande. Ils avaient aussi entendu parler de la rareté du combustible. Mais là, rien à faire: avec l'impossibilité de trouver du charbon, la cheminée de leur chambre devenait un accessoire inutile, et la seule source de chaleur était le four à gobe-sous. Pour démarrer le compteur à gaz, il fallait insérer un shilling, ce qui, pour eux, était prohibitif. Durant ce premier hiver, le logement était si froid que Maurice devait souvent, pour étudier, enfiler son manteau et ses moufles. Le soir au coucher, on versait un shilling au compteur, on ouvrait la porte du four, on se dévêtait prestement, puis on se précipitait sous les couvertures. Malgré le four poussé à bout, le froid restait tel dans la chambre que la seule haleine créait un nuage de vapeur.

Il fallait aussi s'habituer à l'accent britannique. Ce ne fut pas une mince tâche pour Maurice qui, durant les trois premiers mois, éprouvait de la difficulté à comprendre ses professeurs. L'affaire se compliquait d'accents régionaux et de particularismes de prononciation. Jeanne et Maurice réussirent enfin à surmonter la barrière de la langue, mais le langage *cockney* garda toujours pour eux ses mystères.

Une fois établie la routine universitaire de Maurice, Jeanne partit à la recherche d'un travail. Souvent, entre deux entrevues, elle allait rejoindre son mari à la L.S.E. («London School of Economics») et assistait aux conférences qui y étaient présentées. Peu avant Noël, elle obtint du «London City Council» un poste à temps partiel pour l'enseignement du français aux adultes en cours du soir. Faute d'expérience, elle commit l'erreur d'orienter son enseignement vers la grammaire plutôt que vers la conversation française. Elle n'y obtint pas beaucoup de succès, et l'expérience tourna court.

Au printemps 1949, une fausse couche mit fin pour Jeanne à une grossesse de trois mois. En l'absence de complications, elle passa un examen chez le médecin généraliste et fut sur pied le lendemain. Même si elle fut très peinée de la perte de son bébé, elle l'accepta avec philosophie, consciente du temps qu'il leur restait pour fonder une famille.

Peu après, elle se vit offrir un autre poste d'enseignante, que lui valut le fait de s'être enregistrée à la «Canada House» dès son arrivée à Londres. Une secrétaire de cette Maison du Canada lui demandait par téléphone si elle était intéressée à donner des leçons particulières à Diana Wilgress, âgée de quatorze ans; il s'agissait de la fille de M. Dana Wilgress, nouveau haut-commissaire du Canada. Jeanne exprima son intérêt pour ce poste et quelques jours plus tard rencontrait Mme Wilgress à la résidence provisoire du haut-commissaire, quartier Belgravia. On convint dès lors qu'elle aurait Diana pour élève. Celle-ci avait besoin d'un soutien pédagogique dans toutes les matières, pour compenser une longue absence due à une attaque de fièvre rhumatismale; Jeanne la préparerait ainsi à s'intégrer au système scolaire britannique. Mme Wilgress se procura les manuels nécessaires, une pièce de la résidence fut transformée en salle de cours, et pendant un an Jeanne fit la classe à Diana.

L'expérience se déroula fort bien pour tout le monde. À la fin de l'année, Diana n'eut aucune difficulté à se faire admettre dans une des meilleures écoles pour jeunes filles de Londres. (Elle reste d'ailleurs convaincue que Jeanne aurait pu faire une brillante carrière dans l'enseignement.) Jeanne prit beaucoup de plaisir à son rôle, pour lequel elle recevait chaque semaine la somme princière de cinq livres sterling. À quoi s'ajoutait chaque jour le déjeuner pris à la résidence. Ces repas furent d'ailleurs pour Jeanne une source d'embarras lorsque, ayant un jour confié à Mme Wilgress son regret de ne jamais pouvoir prendre de repas carné, on ajouta désormais un plat de viande au menu de chaque déjeuner pris à la résidence.

Mme Wilgress obtint même, par les voies diplomatiques, que Jeanne fût présentée à la cour. Formidable, cette idée d'aller au palais de Buckingham! Mais que porter dans de telles circonstances? Jeanne n'avait qu'une seule toilette convenable: la robe bleu marine de ses noces; mais hélas!, venait-elle d'apprendre que Sa Majesté ne prisait guère les couleurs foncées. Le souvenir de l'uniforme couventin lui inspira une solution: elle garnirait de dentelles blanches le col et les manches de sa robe nuptiale. Ce qui frappa le plus Jeanne durant la cérémonie au palais fut le maquillage que portait le roi. Elle en demanda le lendemain la raison à Mme Wilgress et apprit que le souverain voulait ainsi cacher la grave maladie qui le minait. Curieux subterfuge, pensa Jeanne. Mais lorsque, trente-cinq ans plus tard, elle fut reçue au palais en qualité de gouverneur général du Canada, elle accorda elle-même un soin particulier à son maquillage, dans le but de masquer les traces de la maladie dont elle se remettait à peine.

À l'été de 1949, Jeanne fut interviewée à la radio par le correspondant londonien de Radio-Canada. L'entrevue, donnée au cours d'une émission hebdomadaire, retransmise au Canada, se déroula dans un studio crasseux, au siège de la «British Broadcasting Corporation». On demanda à Jeanne de décrire, à l'intention de ses amis canadiens, sa vie en Angleterre; elle ne se fit pas prier. Même consciente de ce que ses paroles, portées par les ondes, étaient entendues sur tout le réseau canadien, elle s'exprima avec aisance, sans la moindre nervosité, et y prit un plaisir extrême. Cette première expérience augurait bien de ce qui allait devenir une longue carrière à la radio et à la télévision.

Cet été-là, Maurice travaillait comme garçon de table pour

les chemins de fer britanniques. Il pensait, au moment où il postula cet emploi, devoir répondre à un questionnaire en règle sur son expérience. Mais il n'en fut rien: le vieux monsieur qui l'interviewait n'avait que faire de sa compétence et se préoccupait uniquement de la taille du vêtement à trouver. Indiquant d'un signe de la tête une patère où étaient alignés les uniformes, il lança à Maurice: «Si l'un de ceux-là vous va, vous êtes embauché.» Par bonheur pour ce candidat grand et mince, il y avait là un uniforme qui faisait l'affaire. Le lendemain, on assignait Maurice au train qui reliait Euston Station, de Londres, au port frontalier de Carlisle. Il mit quelque temps à s'habituer au balancement du wagon-restaurant, amplifié par les dommages que les bombardements avaient infligés à l'infrastructure de la voie ferrée; Maurice vivait dans la crainte de renverser son plateau sur les clients. Après le trajet de huit heures, l'équipage passait la nuit dans un hôtel de Carlisle, propriété de la «British Railways». Maurice recevait quatre shillings en allocation d'hébergement, mais passait la nuit dans une chambre minuscule qui lui en coûtait seulement un. Chaque voyage lui permettait ainsi d'empocher trois shillings. Ajouté au salaire et aux pourboires, ce surplus lui fournissait le respectable revenu de dix livres sterling par semaine.

À la fin de l'été, Jeanne et Maurice participèrent au congrès de fondation de l'Assemblée générale de la jeunesse mondiale, tenu à Bruxelles. Cette rencontre internationale de jeunes leaders rassembla des délégués venus d'une vingtaine de pays non communistes et dura plus d'une semaine. En raison de l'excellent travail qu'il avait accompli à la présidence de la Fédération des étudiants d'universités canadiennes, Maurice avait été choisi pour diriger la délégation du Canada au congrès de Bruxelles; il prit une part très active au déroulement de ce congrès. Il devint clair, au fil des débats, que la majorité n'entendait pas choisir le président-fondateur parmi les délégués des grandes puissances (Grande-Bretagne, États-Unis, France). Canadien, bilingue, vivant en Angleterre, Maurice fit vite figure de candidat de compromis et se vit investi de la présidence dès le premier tour de scrutin. Pour son mandat d'un an, il recevait un forfait de mille dollars américains, toutes dépenses payées pour ses voyages. À titre de président de l'Assemblée mondiale, il rencontrait des leaders de la jeunesse des quatre coins du monde et entretenait avec eux une correspondance soutenue; il présidait également les réunions du bureau de l'Assemblée, tenues à Bruxelles trimestriellement.

Maurice aimait beaucoup ses études à la «London School of Economics» — malgré les salles de cours délabrées et bondées à craquer. Conçue pour recevoir un millier d'étudiants, l'école en admettait plus de quatre mille. Il était parmi ceux-ci le seul Canadien français (Pierre Trudeau y étant passé avant lui et Jacques Parizeau après). À cette époque, on reconnaissait dans la L.S.E. un foyer de pensée politique avec une nette propension vers la gauche. Dix-sept clubs communistes fleurissaient alors sur le campus. Maurice s'inscrivit à l'un des clubs catholiques, plutôt rassis, ce qui ne l'empêchait pas d'assister par plaisir à des assemblées où des étudiants survoltés brandissaient des idées plus radicales.

À l'automne 1949, les Sauvé emménagèrent dans un logement plus grand, situé dans le même quartier. Malgré un mobilier insuffisant (où des cageots à fruits faisaient office de bibliothèque), ils étaient nettement plus heureux dans leur nouvel habitat. Ils y trouvaient enfin l'intimité, l'espace et la possibilité de recevoir des amis. À cet égard, la rigueur du rationnement forçait les invités ou bien à apporter leur propre viande, ou bien à céder à leurs hôtes un nombre équivalent de tickets. Quoi qu'il en soit, le couple pouvait, grâce à un revenu désormais plus confortable, se permettre de courts voyages sur le continent, les bons repas constituant le principal attrait de ce genre d'excursions. Ceux-ci auraient d'ailleurs été impensables au cours de la première année, où les seules extravagances — mis à part l'abonnement au *Times* de Londres — avaient été le cinéma ou, dans les dernières rangées de quelque théâtre de Haymarket, des places à un shilling.

Le séjour en Angleterre prit fin à l'été 1950. Après une brève visite au Canada, on déménagea à Paris. Là, un poste attendait Jeanne, celui d'adjointe au directeur du Secrétariat pour la jeunesse, au sein de l'Organisation des Nations Unies pour l'éducation, la science et la culture (UNESCO). Le salaire, véritable fortune à cette époque, était de cinq mille dollars américains. Jeanne devenait ainsi le principal soutien financier du couple. Sans ce revenu, Maurice n'aurait pu s'inscrire à l'Université de Paris pour y terminer son doctorat; le revenu familial aurait été limité cette année-là aux mille dollars qu'apportait à Maurice sa réélection, pour un second mandat, à la présidence de l'Assemblée mondiale de la jeunesse.

Ce qui frappa Jeanne et Maurice dès leur arrivée sur le continent, ce fut une vie nettement plus facile qu'en Angleterre. En France, fini le rationnement: les vivres abondaient, et les loyers étaient abordables. Paris, patrie spirituelle de tous les francophones du monde, était une ville enchanteresse. Chose curieuse, ce dont Jeanne et Maurice ne prirent conscience que progressivement, l'emménagement en France engendrait un choc culturel beaucoup plus sensible que ne l'avait été celui en Angleterre. À l'instar de beaucoup de Québécois, ils n'avaient pas jusqu'à ce jour mesuré l'influence de l'Amérique du Nord sur les moeurs de leur province — influence qui y a créé un mode de vie plus anglais que français.

À son arrivée à Paris, le couple loua un meublé, au quatrième étage d'un immeuble du seizième arrondissement. Le luxueux appartement, au mobilier de style Empire, avait vue sur le Bois de Boulogne. Endroit idéal où recevoir des amis, au grand plaisir du jeune couple. À Londres, les amis étaient généralement des gens de la place; à Paris, au contraire ils se recrutaient partout et formaient un cercle fort éclectique. On y voyait figurer des gens de toutes nationalités et de toutes tendances politiques, y compris beaucoup de jeunes Québécois. Marie Tessier-Lavigne, qui travaillait alors à Paris après avoir été la collaboratrice de Jeanne à la J.É.C., décrivait ainsi le genre de dîner organisé chez les Sauvé. Ce soir-là raconta-t-elle, les invités formaient une véritable mosaïque, où l'on trouvait un prêtre italien, un chef syndicaliste français, un socialiste belge férocement anticatholique, un jeune Allemand inscrit à des études supérieures et, bien sûr, plusieurs Canadiens. Parmi ces derniers, André Raynauld, qui devint plus tard président du Conseil économique du Canada; Jérôme Choquette, futur ministre de la Justice dans le gouvernement Bourassa; et d'Iberville Fortier, ami intime des Sauvé. Fortier avait été condisciple de Maurice à l'Université de Paris; il entra plus tard au ministère des Affaires extérieures et, de retour de ses ambassades en Italie et en Grèce, fut nommé Commissaire aux langues officielles.

Jeanne travailla une première année au siège social parisien de l'UNESCO pendant que Maurice fréquentait l'Université de Paris. Maurice, sans avoir terminé à la L.S.E., en avait obtenu des crédits équivalant à deux années d'étude visant l'obtention du doctorat. Le salaire de Jeanne absorbait presque toutes les dépenses du couple, mais Jeanne, qui voulait s'inscrire à la Sorbonne, mettait chaque mois de côté une bonne partie de son revenu.

En mai 1951, Jeanne et Maurice prirent part à un pèlerinage qui se faisait à pied de Paris à Chartres, soit une distance d'environ cent kilomètres. En route, les pèlerins récitaient des prières, chantaient des cantiques et discutaient religion; le soir, on dormait dans les fermes ou à la belle étoile. Chemin faisant, Jeanne donna une entrevue à un correspondant de Radio-Canada, qui n'était autre que d'Iberville Fortier. Celui-ci a du reste conservé l'enregistrement de l'entretien, qui révèle chez Jeanne une préoccupation profonde à l'endroit des choses spirituelles.

À la fois pour goûter une expérience nouvelle et pour satisfaire sa curiosité de sociologue, Maurice participa également à un certain nombre de marches de protestation. En ce début des années 50, bien des malaises secouaient la France; ils s'exprimaient par des grèves, des émeutes et de violentes manifestations, le plus souvent d'inspiration communiste. Maurice, sans avoir d'opinions politiques nettement articulées (comme Jeanne, il avait l'esprit surtout orienté vers les problèmes sociaux), se joignait souvent à ses amis dans leurs «manifs»; l'époque offrait du reste un large éventail de sujets de protestation, qu'il s'agît de l'OTAN, du général Eisenhower, de la guerre de Corée, de l'indépendance de la Yougoslavie sous Tito, et même de Moscou. D'un côté comme de l'autre, on s'organisait avec rigueur: chez les manifestants aussi bien qu'au sein du C.R.S. (ou Corps républicain de sécurité). Maurice se joignit un jour à un groupe de manifestants qui descendait les Champs-Élysées; la cohorte des protestataires, en groupes distancés de trente mètres, s'étendait de la place de la Concorde jusqu'au Rond-point. Quand le défilé eut bien occupé toute l'avenue des Champs-Élysées, les escouades anti-émeute firent irruption des rues transversales où elles étaient embusquées. Faisant virevolter comme des gourdins leurs capes lestées de plomb, ils dispersèrent vite la foule. Avec un couple ami, Maurice se dissimula dans un urinoir public, d'où on les délogea bientôt; dans leur fuite, ils reçurent de deux autres policiers un bon coup de bâton. Par la suite, le gouvernement français décréta que tout étudiant étranger participant à une manifestation serait déporté — menace qui, au grand soulagement de Jeanne, refroidit les ardeurs de Maurice.

Été 1951. Jeanne et Maurice assistèrent, à Ithaca (New York), à la réunion annuelle de l'Assemblée mondiale de la jeunesse. Pour la troisième année consécutive, l'organisme choisit comme président Maurice Sauvé. Les parents de celui-ci étaient justement là pour recueillir le jeune couple et l'emmener passer de courtes vacances à Montréal.

De retour à Paris en septembre, Jeanne et Maurice emménagèrent par économie dans un petit appartement meublé, quai de Jemmapes. Quelle dégringolade pour ces anciens occupants de l'élégant appartement du Bois de Boulogne! L'absence de commodités essentielles comme le réfrigérateur forçait désormais Jeanne à faire chaque jour ses emplettes, tâche dont elle apprit progressivement à goûter la saveur. Leur repas favori? Pain frais et camembert, arrosés d'une bouteille de vin rouge. Mis à part quelques amis intimes, ils recevaient beaucoup moins souvent dans ce nouveau logis.

Malgré le cadre d'un milieu ouvrier, le quai de Jemmapes avait des petits airs de Hollande, avec les barges qui circulaient sur son canal. Jeanne et Maurice se promenaient souvent le soir, longeant le canal, et s'arrêtant de temps à autre pour admirer les ponts. Ils allaient parfois au théâtre ou au concert, mais le dîner au restaurant restait un luxe rare. Jeanne étudiait maintenant à la Sorbonne, tandis que Maurice en était à la dernière année de son doctorat. Malgré leur instabilité financière, ils étaient follement heureux. D'Iberville Fortier, qui les voyait souvent à Paris, disait récemment: «J'ai rarement connu couple aussi uni. De toute évidence, leur amour leur est une force et un soutien.»

À la Sorbonne, Jeanne suivait le très réputé Cours de l'alliance pour les étrangers, consacré à la culture et à la littérature française. N'aspirait-elle pas depuis son adolescence à fréquenter l'université? Elle s'y appliquait de son mieux et obtenait de hautes notes pour tous ses travaux. Elle avait le matin deux cours, entrecoupés d'une pause d'une heure. Pour tuer le temps, elle prenait alors café et croissant dans un estaminet de l'autre côté de la rue. Elle fut un jour frappée à la lecture d'une affiche, dans un corridor de la Sorbonne: «Soyez plus qu'une intellectuelle: apprenez la couture!» Il n'en coûtait que cinquante francs, le prix qu'elle versait pour sa pause café du matin. Elle s'inscrivit au cours, d'abord par goût pour la couture, puis en se disant que, durant les prochaines années, il lui faudrait confectionner ses propres vêtements. Elle n'y apprit malheureusement pas grand-chose, car au lieu de fournir aux élèves des tissus sur lesquels travailler, on leur enseignait la théorie.

Au printemps 1952, Maurice se vit offrir par un organisme des Nations Unies un poste de directeur du siège social, situé au Congo belge. Il déclina l'offre, même quand on l'eut assortie d'un emploi pour Jeanne. Comme cette dernière, il sentait trop bien qu'une fois au service des Nations Unies, ils seraient pris dans l'engrenage et ne reviendraient jamais plus au Canada. C'est d'ailleurs dans la perspective de revenir au pays que, tout au long de leur séjour à Paris, ils se tinrent au courant de l'actualité canadienne: par leurs conversations avec des amis, par leur correspondance, et par la lecture de journaux québécois. Ils trouvaient particulièrement stimulante la lecture de *Cité libre*, ce périodique qui, fondé en 1950 par Gérard Pelletier et Pierre Trudeau, avait son franc-parler et exerçait une influence prépondérante.

Jeanne obtint de la Sorbonne, en mai 1952, un diplôme en civilisation française. Le 4 juillet de la même année, Maurice, ayant soutenu sa thèse devant un jury composé de trois professeurs de l'Université de Paris, recevait son doctorat en économie.

En août, mettant fin à quatre enrichissantes années passées à l'étranger, Jeanne et Maurice s'embarquaient pour le Canada. Pourquoi ce retour? «Très simple, dira Jeanne; nous nous devions au Canada.»

CHAPITRE 5

Maurice Sauvé, du syndicaliste au ministre

Débarqués d'Europe à l'automne 1952, Jeanne et Maurice étaient bien résolus à faire carrière. Ils reléguaient au second plan les questions d'argent: esprits réformistes et pleins d'idéal, ils voulaient apporter leur contribution au bien de la société. Maurice y étant mieux préparé par sa formation, on convint tacitement d'accorder la priorité à la mise en route de sa carrière.

La situation québécoise n'avait que peu évolué pendant leurs quatre années d'absence; peut-être même s'était-elle plutôt détériorée. Il n'y avait plus, à toute fin pratique, qu'un seul parti, l'Union nationale, que Maurice Duplessis menait d'une main de fer. Dans ses mémoires, intitulés *Les années d'impatience: 1950-1960* (Éditions Stanké, Montréal), Gérard Pelletier brosse de Duplessis ce portrait: «Manipulateur de génie, il savait amener à son moulin politique toutes les eaux de tous les conservatismes: social, religieux, philosophique, culturel. Il n'était pas le seul dictateur au petit pied à percevoir la liberté comme une menace et le changement comme une catastrophe, mais il était le plus intelligent, le plus rusé, le plus astucieux et le plus dénué de scrupules.» Il voyait en particulier dans les syndicats autant de menaces à son pouvoir et il les traitait durement. Durant la grève d'Asbestos de 1949, comme en plusieurs autres occasions, il alla jusqu'à utiliser la police provinciale pour mater les ouvriers.

Pendant son séjour en France, Maurice avait décidé de travailler dans le domaine du syndicalisme. Avant même de quitter Paris, il avait, par écrit, postulé un emploi auprès de Gérard Picard, président de la Confédération des travailleurs catholiques du Canada (C.T.C.C.). Maurice voyait d'un bon oeil cet organisme de regroupement, ancêtre de la Confédération des syndicats nationaux (C.S.N.): libre de toute attache vis-à-vis des syndicats des États-Unis, la C.T.C.C. exerçait au Québec une influence déterminante. Jean Marchand y était alors secrétaire général auprès de Picard, à qui il allait succéder.

Peu après son retour au pays, Maurice eut à Québec des entretiens avec ces deux hommes, sur qui son enthousiasme créa une forte impression. Marchand, cependant, n'était pas convaincu que Maurice pût s'intégrer harmonieusement au mouvement ouvrier, malgré sa formation universitaire (baccalauréat ès arts, licence en droit, doctorat en économie). Mais Maurice plaida sa cause avec tant d'éloquence et de modestie à la fois que, après plusieurs rencontres, on lui offrit le poste de conseiller technique auprès du Conseil du travail de Saint-Hyacinthe. Il accepta, malgré le caractère secondaire de cette petite ville située à quelque cinquante kilomètres à l'est de Montréal: il ne lui déplaisait pas de commencer au bas de l'échelle.

Dès sa première semaine à Saint-Hyacinthe, il se démena très fort et s'entretint avec les leaders des quinze syndicats que chapeautait le conseil local. La semaine suivante, il emménageait avec Jeanne dans un vaste appartement au deuxième étage d'un immeuble, rue Girouard — l'avenue chic où habitaient tous les personnages importants de la place. Il restait à meubler ce logement de huit pièces, alors qu'on n'avait ni meubles ni argent. Bien sûr, on s'était tiré d'affaire en Europe, mais Maurice devait encore les mille cinq cents dollars empruntés avant le départ pour l'Angleterre. La mère de Jeanne vint à la rescousse: elle fournit du mobilier et prêta une obligation du gouvernement du Canada, que Maurice utilisa pour garantir un emprunt auprès de la Caisse populaire. L'emprunt servit à l'achat d'une table de cuisine, d'un réfrigérateur et d'autres effets indispensables.

80

La plupart des syndicats implantés à Saint-Hyacinthe s'occupaient des employés de l'industrie textile. Maurice travaillait ferme à l'organisation de leur syndicat, étudiait leurs griefs et les aidait dans la négociation de leurs conventions collectives. Le soir, il assistait souvent aux réunions. Il put ainsi établir de chaleureuses relations avec les chefs des syndicats, tout comme avec les simples membres. Il s'aperçut, à sa grande surprise, qu'il professait des opinions nettement plus radicales que les leurs. Leur conservatisme naturel, qu'il s'expliquait en partie par leur crainte de se voir congédier par l'employeur, restait pour Maurice une source de constantes frustrations. Cette attitude conservatrice lui rendait difficile, également, la recherche de nouveaux membres: s'étant lancé dans le recrutement de porte à porte, il s'était maintes fois fait opposer l'inutilité des syndicats. On refusait généralement la discussion et on lui claquait la porte au nez.

Quelques semaines après leur installation à Saint-Hyacinthe, Jeanne participa à Montréal à une émission radiophonique qui marqua le début de sa carrière de pigiste sur les ondes. Peu occupée à ce titre au cours de la première année, elle put dans ses temps libres aider Maurice à ses travaux. Elle fut appelée, en particulier, à collaborer à la syndicalisation du personnel de la compagnie locale Gaylord Products, fabricante d'épingles à cheveux. S'étant entretenue avec la plupart des employées de l'entreprise, Jeanne repéra deux femmes capables d'exercer leur influence sur les autres. Elle s'employa à les convaincre que, sous-payées, elles avaient besoin d'un syndicat; mais on refusait de la croire. Citait-elle des statistiques et des échelles salariales à l'appui de ses arguments, on lui répondait que le patron donnait à chacun son «coke» quotidien et sa dinde à Noël — preuve, à leurs yeux, qu'on était bien traité. Jeanne finit par rendre les armes.

Maurice, tout en étant par métier du côté des ouvriers — des «cols bleus» — frayait avec les hommes d'affaires et les professionnels, car Jeanne s'était liée d'amitié avec ses voisines, épouses des gens influents de la place. Si Jeanne n'avait pas de difficulté à se faire bien voir dans ce cercle, il n'en était pas de même de Maurice, que ses opinions socialisantes mettaient facilement au ban. Au cours d'un dîner, il lançait volontiers une déclaration à l'emporte-pièce — du genre «Un revenu dépassant dix mille dollars par an, c'est immoral!» — qui avait le don de mettre fin à toute conversation.

Pour de toutes autres raisons, il hérissait facilement les gens, au siège social de la C.T.C.C. Avant de l'envoyer à Saint-Hyacinthe, Marchand lui avait glissé confidentiellement que la C.T.C.C. envisageait le déclenchement d'une grève générale. Prenant l'affaire en main, Maurice fit le tour des leaders ouvriers de Saint-Hyacinthe, sollicita leur opinion sur cette idée de grève générale, et fit part à Marchand de l'opposition rencontrée chez tous. Marchand, furieux de ce que Maurice eût ainsi éventé la mèche, le tança vertement. Et Maurice, qui toujours souffrit mal la critique, en voulut à Marchand d'une réaction qui lui paraissait exagérée. Quoi qu'il en soit, le projet de grève générale fut différé.

Cet incident était révélateur de l'hostilité qui séparait les deux hommes. Mais on en voit mal la raison. N'étaient-ils pas l'un et l'autre dévoués à la cause ouvrière? Et Marchand, qui avait gagné ses épaulettes dans la grève d'Asbestos, n'avait-il pas sur Sauvé, au sein du mouvement syndical, une longueur d'avance qui écartait toute idée de rivalité? Marchand avait pris sa formation dans la rue, Sauvé dans les salles de cours. Mais peut-être les heurts venaient-ils plus de leurs similitudes que de leurs différences, les deux hommes étant issus de familles pauvres, tous deux portés vers l'action impulsive, doués d'une forte personnalité, et nourrissant de grandes ambitions. Ou, plus simplement encore, peut-être avaient-ils senti dès le départ qu'il n'y avait pas de place pour eux deux sur la même scène? Leur inimitié, quelle qu'en fût la source, couva pendant des années, et la rancune de Marchand allait, en fin de compte, contribuer directement à la perte politique de Maurice Sauvé.

Nonobstant ses démêlés avec Jean Marchand, Maurice s'acquitta fort bien de ses fonctions à Saint-Hyacinthe. En fait, sa cote était telle dans ce milieu que l'abbé Frigaud, aumônier du Conseil du travail, recommanda pour lui une hausse de salaire. Mais Maurice, après une année passée à Saint-Hyacinthe, désirait élargir son champ d'expérience; aussi obtint-il son transfert à Montréal, où il travaillerait pour la Fédération nationale de la métallurgie. Cet organisme comptait au Québec environ vingt mille membres, la plupart recrutés dans l'industrie de l'aluminium et dans les chantiers navals. Pendant les six premiers mois de son travail à la Fédération, Maurice fit la navette entre Saint-Hyacinthe et Montréal, mais en mai 1954 il revint avec Jeanne habiter dans la métropole. Jeanne se faisait de plus en plus d'amis dans le milieu de la radiodiffusion; ils obtinrent ainsi en sous-location l'appartement d'un chef d'orchestre de Radio-Canada.

À titre de conseiller technique auprès de la F.N.M., Maurice sillonnait la province pour visiter les diverses cellules. Économiste, il lui incombait de préparer les dossiers à l'intention des comités d'arbitrage et de réunir les données statistiques nécessaires à la négociation des conventions. Parmi ses réalisations les plus marquantes, on cite la mise sur pied du premier système qui permit d'évaluer et de classer les tâches dans l'industrie québécoise de l'acier, en collaboration avec Jean Gérin-Lajoie. De son temps passé à la Fédération, plusieurs semaines furent consacrées à étudier sur place, à Asbestos et à Thetford-Mines, les conséquences économiques et sociales de la grève de 1949. Les résultats de cette étude prirent la forme d'un chapitre signé Maurice Sauvé, apparaissant dans le livre que Pierre Trudeau publia en 1956 sur cet épisode historique: *La grève de l'amiante* (Éditions Cité libre).

Souvent Maurice participait directement à la négociation. Sans exclure la grève, il croyait fermement à la négociation comme moyen d'obtenir de l'employeur les meilleures concessions. Comme il le disait lui-même: «Les employeurs avec qui j'ai traité savaient dans leur sagesse que, s'ils ne se rendaient pas à nos demandes, les négociations tourneraient au vinaigre et que nous déclencherions la grève.» Cette stratégie se révéla rentable: durant les deux années de Maurice à la F.N.M., la seule grève à laquelle il eût été mêlé fut celle de Shawinigan; et même là, il négocia jusqu'à la dernière minute avec Alcan.

Durant la grève générale de Shawinigan, l'organisateur en chef de la C.T.C.C., Philippe Girard, appela Jeanne à l'aide. Plus précisément, il lui demandait de convaincre les femmes de Shawinigan de ne pas pousser leurs maris à reprendre le travail. Face aux questions de Jeanne — «Que négociez-vous? À quelles

83

conditions? Ces conditions sont-elles raisonnables?» —, Girard perdit contenance: il s'attendait à ce qu'elle fît simplement ce qu'on lui demandait. Elle alla jusqu'au bout et exigea une explication complète avant de se rendre à sa demande.

En fait, Jeanne n'incita pas ces femmes à appuyer les grévistes. Par la radio et dans des assemblées, elle leur expliqua les données et les enjeux de la négociation, mais les laissa libres de leur décision. Pour que ces femmes puissent évaluer plus sereinement et plus objectivement la situation, elle intervint personnellement afin que soient levés les obstacles économiques les plus gênants. Bien des familles, en effet, avaient acheté à tempérament des appareils électro-ménagers dans les magasins de la ville: cuisinières, laveuses, réfrigérateurs. Faute de salaire, on suspendait les versements, habilitant ainsi le commerçant à saisir les appareils. Jeanne rendit visite à chacun des marchands touchés par la grève, leur disant: «Patientez. Quand tout ça sera terminé, vous aurez encore besoin de ces ouvriers comme clients.» Et la plupart des créanciers acceptèrent d'attendre.

À l'été 1955, le gouvernement fédéral annonça la création d'une commission royale d'enquête sur les perspectives économiques du Canada, mise sous la présidence de Walter Gordon. Dès qu'il en eut vent, Maurice fut à Ottawa et demanda à Maurice Lamontagne, proche conseiller du premier ministre Saint-Laurent, un poste au sein de cette commission. Quelques semaines plus tard, on lui offrait le rôle de secrétaire adjoint, au salaire annuel de dix mille dollars. L'offre en poche, il demanda à la Fédération des métallos un congé sans solde, mais on lui répondit que, s'il partait pour Ottawa, il ne retrouverait pas son poste au retour. Or, Maurice estimait absolument nécessaire à sa carrière une initiation au fonctionnement du gouvernement fédéral; il décida donc de couper les ponts et quitta le syndicat.

Dès septembre, Maurice et Jeanne s'installèrent dans la capitale. Ce déménagement ne gênait pas la carrière de Jeanne, qui pouvait faire la navette hebdomadaire entre Ottawa et Montréal ou même obtenir des contrats à la télévision outaouaise. Malgré la rareté des logements, on dénicha un appartement confortable rue Stewart, à distance de marche des bureaux de la Commission, installés dans l'immeuble Daly. Pour Maurice, la participation aux travaux de cet organisme avait quelque chose de stimulant: le personnel, trié sur le volet et recruté à travers le pays, réunissait des professionnels et des universitaires chevronnés. Le président, Walter Gordon, était associé au prestigieux cabinet de comptables Clarkson et Gordon, en même temps que conseiller auprès de Woods et Gordon. Douglas LePan, secrétaire de la Commission et directeur de la recherche, n'était pas qu'un administrateur compétent; il avait aussi à son crédit une oeuvre poétique et romanesque qui lui avait valu le Prix du gouverneur général. Des quatre directeurs adjoints de la recherche, deux allaient plus tard devenir sous-ministres aux Finances (Simon Riesman et Bill Hood); le troisième, Jack Davis, ministre d'État; et le quatrième, Doug Fullerton, allait poursuivre une brillante carrière dans la haute fonction publique et dans les milieux financiers. La commission Gordon avait de particulier que chacun de ses membres avait ses opinions et entendait bien les faire valoir. Maurice, âgé de trente-deux ans au moment de sa nomination, joua un rôle plutôt modeste. À ses obligations administratives de routine, s'ajoutait l'organisation des audiences publiques à tenir à Montréal et à Québec; il assistait également à toutes les autres audiences, aux quatre coins du pays. Il avait entre autres responsabilités celle de superviser la traduction française des rapports. Quand lui arriva celle du rapport final, il refusa le brouillon et, sans autre consultation, fit détacher du Secrétariat d'État quatre des meilleurs traducteurs. Son équipe, travaillant jour et nuit, réécrivit la version française, qu'on put ainsi publier en novembre 1957 en même temps que le texte anglais.

Les recommandations de la Commission soulevèrent des débats tumultueux, mais aucune d'elles ne fut mise en oeuvre: en juin de cette année-là, les libéraux étaient défaits à l'élection générale. On imagine la déception des membres de la Commission et celle, en particulier, de Walter Gordon, qui avait vu là le tremplin d'une carrière politique. (Il dut attendre encore cinq ans pour réaliser ses ambitions). Quant à Maurice Sauvé, il s'estimait satisfait: son séjour dans la capitale lui avait permis d'obtenir une rémunération confortable, de lier connaissance avec un tas de gens et d'apprendre à Ottawa énormément de choses sur le fonctionnement de l'appareil gouvernemental. Il allait avoir en janvier 1958 un avant-goût de la politique lorsque, sur la recommandation de Walter Gordon, il travailla pour Mike Pearson à l'occasion du congrès que les libéraux tenait pour le choix d'une chef. Maurice demeura au sein de la Commission jusqu'à la dissolution de celle-ci en mai 1958. Puis, sans projet d'avenir, Jeanne et lui sous-louèrent leur appartement et partirent en Europe y passer des vacances.

À leur retour à Montréal, à la fin de l'été, Maurice hésitait encore entre les affaires et la politique. Mais deux appels téléphoniques mirent fin à ses incertitudes. Le premier lui vint de Maurice Lamontagne: celui-ci, sachant que Jean Lesage était à la recherche d'un adjoint, avait suggéré le nom de Maurice. (Lesage, autrefois ministre dans le cabinet Saint-Laurent, avait quitté la politique fédérale après la défaite de 1957 et avait été élu en mai 1958 à la tête du Parti libéral du Québec.) Le lendemain, Maurice Sauvé recevait un appel de l'avocat montréalais Claude Ducharme, son condisciple à l'université. Ducharme, annonçant lui aussi que Lesage se cherchait un lieutenant, s'offrait à ménager une rencontre pour Maurice. Ce dernier soupçonna d'abord Lamontagne et Ducharme d'être de connivence, mais apprit plus tard qu'il n'en était rien.

Quelques semaines s'écoulèrent, puis Lesage invita Maurice à un dîner d'affaires au Club de réforme de Montréal. Maurice soumit son hôte à un questionnaire serré sur les projets qu'il entretenait pour le parti provincial. Il aima dès l'abord cet homme, qui l'impressionna. «Je ne suis membre d'aucun parti politique», avoua Maurice à la fin du repas, «mais je crois que la province a besoin d'un changement, et je suis prêt à travailler pour vous.» Le chef parut satisfait, mais expliqua que, ayant pressenti plusieurs candidats, il devait différer sa réponse. Maurice attendit impatiemment l'appel, qui vint un bon matin: «Je vous confie le boulot, vous pouvez commencer dès aujourd'hui!» Maurice recevait le titre de directeur des relations publiques, avec un salaire initial de douze mille dollars.

Quand, en septembre 1958, Maurice joignit ainsi les rangs du Parti libéral du Québec, Lesage était à un point tournant de sa carrière politique. Cet été-là, *Le Devoir* avait dénoncé le scandale du gaz naturel, où étaient impliqués plusieurs ministres de Duplessis. Lesage avait sauté sur cette affaire, mais ses attaques lui avaient valu le blâme public d'un collègue libéral, le sénateur Sarto Fournier, maire de Montréal. Le conflit entre le sénateur Fournier et le chef nouvellement élu opposait au fond la vieille et la nouvelle gardes, à l'intérieur du parti. Les «anciens» avaient toujours réglé à leur profit le cours des choses. Tant qu'ils détenaient le pouvoir, ils prenaient dans les coulisses toutes les décisions, sans jamais consulter la base du parti. Les chefs choisissaient eux-mêmes les candidats, sans tenir d'assemblées de mise en candidature. Le favoritisme se traduisait par des contrats grassement payés, accordés en échange de versements à la caisse du parti. Situation profitable, que la vieille garde entendait bien perpétuer; on allait, dans certaines circonscriptions, jusqu'à passer avec le représentant de l'autre parti un pacte de non-agression. Mais l'indulgence du sénateur Fournier devant l'affaire du gaz naturel lançait un avertissement à Lesage: la vieille garde ne laisserait pas bousiller facilement d'aussi fructueuses traditions.

Le conflit qui divisait les libéraux éclata au grand jour à l'occasion du congrès annuel, en octobre. Les «anciens» pressaient Lesage d'apaiser Fournier, tandis que la nouvelle garde, composée de jeunes réformistes, réclamait l'expulsion du sénateur. Après de vives discussions et d'intenses négociations, on mit aux voix le projet d'éviction, en faveur duquel vota une majorité d'environ vingt contre un. La déroute de la vieille garde marquait une importante victoire pour Lesage, qui apparaissait dès lors comme le chef incontesté du parti.

En cette année 1958, les libéraux du Québec n'avaient pas encore terminé leur traversée du désert. Jean Lesage ne siégeait même pas à l'Assemblée législative, où Georges Lapalme agissait comme chef de l'opposition. Il existait bien un Parti libéral, mais qu'il fallait reconstruire à pied d'oeuvre; et l'on devait faire vite, puisqu'on était à deux ans de la prochaine élection générale. Lesage s'attela à cette entreprise avec une énergie farouche et un dévouement sans relâche. En tête de ses priorités figuraient la formulation d'un nouveau programme, le recrutement de candidats prestigieux et la cueillette de fonds. On mit sur pied un certain nombre de comités permanents, dont le plus important était celui de la publicité. Ce comité, où Maurice Sauvé devenait un personnage clef, s'occupait de stratégie électorale: c'était le centre nerveux du parti. D'octobre 1958 jusqu'à l'élection de juin 1960, il siégea une fois la semaine, à la permanence montréalaise du parti.

Maurice s'employa à visiter chaque circonscription de la province, pour y recruter des préposés aux relations publiques et organiser des comités d'élection. Il supervisa aussi — chose jamais faite jusqu'à ce jour au Canada — un sondage de l'électorat. Organisation minutieuse à tous les niveaux: voilà ce qui caractérisa la campagne de Lesage; rien ne fut laissé au hasard. On regarnit la caisse du parti en recourant à des méthodes inédites, comme la sollicitation de porte en porte et l'organisation de «dîners-bénéfices». Pour le choix du slogan qui allait servir tout au long de la campagne électorale, on fit des tests d'efficacité: au congrès annuel de 1959, les délégués avaient à choisir, dans le hall d'entrée, entre quatre macarons proclamant autant de slogans; le macaron le plus en demande fut celui qui annonçait: «C'est le temps que ça change!» Tel allait donc être le leitmotiv de la campagne.

Pour formuler le programme du parti, ou *Manifeste libéral*, on analysa d'abord les résultats du sondage. On confia la rédaction à Maurice Sauvé et à deux autres membres du bureau de direction: René Tremblay et Claude Morin. Tous trois s'isolèrent pendant plusieurs jours à la Maison Montmorency, lieu de retraite administré par les dominicains, près de Québec. (Morin devint par la suite haut fonctionnaire sous le gouvernement Lesage, avant de se faire surtout connaître comme partisan de la «ligne dure» au sein du Parti québécois.) Quand le gouvernement de l'Union nationale décréta la tenue des élections, les libéraux étaient fin prêts: il n'y avait rien à improviser, tout était en place. On savait malgré tout que la bataille allait être rude.

Maurice Duplessis était mort en septembre de l'année précédente, dans l'exercice de ses fonctions. Son successeur, Paul Sauvé, s'était acquis l'estime générale comme ministre. Jeanne Sauvé eut l'occasion d'interviewer le nouveau premier ministre sur les ondes de Radio-Canada. Bien que son propre mari travaillât vingt-quatre heures par jour à renverser ce Paul Sauvé à la prochaine élection, le nouveau chef de l'Union nationale fit sur Jeanne une très forte impression. Après l'émission, elle déclara à un journaliste: «Quel homme! Tous les Québécois peuvent être fiers de lui!» Mais en janvier 1960, moins de quatre mois après son assermentation, Paul Sauvé mourait d'une attaque cardiaque. Un autre ministre de Duplessis, Antonio Barrette, lui succéda. Barrette n'avait certes pas le charisme de son prédécesseur, mais l'Union nationale restait sous sa gouverne une formidable machine politique.

À huit semaines du scrutin fixé au 22 juin, les libéraux tinrent à Montréal une réunion secrète de leurs candidats et de leurs organisateurs. On convint que la campagne serait axée sur le programme déjà publié et dont personne ne dévierait. La discipline était de rigueur dans la stratégie d'une telle campagne. Chaque candidat reçut des instructions précises sur les sommes allouées à sa circonscription et sur la façon de les dépenser. Au cours des précédentes campagnes, l'Union nationale obtenait clandestinement les résultats des conciliabules libéraux; mais l'inverse était vrai cette fois, le Parti libéral avait ses espions au sein même du siège de l'Union nationale. Toutes les deux semaines, les libéraux menaient un sondage pour cerner les tendances de l'électorat: au début, l'U.N. avait une longueur d'avance; au sondage suivant, les deux partis arrivaient nez à nez; puis, les libéraux prirent la tête dans toutes les consultations suivantes.

La campagne se déroula comme l'avaient prévu les libéraux, mais elle réserva quand même quelques surprises. Au cours des dernières semaines de la lutte, on apprit que l'U.N. s'apprêtait à rendre publiques des lettres compromettantes que Jean Lesage aurait signées au temps où il était ministre dans le cabinet fédéral. La direction du Parti libéral obtint copies de ces lettres, dont elle confia l'analyse à un expert juriste. Celui-ci attesta, par écrit, qu'il s'agissait de faux. Fort de cet avis, le comité juridique du parti adressa un message à tous les médias, les enjoignant de ne pas publier les lettres en question, sous peine de poursuites judiciaires. Au cours d'une assemblée publique, Lesage déclara connaître l'existence des fausses lettres; il coupait l'herbe sous le pied de l'U.N. en mettant celle-ci au défi de les publier. L'U.N., dans des affirmations pleines de sous-entendus, faisait passer les libéraux pour des communistes ou, au mieux, des socialistes. Pour désamorcer ces accusations, le Parti libéral publia une brochure contenant la biographie de chacun de ses candidats, document qu'il distribua par la poste à plus d'un million de familles à travers la province. Chaque notice biographique se terminait sur la mention de proches parents du candidat, qui faisaient partie du clergé catholique. D'un tel, on disait par exemple que son frère Pierre était jésuite et sa cousine Annette Le Blanc, soeur de la Charité. Ne connaissant à Georges Lapalme aucun parent dans les ordres, on signalait qu'en telle année il avait rendu visite au pape. (Le candidat René Lévesque, qui allait devenir ministre dans le cabinet Lesage — et plus tard chef-fondateur du Parti québécois — était un des seuls à qui on n'eût trouvé aucune accointance religieuse.)

Dix jours avant l'élection, un commentateur de Radio-Canada demandait à Maurice Sauvé ses pronostics sur la répartition des voix au scrutin. L'information que possédait Maurice était si complète et si à jour qu'il sut, à partir de la liste alphabétique des circonscriptions, prédire avec exactitude le nom du gagnant dans chacune d'elles — à une seule exception près.

Le jour du scrutin, Maurice et Jeanne se rendirent de Montréal à Québec, pour être aux côtés de Jean Lesage au moment où seraient proclamés les résultats. Lesage ne fut déclaré vainqueur que vers onze heures du soir. Les libéraux prenaient de justesse le pouvoir avec cinquante sièges — contre quarante-quatre députés de l'Union nationale et un indépendant. Sitôt connus les résultats officiels, Lesage et Sauvé montèrent à bord d'une auto-patrouille et se rendirent au Colisée de Québec, où s'organisait une fête en l'honneur des vainqueurs. Crissements de pneus, appels de phares, cris des sirènes, cette traversée de Québec resta mémorable. À la foule assemblée, Lesage présenta Maurice Sauvé comme «l'un des principaux architectes de notre victoire».

Cette élection de juin 1960 marqua un point tournant dans la destinée du Québec, et bien des historiens situent là le début de la Révolution tranquille.

Le lendemain, Maurice revint à Montréal. Mission accomplie. Son objectif ultime — qu'il avait clairement formulé à Jean Lesage —, c'était l'arène fédérale. Paradoxalement, ce choix s'enracinait au moins partiellement dans le souci que Maurice avait du bien de sa province: l'intérêt des Québécois, estimait-il, tenait plus au gouvernement fédéral qu'au provincial; n'était-ce pas au fédéral qu'appartenaient les initiatives les plus fécondes? N'était-il pas le principal moteur de l'économie de tout le pays? Maurice avait aussi la conviction profonde que la survie du Québec était liée à l'unité du Canada, et qu'en assurant une forte présence française à Ottawa on protégeait la culture et l'autonomie de la province francophone.

Cet été-là, fidèles à une tradition qu'ils avaient instaurée quelques années plus tôt, dès qu'ils en avaient eu les moyens, Jeanne et Maurice partirent en vacances en Europe. Pour Jeanne, c'étaient les premières véritables vacances depuis la naissance de leur fils Jean-François, survenue en juillet de l'année précédente. Enfant unique, ce Jean-François était au centre de la vie des Sauvé et pour eux la source de joies toujours renouvelées.

De retour d'Europe, Maurice entra au service du Parti libéral fédéral, à titre de conseiller et d'organisateur pour l'Est du pays. Cette activité au niveau fédéral ne l'empêchait pas de s'occuper aussi du parti provincial. Au printemps 1962, le secrétaire de ce dernier lui demanda d'étudier la situation qui prévalait aux Îles-de-la-Madeleine. Ce chapelet de dunes situé au milieu du golfe du Saint-Laurent demeurait depuis 1936 un château-fort de l'Union nationale; le député unioniste Hormidas-Daniel Langlais s'y était encore fait élire en juin 1960.

Revenant de Moncton, Maurice fit un saut dans l'archipel. L'organisateur local du Parti libéral, épicier de son métier, l'accueillit à l'aéroport et l'amena chez lui. Rendu là, il baissa les stores pour assurer le secret de leur rencontre, puis il se mit à décrire à Maurice la pénible situation politique que vivaient les Madelinots. Pas rose du tout. Malgré l'accession des libéraux au pouvoir, l'U.N. dominait encore les Îles: Langlais continuait de visiter ses habitants à la manière d'un potentat, occupait à l'hôpital la suite réservée à l'évêque et, des quatre gendarmes locaux de la Police provinciale, faisait ses messagers entre lui et ses électeurs. Presque tous les contrats gouvernementaux — ceux de la voirie, par exemple — étaient encore adjugés à des partisans de l'Union nationale.

On vit défiler ce soir-là dans la maison de l'épicier cinq ou six libéraux venus rencontrer Maurice. Au terme d'une longue et démoralisante discussion, la conclusion était unanime: il n'y avait aux Îles aucun espoir pour les libéraux. De retour le lendemain sur le continent, Maurice fit son rapport et chassa de son esprit cette question.

Un mois plus tard, le premier ministre John Diefenbaker, dont le gouvernement conservateur prenait l'eau de toutes parts, décréta des élections générales. Avec l'encouragement de Jeanne, Maurice décida de briguer les suffrages pour se faire élire au parlement fédéral; mais quand il tenta de se faire admettre comme candidat libéral dans quelque circonscription montréalaise, la direction du Parti l'écarta. C'est qu'à cette époque l'aile québécoise du Parti fédéral était la chasse gardée de députés bien établis, d'organisateurs influents et de quelques sénateurs québécois, qui avaient voix prépondérante au sein du comité directeur. La rebuffade infligée à Maurice venait de sa réputation de radical: il ne faisait pas mystère de son désir de réformer le Parti. Comme rien ne pouvait se faire sans le consentement du comité, Maurice travailla pour le compte d'autres candidats.

Dans l'intervalle, le libéral qui avait porté sa candidature dans la circonscription des Îles-de-la-Madeleine lors des précédentes élections fédérales renonça à se présenter de nouveau. En désespoir de cause, l'organisateur local téléphona à la permanence à Québec, pour savoir si le type qui lui avait autrefois rendu visite (et dont il avait oublié jusqu'au nom) accepterait de se porter candidat. Il s'agissait d'une région fort éloignée, et les chances restaient presque nulles d'y faire élire un libéral: la direction du Parti autorisa donc Maurice à y tenter sa chance s'il le voulait.

On peut trouver étrange cette façon d'ouvrir la porte à un candidat venu de la terre ferme. Mais ainsi le voulait la tradition, dans la plus petite circonscription du Canada: ses députés, aussi bien fédéraux que provinciaux, venaient toujours du continent. Cette convention tacite était fruit de la méfiance: la population des Îles — à peine douze mille personnes — s'égrenait en plusieurs petits villages isolés, dont chacun suspectait les intentions politiques des autres. Environ 90 p. 100 de la population parlait français, et 10 p. 100, l'anglais. Le sol ressemble à celui de l'Île-du-Prince-Edouard, mais les terres, trop petites, se prêtent mal à l'agriculture. La pêche y a toujours constitué la principale industrie. Les gens des Îles, les madelinots, prennent très au sérieux les débats politiques; chacun manifeste, à l'égard du parti de son choix, une fidélité et une passion qui rendent presque impossible tout revirement du vote. Quelqu'un change-t-il d'allégeance? Il n'est pas rare de le voir le confirmer par serment devant un prêtre. Les insulaires adorent les assemblées politiques et, le jour du scrutin, se présentent très nombreux aux bureaux de vote.

Maurice prit donc l'avion pour les Îles et, rendu là, discuta de sa candidature avec au moins vingt-cinq libéraux. Si, disaient-ils, Maurice arrivait à résoudre leurs problèmes au niveau provincial, ils le désigneraient candidat sur la scène fédérale. Il protesta qu'on l'enfermait dans une gageure, mais on lui fit valoir que, travaillant aux deux niveaux du parti, il était bien placé pour venir en aide aux Madelinots. Résultat: il emporta à Québec la liste de leur soixante-quatre revendications (il s'agissait, dans la plupart des cas, de vulgaires pratiques de favoritisme) et obtint satisfaction pour cinquante-huit d'entre elles. Ce tour de force fit de lui un héros. De retour aux Îles pour l'assemblée de mise en candidature, il fut accueilli à l'aéroport par mille deux cents personnes — ce qui dépassait largement la réception réservée à la visite pastorale de l'évêque.

Au cours de l'assemblée de mise en candidature, il expliqua que, retenu par ses obligations au service du Parti, il ne serait de retour aux Îles que pour les deux dernières semaines de la campagne; mais Louis-Philippe Lacroix, organisateur de sa campagne, le représenterait durant son absence. Maurice fit en sorte qu'en son absence plusieurs vedettes du Parti viennent successivement rendre visite aux Madelinots pour parler en sa faveur. Cela aussi faisait Partie de la tradition madelinote: pour attirer les foules, un porte-parole du parti devait venir de l'extérieur.

Jeanne accompagna son mari au cours des deux dernières semaines. On loua une maison, qu'on partagea avec plusieurs des adjoints de Maurice. Ce dernier parcourait chaque jour une section donnée de la circonscription. Jeanne, déjà bien connue sur les ondes, fit de même pour adresser la parole à des groupes d'électrices. Le soir venu, elle préparait le repas pour toute l'équipe; le homard des Îles figurait fréquemment au menu. Comme on ne trouvait dans tout l'archipel aucun marchand de vin et de spiritueux, on prit pour arroser le homard un vin blanc apporté de la terre ferme. La même raison amenait d'ailleurs les gens du pays à boire une bière maison nuisible à leur santé, faite à base de mélasse. Maurice refusa d'en prendre un seul verre, sachant qu'autrement il devrait en boire partout où il irait; il ne pourrait — c'était le cas de le dire — «tenir le coup».

Le déroulement de la campagne électorale respecta en tous points le modèle séculaire. On tint d'abord une énorme «assemblée contradictoire», qui opposa dans un débat homérique les candidats des deux partis. Puis chacun d'eux alla son chemin, faisant du porte à porte ou adressant la parole aux groupes des diverses paroisses. Le dernier rassemblement de chaque parti — le plus décisif aussi pour les candidats — se tint le soir du dernier samedi précédant l'élection, elle-même fixée au lundi. Durant ce sprint final, qui démarrait à huit heures pour se terminer à minuit pile, certains électeurs faisaient la navette entre les deux assemblées opposées, afin de comparer le nombre de personnes qu'attirait chacune d'elles; puis ils terminaient la soirée dans la salle où ils avaient trouvé la plus forte affluence. Ainsi pouvait-on prédire dès ce samedi soir l'issue du scrutin.

L'assemblée de clôture de Maurice fut un modèle du genre. Tout au long de la soirée, les haut-parleurs annonçaient le nombre de personnes participant à l'assemblée de l'adversaire. L'excitation grandissait au fur et à mesure que déclinait ce nombre. La salle de Maurice se remplit à craquer, et une partie de la foule dut écouter les discours de l'extérieur de la salle. Chaque nouveau décompte de la salle adverse déclenchait à l'intérieur un torrent d'applaudissements et, à l'extérieur, une cacophonie de klaxons. Mais quand, à onze heures trente, Maurice se leva pour prononcer le discours final, le silence gagna soudain la foule. Chacun, figé sur le bout de sa chaise, attendait que Maurice ouvrît la bouche. Évoquant cette scène plusieurs années plus tard, Maurice affirma: «À ce moment précis, j'aurais pu leur demander de s'agenouiller.» Il tenait en main son auditoire et parla jusqu'à minuit.

Tout le monde, à la fin, tapait du pied pour scander les applaudissements.

Le lendemain de cette assemblée mémorable était un dimanche. Après avoir entendu la messe, Maurice souscrivit à une autre coutume locale: la «galopade». Cette singulière épreuve se déroule le dimanche précédant le scrutin et consiste, pour chaque candidat, à rendre visite aux électeurs reconnus comme neutres. Un certain nombre de partisans participent à la «galopade», qui a pour objectif d'empêcher l'adversaire d'opérer des conversations *in extremis*. On harcèle l'opposant en poursuivant à toute vitesse sa voiture (quitte à lui faire prendre la direction du fossé), ou en lui bloquant les issues s'il parvient jusqu'à la maison de l'électeur à convertir. Pour parer à toute éventualité, le candidat se fait accompagner d'un convoi de trois autos avec, à bord, des costauds armés de chaînes; ceux-ci joueront du muscle en cas de bagarre et sauront dégager au besoin le passage en renversant les autos trop encombrantes. Selon la résistance des participants, ce petit jeu peut durer des heures. La «galopade» passe aux Îles pour une partie de plaisir, mais les compagnies d'assurances ne semblent pas voir la chose du même oeil.

Quoi qu'il en soit, Maurice survécut à l'expérience et, le lundi 18 juin, parcourut tout l'archipel pour visiter les vingt-neuf bureaux de scrutin. Dans chacun de ceux-ci, son représentant lui fournissait une estimation du vote. Fidèle à son habitude, l'électorat se présentait en grand nombre: 91 p. 100 des électeurs inscrits vinrent voter. À l'issue de cette tournée, Maurice semblait pouvoir compter sur une majorité de cinq cent dix voix sur son adversaire, député conservateur. Pronostic étrangement exact, puisque le décompte officiel du vote allait lui décerner une majorité de cinq cent quinze voix (qui fut portée à cinq cent trente-cinq lorsqu'on connut le résultat du vote des militaires). Ce fut, de toute l'histoire des Îles-de-la-Madeleine, la plus forte majorité jamais enregistrée.

Jeanne fut enchantée de la victoire de son mari. Ayant elle-même presque atteint le sommet de sa carrière, elle pourrait désormais partager la vedette avec le nouveau député. Elle n'était pas du tout intimidée par ce nouveau rôle d'épouse, aux côtés d'un homme politique. Depuis son retour au pays, la politique n'avait pas cessé de la fasciner, et la campagne électorale aux Îles-de-la-Madeleine lui avait plu énormément.

Si l'élection de 1962 marquait un triomphe pour Maurice, il n'en allait pas de même pour le Parti libéral. Celui-ci, voyant Diefenbaker rester à la tête des troupes conservatrices, comptait s'emparer au Québec de cinquante sièges; les *tories* perdirent bien trente-six de leurs sièges québécois, mais les libéraux n'en récoltèrent que trente-cinq. C'est le Crédit social qui, partant de zéro, anéantit les espoirs québécois des libéraux en raflant à lui seul trente-six sièges; les créditistes étaient placés sous la houlette démagogique d'un dénommé Réal Caouette, vendeur d'automobiles à Rouyn. Dans le reste du pays, les progressistes conservateurs firent élire cent seize députés, et les libéraux, cent, tandis que la «Co-opérative Commonwealth Federation» (ou C.C.F., ancêtre du Nouveau Parti démocratique) en obtenait dix-neuf, et le Crédit social, trente. Par leur succès, les créditistes de Caouette non seulement ravissaient au Parti libéral la majorité escomptée, mais, pour faire mesure comble, détenaient la balance du pouvoir.

À chaque fois qu'au Québec ils essuient des revers électoraux, les libéraux cherchent un bouc émissaire. Au cours d'une réunion tenue à Montréal et consacrée au bilan de la défaite, Lionel Chevrier, chef du groupe parlementaire pour le Québec, fit porter sur Maurice Sauvé la responsabilité du désastre. Pris au dépourvu, Maurice rappela que personne n'avait vu venir le raz-de-marée créditiste et que, l'eût-on prévu, on n'aurait guère pu l'endiguer. Bryce Mackasey, réformiste qui s'était fait élire au grand mécontentement de la vieille garde, fut seul à se porter à la défense de Sauvé.

Arrivé à Ottawa en septembre 1962 comme simple député au sein de l'opposition, Maurice devint, d'office, membre du groupe parlementaire québécois, le «caucus». Historiquement, ce groupe a acquis une double importance: d'une part une tradition non écrite en a fait le porte-parole de tout le Canada français et, d'autre part, le Québec a généralement fourni au Parti libéral un bon contingent de députés fédéraux. (Certes, les *tories* ont institué semblable «caucus» au sein de leur parti; mais, mis à part le coup de balai de Diefenbaker en 1958 et le raz-de-marée de Mulroney en 1984, ce minuscule comité de députés aurait généralement pu tenir ses réunions dans quelque cabine téléphonique.) Chez les libéraux, les membres sont nombreux, ils

eanne Sauvé, ministre de l'Environnement, descend en ascenseur dans une mine du Nord qué-
pécois. 1975. (Collection de la famille Sauvé.)

Campagne électorale dans la circonscription d'Ahuntsic, juillet 1974. (Collection de la famille
Sauvé.)

À l'annonce des résultats de l'élection, juillet 1974. (Collection de la famille Sauvé.)

Jeanne Sauvé, ministre des Communications, pendant un discours sur l'unité du Canada. Montréal, hôtel Ritz-Carlton, mars 1976. On aperçoit, assise, la sénatrice Thérèse Casgrain. (Photo Allan R. Leishman, *Montreal Star,* fournie par les Archives publiques du Canada, document AP-146048.)

Vente aux enchères d'un drapeau du Canada, au profit des déficients mentaux, Montréal, mai 1977. Le drapeau fut adjugé, pour la somme de cinq mille dollars, au financier Paul Desmarais. (Photo George Bird, *Montreal Star,* fournie par les Archives publiques du Canada, document AP-146043.)

La présidente de la Chambre des communes, en 1980. (Collection de la famille Sauvé.)

Le président Ronald Reagan en visite à la Chambre des communes, en 1981. À l'avant-plan, face à la caméra: Maurice Sauvé. (Service de photo Canapress.)

Jeanne Sauvé, présidente de la Chambre des communes, remet au gouverneur général Ed Schreyer la résolution du Parlement sur la nouvelle constitution. À l'arrière-plan: Esmond Butler. (Photo *Ottawa Citizen*.)

Jeanne Sauvé, présidente de la Chambre des communes, accompagne Sa Majesté dans sa visite du Parlement, en 1982. À la droite de Sa Majesté: M. Jean Marchand, président du Sénat. (Gracieuseté du Secrétariat d'État.)

Rôtisserie en plein air, en l'honneur du prince et de la princesse de Galles, à la résidence de la présidente des Communes. Kingsmere, juin 1983. (Gracieuseté du Secrétariat d'État.)

Madame Sauvé est présentée aux invités d'honneur, à un dîner d'État que le gouverneur général Ed Schreyer offre au prince et à la princesse de Galles. Rideau Hall, juin 1983. (Gracieuseté du Secrétariat d'État.)

résidence montréalaise de la famille Sauvé, à Outremont.

Madame Sauvé, dans le petit salon voisin de sa chambre, à Outremont. (Photo M. S. Heney.)

a maison de campagne des Sauvé, à Saint-Charles-sur-Riche-
u, Qc. (Photo M. S. Heney.)

Madame Sauvé arrive à Ottawa, la veille de son investiture comme gouverneur général. Ga
Union, mai 1984. À droite le premier ministre Trudeau et M. Maurice Sauvé. Parmi les me
bres de la famille, à gauche: Lucille et Jean, soeur et frère de Madame Sauvé. (Secrétar
d'État.)

La cérémonie d'investiture, au Sénat, mai 1984. (Secrétariat d'État.)

ont en commun beaucoup de traits et sont presque tous de langue française. Ils se livrent pourtant entre eux des luttes machiavéliques; si leurs dissensions n'éclatent pas au grand jour, c'est grâce à la complexité même de leurs intrigues — grâce aussi à la tradition de solidarité que le Parti a toujours su maintenir, et dont on ne trouve d'équivalent qu'au sein de l'Association médicale canadienne.

En 1962, l'arrivée de certains nouveaux élus québécois hérissa la vieille garde. Le plus connu de la brochette de réformistes baptisée «nouvelle garde», c'était Maurice Sauvé, alors âgé de trente-neuf ans. Il avait gardé de sa jeunesse un teint très coloré, mais il avait pris quelque embonpoint et dépassait maintenant les quatre-vingt-dix kilos. Sa haute stature — environ un mètre quatre-vingt-cinq — lui permettait de regarder de haut la plupart de ses collègues. Devant cette taille, devant ce tempérament de batailleur, le journaliste Ron Collister le comparait, dans le *Telegram* de Toronto, à «un boxeur irlandais adossé à un bar».

Maurice — et cela, le comité des députés libéraux ne l'ignorait pas — souhaitait un renouvellement du Parti et se savait homme à entreprendre cette tâche. Il entretenait à cet égard deux préoccupations majeures: le choix des candidats et le financement du Parti. Plus précisément, il souhaitait que, dans chaque circonscription, le candidat député fût choisi de façon démocratique plutôt que par les seuls permanents du parti; il voulait, deuxièmement, purger le Parti de ses moeurs douteuses au chapitre du financement. Mais il fallait pour cela arracher le pouvoir des mains de la vieille garde. Celle-ci — comment s'en étonner? — reconnut en Maurice une menace et lui voua dès l'abord une hostilité féroce.

Or, la carrière politique de Maurice a toujours obéi à deux grands objectifs: la promotion de l'aile québécoise du Parti libéral fédéral et l'unité du pays. À la base de son credo figurait la nécessité d'une forte présence francophone au niveau fédéral pour maintenir l'unité du pays. Pour cela, estimait-il, le gouvernement central devait prendre à coeur les problèmes du Québec. On retrouve ces leitmotive dans le premier discours qu'il prononça devant la Chambre des communes, le 18 décembre 1962. Après avoir souligné les tergiversations et l'incompétence du gouvernement Diefenbaker, Sauvé dénonçait la situation faite au Canada français.

Durant l'hiver 1963, le Parlement s'enferra dans le débat sur la question nucléaire, débat qu'alimentait l'administration Kennedy. Diefenbaker avait autorisé les États-Unis à stationner en sol canadien des missiles Bomarc et des avions Starfighter, mais il avait refusé que ceux-ci fussent armés d'ogives nucléaires. Pearson, opposé depuis toujours aux armes atomiques, surprit tout le monde par sa volte-face: il accusa Diefenbaker de trahir les engagements du Canada envers l'O.T.A.N. Le dépôt d'un vote de blâme entraîna la chute du gouvernement et précipita un nouvel appel au peuple.

Maurice exultait: il était convaincu de la prochaine victoire des libéraux et de sa propre nomination au sein du nouveau cabinet. Les événements allaient lui donner en partie raison: l'élection d'avril 1963 donna aux libéraux cent vingt-neuf sièges; les autres partis subissaient tous des pertes, les *tories* ne récoltant que quatre-vingt-quinze sièges, le Crédit social, vingt-quatre, et le N.P.C. se classant bon dernier avec dix-sept députés. Ces résultats mettaient le nouveau gouvernement en situation minoritaire, mais enfin c'était un gouvernement libéral. Aux Îles-de-la-Madeleine, la participation au scrutin fut relativement faible: on vit voter seulement 85 p. 100 des électeurs inscrits. Maurice n'en récolta pas moins une immense majorité: les conservateurs n'ayant pas jugé utile de prendre part à la course, il avait eu pour seul opposant un jeune créditiste de vingt-deux ans.

Cinq jours après l'élection, le premier ministre Pearson formait son cabinet, mais Maurice, à sa grande déception, ne s'y voyait confier aucun portefeuille. On avait bien suggéré son nom, mais celui-ci avait été écarté sur les conseils de Lionel Chevrier et d'Azellus Denis, chefs de file de la vieille garde. Maurice vit dans cette rebuffade un message à l'intention du Canada français: ce Sauvé n'avait pas l'appui du premier ministre. Il en conçut une grande amertume, mais, dans son désir d'améliorer sa situation, résolut de rencontrer Pearson à sa résidence même. L'élection étant encore toute récente, le premier ministre occupait encore Stornoway, résidence officielle du chef de l'opposition. Maurice s'y précipita et, négligeant toute entrée en matière, déclara sans détour: «Vous êtes en train de ruiner ma carrière; si je n'avais pas été élu député des Îles-de-la-Madeleine, je vous donnerais ma démission!» Placé à la tête d'un gouvernement minoritaire, Pearson était conscient de s'avancer sur une corde raide. Aussi tenta-t-il d'apaiser Maurice en lui offrant le poste d'adjoint parlementaire auprès de Mitchell Sharp, ministre de l'Industrie et du Commerce. Maurice refusa sur-le-champ. Un peu plus loin dans la conversation, Pearson lui offrit la présidence du Comité spécial sur la défense nationale, que Maurice accepta avec empressement. Ils échangèrent une poignée de main, la crise était résolue.

D'une certaine façon, il n'était pas mauvais pour Maurice de n'avoir pas immédiatement trouvé place au cabinet. Car les libéraux, durant la campagne, avaient eu recours à des trucs difficilement défendables, comme les «escadrons de la vérité» et la distribution d'albums à colorier à saveur politique; ils avaient surtout multiplié les promesses téméraires. L'une des plus embarrassantes voulait que le nouveau régime, dans les quelques mois qui suivraient la prise du pouvoir, présentât des projets de lois propres à guérir les malaises sociaux et économiques dont souffrait le pays; on proclamait une période faste de «soixante jours de décisions». Inutile d'insister sur la suite; rappelons simplement qu'au «soixantième jour», le ministre des Finances, Walter Gordon, décidait de remettre sa démission.

L'administration Pearson était également talonnée par les problèmes internationaux, dont le plus urgent était celui des armes atomiques. Les libéraux avaient promis, au cours de la campagne électorale, d'honorer les engagements du Canada dans ce domaine. Mais, avaient-ils ajouté, aucune décision ne serait parachutée; on confierait à un comité inter-partis une étude complète du rôle du Canada au sein de l'O.T.A.N., puis le Parlement serait saisi du problème.

La nomination de Maurice Sauvé à la tête du Comité spécial de la défense nationale fit froncer bien des sourcils. Son expérience «militaire», pour ainsi dire, ne se résumait-elle pas à l'organisation d'une parade anticonscriptionniste? Et entendait-il seulement quelque chose à la défense nationale? Quoi qu'il en soit, Maurice, malgré ces limites, fit preuve d'efficacité à la présidence. Son succès tenait en partie à ce que les membres du Comité (recrutés dans tous les partis, selon la promesse de Pearson) avaient la compétence nécessaire pour évaluer le rôle du Canada au sein de l'O.T.A.N. Maurice participait certes peu aux discussions, mais il avait l'art d'amener les membres à un consensus. D'octobre à décembre 1963, le groupe tint plus de quarante réunions et se déplaça pour rencontrer des représentants de pays membres de l'O.T.A.N.: Angleterre, Allemagne de l'Ouest, Belgique, France et États-Unis. À l'issue de cette période, le Comité spécial déposa un rapport de huit cent cinquante pages, recommandant unanimement l'acceptation des armes atomiques pour le Canada. La Chambre des communes, par un vote libre, entérina promptement cette recommandation, si bien qu'à la veille du Nouvel An le premier envoi d'ogives nucléaires passait paisiblement la frontière à bord de camions, pour être entreposé à North Bay; c'était un des deux lieux retenus pour le stockage des Bomarc au Canada.

En janvier 1964, Lionel Chevrier fut nommé haut-commissaire du Canada à Londres, et, trois semaines plus tard, son collègue au sein de la vieille garde, Azellus Denis, était expédié au Sénat à la suite d'un remaniement ministériel. (Peut-être ce dernier transfert fut-il précipité par un incident qui venait d'être mis au jour: le ministre des Postes passait pour avoir distribué des faveurs à des candidats libéraux défaits aux dernières élections.) L'éloignement de Chevrier et de Denis ouvrait à Maurice Sauvé la porte du Cabinet: le 3 février, il y devenait ministre des Forêts et du Développement rural. Le même jour, pour apaiser tout le monde, Pearson faisait ministre un des jeunes poulains de la vieille garde, Yvon Dupuis. Orateur habile à soulever les foules, celui-ci avait été, au cours des deux précédentes campagnes, la meilleure arme du Parti libéral contre Réal Caouette.

Tout satisfait qu'il fût d'accéder au Cabinet, Maurice voyait dans les Forêts un portefeuille d'importance secondaire — d'autant plus frustrant qu'il s'agissait d'un domaine relevant en bonne partie des provinces. Même s'il était propriétaire d'un réseau de stations de recherche, ce ministère fédéral des Forêts avait pour tâche principale la mise en oeuvre d'ententes fédérales-provinciales. À la gestion des Forêts s'ajoutait pour Maurice l'administration de la Loi sur l'aménagement rural et le développement agricole (A.R.D.A.): s'agissant d'hommes et non plus d'arbres, le Développement rural lançait un défi plus stimulant.

Peu après son entrée au Cabinet, Maurice eut l'occasion d'apporter à l'unité canadienne une contribution importante, en aidant à résoudre l'impasse du régime québécois de pensions.

La crise était née d'une promesse que les libéraux avait lancée en pleine campagne électorale, en 1963: la bonification universelle des pensions. Sitôt dévoilée, la proposition du gouvernement Pearson essuya la rebuffade du Québec et de l'Ontario, qui jugèrent mal conçu son système de retenue à la source. Le Québec prépara son propre régime qui, plus généreux pour l'usager, nécessitait une participation financière du gouvernement fédéral. Mais ce dernier refusait de coopérer. Durant une conférence fédérale-provinciale réunie à Québec fin 1964, le gouvernement fédéral présenta une solution de compromis, qui n'obtint l'accord ni du Québec ni de l'Ontario. La rencontre tourna au vinaigre et, chez certains observateurs bien informés, fit même prédire la rupture de la Confédération. Lesage, déterminé à aller de l'avant avec son projet, annonça pour le 17 avril, soit deux semaines plus tard, la présentation d'un budget provincial. Celui-ci allait, pensait-on, décréter pour les résidants du Québec une double imposition.

Sans assister à la conférence, Maurice put en suivre le déroulement grâce aux nombreux coups de téléphone que lui fit son ex-collègue Claude Morin, concepteur du régime proposé par le Québec. L'appel le plus alarmant vint après la conférence: dans son discours sur le budget, Lesage s'apprêtait à fustiger Ottawa. Maurice entra immédiatement en contact avec Tom Kent, premier conseiller de Pearson; les deux hommes décidèrent d'un voyage à Québec pour sauver la situation. Étonné de la proposition, Pearson laissa quand même aller les deux hommes, pourvu que leur mission restât secrète. Maurice et Kent prirent en catastrophe le dernier avion pour Québec; pour ne pas éventer la mèche, Kent s'inscrivit au Château Frontenac sous le nom de Claude Frenette, chef de cabinet de Maurice. Le lendemain matin, Claude Morin les rejoignit à l'hôtel, et tous trois mirent au point un essai de solution. L'après-midi, introduits à la dérobée dans le bureau de Lesage, ils présentèrent à celui-ci le compromis qu'ils avaient concocté. Le premier ministre, non content d'y donner seulement sa bénédiction, reporta d'une semaine la présentation de son budget pour laisser aux négociateurs le temps de fignoler les détails. Maurice et Tom Kent rentrèrent à Ottawa à bord d'un avion du gouvernement québécois.

De l'aéroport d'Uplands, ils filèrent directement à la résidence du premier ministre. Au premier abord, la formule épouvanta Pearson ainsi que plusieurs de ses principaux ministres, particulièrement Walter Gordon; mais deux heures de discussion permirent d'en arriver à un accord de principe. Le lendemain, Maurice téléphona à Claude Morin, qui convint de se rendre à Ottawa le samedi avec Claude Castonguay pour mettre la dernière main au projet.

Rencontre capitale, qu'on tint dans la salle du Conseil privé, dans les édifices de l'Est. Les deux équipes de négociateurs discutèrent tout l'après-midi sans pouvoir dégager d'entente; on sentait plutôt les équipes emprunter des voies divergentes. Morin et Castonguay allaient partir lorsque Tom Kent, s'excusant, s'en fut à la salle de toilette en faisant signe à Maurice de le suivre. Maurice, le dos tourné aux latrines, résuma rapidement pour son collègue les exigences minimales du Québec.

Fort de cette information, Kent revint à la table de négociation et, par un travail fiévreux, arriva à tricoter une entente. Celle-ci coûta au gouvernement fédéral plus de deux cent millions de dollars au cours des deux premières années, mais elle préserva l'unité du pays. Pour la part qu'il avait prise à cet épisode, les membres de la tribune de la presse surnommèrent Maurice «le James Bond de la Confédération».

À peine résolue la crise des régimes de pensions, une autre bataille se livrait déjà dans les coulisses: au sein du Comité des députés libéraux québécois, c'était la foire d'empoigne depuis le départ de Lionel Chevrier. Trois rivaux s'affrontaient pour prendre la direction: Maurice Lamontagne, secrétaire d'État, Guy Favreau, ministre de la Justice, et Maurice Sauvé. Lamontagne, celui-là même qui avait aidé Maurice à obtenir un poste au sein de la commission Gordon, avait une longueur d'avance. Intellectuel d'une grande culture et aux états de service impressionnants, il avait joué un rôle considérable dans la lutte contre Duplessis; ami de longue date de Pearson, il était aussi son plus proche conseiller québécois. Quant à Guy Favreau, c'était cet avocat affable et extrêmement populaire que Pearson avait convaincu de troquer son étude montréalaise contre une carrière politique. Bien que tous trois se présentaient comme réformistes, Lamontagne et Favreau, qu'on estimait plus malléables que Sauvé, avaient joui de l'appui tacite de la vieille garde. Il convient d'ajouter qu'une certaine dose de naïveté politique faisait d'eux, en Chambre, des personnalités nettement moins efficaces que Maurice Sauvé.

Pearson crut rétablir l'harmonie en confiant à un triumvirat la direction du groupe québécois: solution très «pearsonnienne», que le groupe rejeta. À la faveur du vide ainsi créé, la vieille garde se faufila. Guy Rousseau, adjoint parlementaire de Pearson, fit circuler une lettre qui, sous en-tête du bureau du premier ministre, affirmait que le «caucus» souhaitait avoir à sa tête Guy Favreau. Le stratagème eut un double effet: il écarta Lamontagne, que la vieille garde estimait incapable de barrer la route à Sauvé, et il fit de Favreau le candidat favori. À l'occasion d'une assemblée tenue à Montréal fin avril 1964, Favreau fut choisi, par une écrasante majorité, chef du groupe québécois de députés libéraux. Excédé devant la tournure des événements, Maurice songea pour la seconde fois à quitter la politique.

Sa défaite devant le «caucus» tenait à l'insuffisance de ses relations à l'intérieur du groupe — faiblesse qui allait le hanter tout au long de sa carrière. Certes, il avait des amis francophones dans la haute fonction publique; il bénéficiait d'influentes amitiés anglophones dans le cabinet (comme celles de Judy Lamarsh, d'Edgar Benson et de Walter Gordon); et il avait noué de solides relations à l'Assemblée législative québécoise. Mais tout ce beau monde ne lui était d'aucun secours au sein du «caucus». C'est qu'au fond Maurice était plus à l'aise dans le travail individuel que dans le travail d'équipe. Le succès politique, surtout à Ottawa, repose sur les alliances et les relations dont il faut sans cesse étendre le réseau. Or, Maurice n'avait pas su tisser un tel réseau.

Les journalistes qui ont suivi sa carrière ont fait maintes fois son éloge, mais ils n'ont pas manqué de noter son intolérance, son impatience et sa brutale franchise. Au cabinet, on admirait son intelligence et son habileté d'administrateur, mais son manque de tact hérissa bien des gens qui auraient pu être des alliés. À la Chambre des communes, les amabilités diplomatiques n'étaient pas son fort, et les députés de l'opposition n'aimaient guère s'exposer à ses flèches.

On en eut une illustration à son retour d'un voyage qu'il fit en Europe en juillet 1964 pour participer à une réunion de la F.A.O. («Food and Agriculture Organization», organisme relié à l'O.N.U.). Le premier ministre lui avait conseillé de prendre ses vacances immédiatement après cette réunion, pour ne rentrer au pays que fin août. Un simple député *tory*, Louis-Joseph Pigeon, avait remarqué son absence et, jour après jour, se levait en Chambre pour interroger le gouvernement sur les allées et venues de Sauvé. (C'est d'ailleurs le même député qui, un peu plus tôt, avait lancé les pires choses sur les liens entre Jeanne Sauvé et Radio-Canada.) Les coups d'épingle de Pigeon atteignirent si bien leur cible que l'*Ottawa Citizen* lui emboîta le pas dans un éditorial virulent. Quand, le 11 août, Maurice fut de retour, la première question inscrite à l'agenda de la Chambre venait du député Pigeon. Pour le plus grand malheur de ce dernier, Maurice venait d'apprendre qu'il avait été arrêté en son absence et que pesaient sur lui des accusations de pratiques homosexuelles avec un jeune homme de Hull. Le *Journal des débats* nous rapporte l'échange qui eut lieu ce jour-là:

M. L.-J. Pigeon (député de Joliette-l'Assomption-Montcalm): Monsieur le président, je désire poser une question au ministre des Forêts. Je voudrais lui demander s'il a aimé son séjour en Europe, et pour quelle raison il a abrégé ses vacances.

L'honorable Maurice Sauvé (ministre des Forêts): Monsieur le président, je suis allé en Europe pendant deux semaines. La première semaine, j'étais en mission de travail. La deuxième semaine, pensant que les travaux de la Chambre s'ajourneraient le 8 août, j'ai cru bon de prendre une semaine de vacances, que j'estimais d'ailleurs avoir méritées, ayant été sérieusement malade au mois d'avril dernier, comme on le sait. Je pense d'ailleurs que l'honorable député de Joliette-L'Assomption-Montcalm aurait dû lui aussi prendre des vacances pendant la même période.

Le très honorable J.G. Diefenbaker, chef de l'opposition: Monsieur le président, la dernière partie des observations de l'honorable député n'a pas sa place dans le compte rendu des Débats de la Chambre, et je suis persuadé que l'honorable député va constater que l'île de Capri est bien différente de la Chambre des communes.

La Chambre écouta dans un silence stupéfait l'allusion aux démêlés de Pigeon avec la justice. Le président en fut lui-même secoué au point de clore immédiatement la période de questions. Pigeon fut acquitté à l'issue de son procès, mais jamais plus il n'osa affronter Maurice Sauvé.

Durant l'automne 1964 et la première moitié de 1965, l'administration libérale fut ébranlée par une série de scandales. Pour la première fois de toute l'histoire canadienne, un ministre en exercice — il s'agissait d'Yvon Dupuis — devait répondre à différentes accusations devant la cour criminelle. Il dut démissionner après avoir été reconnu coupable de trafic d'influence dans une affaire de piste de courses; il écopa d'une amende de cinq mille dollars et d'une année de prison, mais fut plus tard acquitté en appel. De son côté, René Tremblay, ministre de l'Immigration, fut impliqué dans une histoire d'achat de meubles auprès d'une entreprise louche qui, par la suite, fit faillite. Maurice Lamontagne avait lui aussi acheté du mobilier du même commerçant; mais, contrairement à Tremblay qui avait acquitté la facture, Lamontagne devait encore une forte somme sur son achat. Toutefois, le pire scandale fut l'affaire Rivard.

Un gangster nommé Lucien Rivard avait été, aux États-Unis, le cerveau d'un réseau de contrebande de drogue. En novembre 1964, il était écroué à la prison de Bordeaux, à Montréal, dans l'attente de son extradition et, pour lui éviter cette mesure, la mafia exerçait des pressions sur plusieurs membres de l'administration libérale. La révélation qu'en fit à la Chambre le député conservateur Erik Nielsen déclencha une vague d'agitation. Guy Rouleau admit avoir fait des démarches en faveur de

Rivard et dut remettre sa démission comme adjoint parlementaire de Pearson. Devant les allégations de Nielsen, on confia à une commission royale, présidée par le juge Frédéric Dorion, le soin de faire une enquête sur toute cette affaire. Mais voilà que, début mars 1965, pendant même que la Commission Dorion examinait la preuve et interrogeait des témoins, Rivard s'évada de la prison de Bordeaux.

Le plus ennuyeux de toute cette affaire, c'était que presque toutes les personnes impliquées étaient des Canadiens français. Durant tout l'hiver, une immense clameur retentit de la presse, qui réclamait la réforme du «caucus» québécois des libéraux fédéraux. Certains journalistes très cotés allèrent même jusqu'à suggérer que Pearson laissât tomber Favreau pour le remplacer par Maurice Sauvé. Voici ce qu'écrivait Bruce Hutchison, dans la *Winnipeg Free Press* du 23 mars, au sujet de la direction du groupe québécois:

> Il y a là un vide à combler au plus tôt. Et nul ne peut mieux le faire que M. Maurice Sauvé. Celui-ci dirige actuellement d'une main le ministère des Forêts et, de l'autre, pose des gestes qui lui assurent la loyauté de la génération montante chez les libéraux du Québec. Ce bouillant personnage suscite à Ottawa des réactions souvent opposées. Un des observateurs les mieux avisés de la politique fédérale voit en M. Sauvé un futur premier ministre. À l'inverse, une importante personnalité politique québécoise a prétendu que Sauvé, dans son irrésistible ascension politique, a bousculé tant d'hommes de valeur que ceux-ci finiront par se liguer contre lui.

Cet écrit date de l'époque où Maurice, en Europe avec Jeanne, réfléchissait à son avenir politique. Ils étaient là en vacances, mais Jeanne, comme toujours, prenait part aux épreuves et aux tribulations de Maurice. Elle n'était pas que l'épouse: elle était aussi la plus proche conseillère (dont Maurice ne suivait pas toujours les conseils, du reste). Depuis cinq ans, ne faisaient-ils pas souvent équipe, parcourant le pays pour parler du Québec et de l'unité canadienne? Mais ce qui, en ce moment critique, préoccupait Maurice, c'était qu'au milieu de tous ces scandales, Pearson n'eût rien fait pour redorer le blason de l'aile québécoise du Parti. Profondément frustré, Maurice envisageait une fois de plus de quitter la politique.

Mais il n'en fit rien et, fin avril, rentra au Canada pour relancer la lutte. Le 3 juin, il prononçait devant le Conseil du travail de Montréal un discours où il proclamait l'urgence des réformes: faute d'agir avant la prochaine élection, on allait perdre tout l'élan acquis. C'était une critique indirecte à l'endroit de Favreau. Ce discours valut à Maurice les vifs éloges de la presse, mais creusa encore davantage le fossé qui l'éloignait du premier ministre.

Fin juin 1965, le juge Dorion déposa son rapport consacré à l'affaire Rivard. Il y dénonçait deux adjoints du ministre de la Justice, qui avaient posé des gestes répréhensibles dans le dossier de l'extradition; il s'en prenait aussi à Favreau, dont il critiquait l'attitude dans le déroulement des procédures judiciaires; mais Dorion ne portait contre lui aucune accusation d'ordre criminel. Le lendemain même, Guy Favreau démissionnait, malgré son innocence, de son poste de ministre de la Justice.

Dans le sillage du rapport Dorion, Pearson apporta bien quelques changements à la composition de son cabinet, mais il se garda de toute réforme en profondeur: Maurice ne se voyait investi d'aucune responsabilité nouvelle; Favreau conservait son poste de lieutenant québécois du premier ministre et devenait même président du Conseil privé; quant à Lamontagne et à Tremblay, ils demeuraient ministres.

La même année, à la mi-juillet, Lucien Rivard était capturé, puis extradé au Texas; il y fut condamné à un emprisonnement de vingt ans pour contrebande de drogue.

Malgré le cauchemar des derniers mois, Pearson restait convaincu de pouvoir récolter la majorité des votes dans un appel à l'électorat. Aveuglé par cette conviction, il déclenchait, le 7 septembre, des élections.

Maurice avait passé l'été en négociations avec trois éventuels candidats libéraux: Jean Marchand, Gérard Pelletier et Pierre Elliott Trudeau. Ces trois hommes, travaillant en équipe, pourraient beaucoup pour la réforme du «caucus» libéral: Maurice en était persuadé. (Il n'ignorait pas, pour autant, que leur présence sur la scène fédérale risquait de faire basculer dans l'ombre sa propre carrière.) Au départ, seul Marchand était prêt à se lancer, mais Maurice l'avait bien prévenu: «Si tu arrives seul, les types de la vieille garde te feront subir le même sort qu'à moi: ils auront ta peau!» Ce n'est qu'après de nombreux palabres, souvent tenus chez Maurice, que Pelletier et Trudeau convinrent de se porter candidats à l'élection. Marchand fut accueilli à bras ouverts chez les libéraux, mais Maurice eut quelque difficulté à convaincre Pearson et Favreau d'admettre dans le sérail Pelletier et Trudeau: l'un et l'autre n'avaient-ils pas dirigé contre le Parti libéral leurs attaques vitrioliques? Maurice put quand même ménager aux trois nouveaux venus une rencontre avec Favreau à l'hôtel Windsor de Montréal, pour la soirée du 9 septembre.

Pendant les premières heures de la réunion, Guy Favreau, Maurice Lamontagne et Louis «Bob» Giguère, incapables d'oublier ce que Trudeau avait écrit sur leur parti, tentèrent de le dissuader de s'y inscrire. Pendant qu'ils employaient à ce but toute leur éloquence, Maurice Sauvé mettait la sienne à convaincre Trudeau du contraire. Puis Pelletier, à peine débarqué d'un avion qui le ramenait de Winnipeg, arriva à la suite vice-royale; là, les leaders du groupe québécois utilisèrent pour le dissuader les mêmes arguments qu'ils avaient servis à Trudeau. Pour en finir, Maurice suggéra à Marchand, à Pelletier et à Trudeau de le rejoindre dans la chambre voisine. Sitôt la porte refermée sur eux, il leur lança: «N'écoutez pas leurs arguments!» «Du téléphone que voici, appelez *La Presse* et *Le Devoir* et annoncez-leur que vous donnez demain une conférence de presse.» Cela fait, tous retournèrent au salon pour mettre Favreau devant le fait accompli. Favreau laissa éclater sa fureur. «Si vous n'acceptez pas Trudeau et Pelletier, de rétorquer Maurice, je ne me présenterai pas à l'élection!» Le lendemain après-midi, les «trois colombes» (ou les «trois sages», comme ils furent appelés par les Canadiens anglais) annoncèrent leur intention de briguer les suffrages sous la bannière libérale lors des élections qui approchaient.

Durant cette campagne de 1965, Maurice passa presque tout son temps à prononcer des discours en faveur de ses collègues libéraux. C'est à lui que Gérard Pelletier dut de pouvoir se présenter dans une circonscription sûre. Sauvé persuada Raymond Eudes, depuis longtemps député libéral d'Hochelaga, de céder son siège en échange d'un poste de sénateur que promettait Pearson. Tout se passa comme prévu: Pelletier fut élu député d'Hochelaga, et Eudes fut élevé au rang de sénateur. Aux Îles-de-la-Madeleine, les conservateurs lancèrent dans la bagarre un candidat solide, mais Maurice n'en fut pas moins réélu pour la troisième fois avec une confortable majorité. À l'échelle du Canada, cependant, le Parti libéral fit moins bonne figure: s'il conquit deux nouveaux sièges, les progressistes conservateurs en firent autant. Si bien que Mike Pearson se trouvait pour la seconde fois devant la tâche délicate de diriger un gouvernement minoritaire.

Quelques semaines après cette élection de novembre 1965, Maurice prit l'avion pour Rome, où il allait présider la conférence annuelle de la F.A.O. («Food and Agriculture Organization», organisme issu des Nations Unies). Il ignorait lors de son départ que Marc Arsenault, son adversaire conservateur aux Îles-de-la-Madeleine, s'apprêtait à lancer contre lui des accusations de fraude électorale. Convaincus de pouvoir enfin prendre en faute Sauvé-le-pur, les *tories* lancèrent leur bombe le 9 décembre. L'affaire fit la une de tous les journaux canadiens, francophones et anglophones. Le *Globe and Mail* de Toronto titrait pour sa part: «*Election Spells Shenanigans in Sauvé-land*» (Élection truquée dans le fief de Sauvé). Maurice, l'eût-il voulu, ne pouvait quitter Rome; il choisit donc d'oublier pour l'instant les accusations portées contre lui et l'appel à la démission que lançait Diefenbaker. Mais, devant la colère qui de tous les coins du pays s'élevait contre Maurice, l'inquiétude grandissait chez les amis et les collègues de ce dernier. Doug Fullerton, qui connaissait Maurice depuis l'époque de la commission Gordon, lui adressa à Rome un câble:

TEMPÊTE DEVIENT OURAGAN. RENTRE URGENCE, SINON PERDRAS PAR DÉFAUT.

Jeanne, qui avait accompagné Maurice à Rome, rentra à Montréal par le premier avion et fut secrètement accueillie dès son arrivée à l'aéroport par Sonny Gordon, un des adjoints administratifs de Maurice. Durant le trajet Montréal-Ottawa, Gordon fit pour elle le point sur l'étendue et l'importance des accusations lancées: la gravité de la situation n'était jusque-là apparue ni à Maurice ni à Jeanne. Cette dernière téléphona immédiatement à son mari, qui convint de sauter dans l'avion sitôt la conférence terminée. Mais, sans l'attendre, son personnel des Îles s'affairerait à recueillir les déclarations assermentées qui permettraient de réfuter les accusations.

Maurice rentra à Ottawa dans la soirée du 13 décembre. Dès le lendemain matin, il tint conseil avec ses deux adjoints — Sonny Gordon et Claude Frenette — ainsi qu'avec son ami Doug Fullerton; la conférence se poursuivit à bord du *Pullman* réservé aux déplacements des ministres et rattaché au train Ottawa-Montréal. (Maurice, qui adorait le confort un peu vieillot de ce wagon spécialement équipé, le retenait le plus souvent possible). Ce soir-là, Maurice reçut à sa maison d'Outremont une petite équipe d'experts, composée de collègues et d'amis: entre autres conseillers, il y avait là Claude Ducharme, Gérard Pelletier, Jean-Pierre Goyer, René Lévesque, Jean Marchand et Pierre Trudeau. À trois heures du matin, on avait terminé la rédaction d'un communiqué de presse très circonstancié, appuyé de déclarations assermentées. Avant même le lever du soleil, Maurice était à bord du train qui le ramenait à Ottawa et, pendant qu'il prenait quelques heures de sommeil, on dactylographiait la réfutation dans ses deux versions, française et anglaise. Plus de cent journalistes se ruèrent à la conférence de presse, tenue l'après-midi. Maurice mit quarante minutes à lire son texte.

À vrai dire, une seule des allégations de son adversaire avait quelque fondement. Il s'agissait d'un appel téléphonique que, le jour du scrutin, Maurice avait fait à son cousin le juge Joseph Dugay. En ce matin d'élection, deux partisans conservateurs avaient été arrêtés et emprisonnés, pour avoir menacé l'organisateur de la campagne de Maurice. Un représentant du Parti conservateur avait téléphoné au juge (qui était à New-Carlisle, à près de deux cents kilomètres des Îles par voie de mer), pour tenter de faire libérer les prévenus; mais Maurice, par crainte de quelque émeute, avait voulu dissuader le juge de procéder à leur libération. En fin de compte, les deux hommes avaient pu aller voter sous escorte policière. De toute évidence, ce coup de téléphone au juge avait été un faux-pas, dont les circonstances cependant atténuaient la gravité: quel autre moyen Maurice avait-il d'entrer rapidement en communication avec le juge? Ce dernier, du reste, commentant l'incident à l'intention d'un journaliste, ne déclarait-il pas: «Ici tout le monde communique avec moi par téléphone. L'appel de Maurice Sauvé n'avait donc pas de quoi me mettre en colère ni m'influencer.»

Les médias d'information acceptèrent les explications de Maurice, et jamais les accusations portées contre lui ne furent déférées, au sein de la Chambre des communes, au Comité des élections et privilèges. Bref, l'adversaire avait soulevé une tempête dans un verre d'eau. Et le communiqué de presse, rédigé de main de maître, fut souvent cité en exemple par des professeurs de sciences politiques dans les universités; le *Journal of Canadian Studies* le reproduisit même *in extenso* dans ses pages.

Deux jours après la conférence de presse de Maurice, Pearson annonçait la composition de son nouveau cabinet: celui-ci comprenait Jean Marchand, au titre d'abord de ministre de la Citoyenneté et de l'Immigration, auquel s'ajouta plus tard le portefeuille de la Main-d'oeuvre; Marchand devenait aussi, selon toute apparence, le successeur de Favreau dans le rôle de lieutenant québécois de Pearson. Certes, Marchand ne remplacerait officiellement Favreau qu'en janvier 1967, mais déjà il devenait officieusement chef du groupe des parlementaires libéraux du Québec. Pierre Elliott Trudeau et Gérard Pelletier étaient nommés adjoints parlementaires. Quant à Maurice Lamontagne et à René Tremblay, ils quittaient le Conseil des ministres, mais gardaient leurs sièges de députés.

Maurice, qui convoitait dans la nouvelle administration le ministère de l'Industrie et du Commerce, se vit offrir celui de l'Agriculture. Il déclina cette offre, sachant qu'au sein d'un gouvernement minoritaire il aurait les mains liées et que, dans les circonstances, l'accession à ce poste tiendrait du suicide politique. Il accepta pourtant sa reconduction comme ministre des Forêts, responsable encore de l'administration de l'A.R.D.A. Le ministère des Forêts fonctionnait désormais rondement, ce qui permettait à son titulaire de concentrer son attention sur le développement rural. Il pouvait du reste compter sur une brochette de jeunes et brillants adjoints, comme Peter White (qui devint plus tard secrétaire à l'agenda auprès du premier ministre Mulroney), Harold «Sonny» Gordon (qui poursuit à Montréal une belle carrière d'avocat), Claude Frenette (maintenant cadre supérieur dans le milieu des affaires), et John Roberts (ultérieurement ministre dans un autre cabinet libéral).

La circonscription des Iles-de-la-Madeleine — Maurice le savait — allait disparaître pour la prochaine élection générale, dans un redécoupage de la carte électorale; il fallait donc se trouver un autre territoire où briguer les suffrages. Outremont, lieu de résidence des Sauvé, était le choix tout indiqué, d'autant plus que Maurice Lamontagne, qui en était le député, était sur le point de passer au Sénat. Il s'agissait, du reste, d'une forteresse libérale où, répétait-on, «même une vache se ferait élire pourvu qu'elle fût libérale». Lamontagne abandonna le 6 avril 1967 son siège de député aux Communes. Le lendemain, *La Presse* rapportait sur trois colonnes la démission de Maurice Sauvé comme député des Îles-de-la-Madeleine, et son intention de solliciter des électeurs outremontois le siège que quittait Lamontagne. Ce qui valut à Maurice de recevoir le lendemain ce télégramme:

ENNUYÉ APPRENDRE PAR LA PRESSE VOTRE DÉMISSION DES ÎLES-DE-LA-MADELEINE POUR VOUS PRÉSENTER DANS OUTREMONT STOP URGENCE DÉMENTIR DÉCISION QUE JE N'AI PAS APPROUVEE ET QUI POSE PROBLÈMES STOP SIGNÉ LESTER B. PEARSON.

Les «difficultés» auxquelles le premier ministre faisait allusion tenaient à la situation précaire de son gouvernement minoritaire. Certes, Pearson ne doutait pas de la fidélité des Outremontois au Parti libéral, mais la démission de Sauvé aux Îles, par l'élection partielle qu'elle entraînerait, ouvrirait aux conservateurs la porte d'une victoire facile. Cela, Maurice le comprenait fort bien, ne réglait pas pour autant son problème, lui qui tenait à se faire élire dans Outremont. On arriva à un compromis, au cours d'une rencontre qui, dans le bureau de Pearson, regroupait la haute gomme du «caucus» québécois: le sénateur Bob Giguère, Maurice Lamontagne, Jean Marchand et Pierre Trudeau; Maurice avait pris la précaution de s'y faire accompagner d'un témoin, Sonny Gordon. On convint de trouver pour Outremont un «candidat de transition». Comme les juifs for-

maient alors dans ce quartier une minorité importante, on cher-
cherait d'abord un candidat issu de celle-ci; à défaut — et à moins
que Trudeau ne fût évincé de sa circonscription de Mont-Royal
—, le Parti appuierait la candidature de Maurice dans Outremont. L'entente fut paraphée par Pearson, dans une lettre que
celui-ci adressait le 11 avril à son lieutenant québécois Jean Marchand.

Puis un jour de la mi-décembre 1967, Mike Pearson se leva
en Chambre pour annoncer son intention de quitter la direction
du Parti libéral; il allait, ajoutait-il, rester en selle jusqu'à ce qu'un
congrès du Parti lui choisît un successeur. Dès la deuxième semaine de janvier 1968, on vit entrer dans la course Eric Kierans,
Paul Hellyer, Allan MacEachen et John Turner. La semaine
suivante, c'était au tour de Mitchell Sharp, de Joe Greene et de
Paul Martin de se lancer dans la bagarre. Paul Martin avait au
départ une longueur d'avance, grâce à l'appui de la quasi-totalité
du groupe des députés québécois, grâce aussi à celui de Jean
Lesage, encore premier ministre au Québec.

Un mois plus tard, le 16 février, c'était Pierre Trudeau qui
annonçait son intention de solliciter la direction du Parti. Porté
par une véritable vague de fond, il devint immédiatement le candidat favori.

Mais Maurice Sauvé avait déjà pris position en faveur de
Paul Martin. Jeanne Sauvé, Sonny Gordon et Claude Frenette
plaidaient tous, mais en vain, pour qu'il appuyât plutôt Trudeau;
ou même Mitchell Sharp, dont on savait qu'il serait écarté dès les
premiers tours et dont les délégués s'engageaient à reporter par la
suite leurs voix sur Trudeau. Mais Maurice restait inébranlable
dans sa décision: un premier ministre francophone ne pourrait,
estimait-il, prendre les décisions propres à tenir fermement en
main le Québec. Et Maurice n'avait-il pas à deux reprises affirmé
à Trudeau son intention de ne pas briguer la direction? Martin,
d'origine franco-ontarienne, parfaitement bilingue, vieux routier
de la politique, représentait aux yeux de Maurice le choix le plus
sage. (Dans certains milieux, on prêtait à Sauvé un dessein plus
machiavélique: devenu premier ministre, Martin lui réserverait
un important portefeuille — et probablement le rôle de lieutenant
québécois.)

Massivement, les partisans de Martin lâchèrent prise après l'entrée en lice de Trudeau et de Winters. À trois jours de l'ouverture du congrès d'avril, Maurice savait qu'il ne restait à Martin aucun espoir. Ouvrier de la onzième heure, il s'en fut voir Marc Lalonde, organisateur de la campagne Trudeau; là, ayant empoché deux macarons à l'effigie du «patron», il pria Lalonde de dire à celui-ci que, sitôt Martin désisté, il pouvait compter sur l'appui de Maurice Sauvé. Le candidat Martin ayant été éliminé dès le premier tour, Maurice, avec Jeanne à sa remorque, se précipita vers la loge de Trudeau. Tirant de sa poche un macaron, il demanda à Pierre: «Épingle-le-moi!» Trudeau esquissa à peine un geste; aucune place n'était prévue pour Maurice au premier rang. Aux yeux des «Trudeauphiles», Maurice posait là un geste dénué de tout sens: il avait versé dans l'hérésie en appuyant Martin; il était excommunié, un point c'est tout.

La situation apparut encore plus clairement lorsque Trudeau appela une élection générale pour le 25 juin. À la lumière de leur récente entente, Maurice prenait pour acquise sa candidature dans Outremont, comme il ne s'y était présenté aucun candidat juif et que Trudeau avait de nouveau reçu l'investiture dans Mont-Royal. Mais Marchand signifia bientôt à Maurice que c'en était fait de lui dans Outremont, où le «député de transition», Aurélien Noël, avait décidé de se présenter de nouveau.

Ce fut un coup dur et imprévu. Renonçant à Outremont, Maurice accepta l'invitation qui lui était faite de solliciter l'investiture pour la circonscription de Gamelin, dans l'Est de la métropole. Fort occupé à une opération de développement rural en Gaspésie, Maurice tenta du bout des lèvres de se faire admettre dans Gamelin, qu'il perdit aux mains d'Arthur Portelance, vendeur de sous-vêtements. Ce fut le désenchantement total, et Maurice résolut dès lors de quitter la carrière politique.

Cependant, au cours d'une réunion impromptue sur le parvis de l'église Saint-Viateur d'Outremont, Trudeau et Marchand firent à Maurice une proposition. (C'était à l'issue des funérailles d'André Laurendeau; or, on sait qu'en politique — et particulièrement au Québec — les funérailles fournissent l'occasion de rencontres fructueuses.) Les libéraux étaient à la recherche, pour Saint-Hyacinthe, d'un nouveau candidat à opposer à Théogène

Ricard, populaire conservateur qui représentait ce comté depuis 1957. Advenant une défaite de Maurice, on verrait, après l'élection générale, à libérer pour lui un siège sûr. Se remémorant l'entente trahie à Outremont, Maurice, contre toute attente, afficha un grand scepticisme et refusa l'offre. Mais quelques jours plus tard, devant les coups de téléphone insistants de Marchand, il fit volte-face et accepta. Ainsi donc, à deux semaines du scrutin, il se lançait dans l'arène mascoutaine. La veille de l'élection, dans l'après-midi, Trudeau s'amena en hélicoptère à la rescousse de son candidat, pour prendre la parole au manège du Royal 22e Régiment, à Saint-Hyacinthe. Le principal bénéficiaire de cette intervention fut le fils de Maurice, Jean-Fançois, qui, à l'âge de neuf ans, eut droit à une merveilleuse balade à bord de l'hélicoptère du premier ministre.

Maurice fut défait par une marge de sept cent quatre-vingt-huit voix. Sans doute aurait-il décroché le siège, n'eût été la massive opposition du clergé, qui voulait punir les libéraux pour un certain projet de loi à plusieurs volets. Ironie du sort, ce projet (qui rendait légal l'avortement et permettait les pratiques homosexuelles entre adultes consentants) avait été présenté en Chambre quelques mois plus tôt par un ministre de la Justice qui n'était autre que... Pierre Trudeau.

Deux des principaux journaux français de la métropole, *La Presse* et *Le Devoir*, publièrent sur Maurice des articles élogieux où les auteurs déploraient son retrait de la scène fédérale. Maurice, pour sa part, s'en remettait à l'assurance qui lui avait été fournie d'un autre siège à venir.

À l'issue de cette campagne malheureuse, Maurice eut avec Trudeau un entretien au cours duquel celui-ci évoqua l'hypothèse d'une nomination au poste d'ambassadeur en France. Maurice y réfléchit sérieusement, puis demanda un second rendez-vous à Ottawa. Cette fois, la présence de Jean Marchand l'irrita fortement. Après un échange de plaisanteries avec Trudeau, Maurice lança: «J'ai décidé de rester en politique, et j'aimerais avoir ce siège que tu devais libérer à mon intention.» Long silence de Marchand qui, narquois, répondit enfin: «Mais on ne t'a jamais dit pour quand, ce siège!» Presque hors de ses gonds, Maurice fit valoir que, si ça devait traîner encore longtemps, on pourrait le nommer au Sénat jusqu'à ce que devienne vacant un siège de député. Trudeau intervint, assurant qu'il ne voulait pas inaugurer son règne par des nominations entachées de favoritisme. (Ce qui ne l'empêcha pas, au cours des semaines qui suivirent, de catapulter à la Chambre haute une brochette de candidats défaits et de tâcherons du Parti.) Voyant s'envoler ses espoirs, Maurice ramena sur le tapis le projet d'ambassade à Paris, mais Trudeau assura avoir changé d'avis là-dessus: les préjugés que Maurice entretenait en faveur du Québec écartaient une telle nomination. Par ailleurs, Trudeau lui offrait volontiers un siège permanent au Sénat, ou même un poste d'ambassadeur en Italie. Maurice, perdant cette fois tout sang-froid, lança un «Pierre, j'ai mon voyage!» qui mit fin à l'entretien.

L'honneur était sauf, mais Maurice allait entretenir durant de longs mois un sentiment d'amertume. Jeanne, au récit de ce dénouement, sentit elle aussi la mesquinerie du traitement infligé à son mari. Mais le couple convint que la rupture politique était devenue inévitable et que le temps était venu pour Maurice de se tourner vers une autre carrière.

Aux yeux de Trudeau, le retour de Maurice en Chambre aurait introduit au sein du Parti un ferment de discorde: Maurice ne s'était-il pas opposé à l'avènement de l'ère Trudeau? N'était-il pas à couteaux tirés avec Jean Marchand, lieutenant québécois de Trudeau? N'avait-il pas toujours été en politique un réfractaire? Rien d'étonnant, donc, à ce que Trudeau eût barré la route à sa rentrée politique. Impitoyable, le premier ministre lui offrait pourtant le choix entre un siège de sénateur et un poste d'ambassadeur: généreuse compensation de la part d'un Trudeau!

Maurice Sauvé allait recevoir dès cet été-là plusieurs offres d'emploi au sein d'entreprises canadiennes. Tout bien pesé, il accepta un poste de vice-président administratif à la «Consolidated-Bathurst», grande compagnie canadienne de papeterie. Mike Pearson, à qui un ancien collègue de Maurice dans le Cabinet apprenait la nouvelle de cette nomination, lança, sarcastique: «Ou bien on va le congédier dans l'année, ou bien il va devenir président de la boîte!» Rien de tout cela n'arriva. Maurice passa treize ans au service de la «Consolidated-Bathurst» et, fin 1981, se retira avec une coquette pension.

Pendant toute cette période, sa grande préoccupation politique fut l'unité du Canada. Fidèle à ce grand dessein, il présida, de juin 1978 à mai 1980, l'Association Québec-Canada: ce fut au Québec le plus fort et le plus influent regroupement des forces du «non» en vue du référendum de 1980.

Maintenant au début de la soixantaine, Maurice Sauvé est encore actif comme consultant dans le milieu des affaires, et une dizaine d'entreprises importantes le comptent parmi les membres de leur conseil d'administration.

CHAPITRE 6

Jeanne Sauvé
La vie publique,
1952-1972

Le couple Sauvé était rentré de France à l'automne 1952. Mais Jeanne ne se préoccupa de sa propre carrière qu'après l'installation à Saint-Hyacinthe. Épouse dévouée en même temps qu'ardente réformiste, elle voulait en effet, tout en s'occupant de la maison familiale, aider Maurice dans son activité en faveur des syndicats. Il fallait donc exclure tout emploi qui l'eût prise «de neuf à cinq». Jeanne, cependant, avait bien des cordes à son arc: douée pour la parole et l'écriture, elle avait de plus le sens de l'organisation, manifestait beaucoup d'entregent et adorait communiquer avec un auditoire. Tout bien pesé, elle décida de travailler à la pige dans le domaine de la radio.

C'est dans ce but qu'elle prit un jour l'autobus pour Montréal et qu'elle alla postuler un emploi à Radio-Canada. Là, on ajouta simplement son nom à la liste des candidats, en prenant soin de ne pas lui laisser trop d'espoirs: «N'appelez pas, nous vous appellerons s'il y a lieu.» Quelques semaines plus tard, elle reçut un coup de téléphone d'un réalisateur qui lui offrait à l'essai un contrat pour l'émission «Fémina», consacrée aux affaires publiques et destinée aux femmes. Elle y aurait pour tâche d'expliquer en termes simples certaines questions d'actualité. Arrivée au studio, elle apprit que, vu le caractère très sérieux de l'émission, celle-ci commencerait par une leçon de cuisine de huit minutes, propre à accrocher l'attention des auditrices. Cette formule un tantinet condescendante allait poser un problème imprévu: sachant que Maurice allait se lancer en politique, Jeanne avait l'intention de se présenter sur les ondes sous son propre nom de Jeanne Benoit; or, coïncidence ennuyeuse, la personne qui donnait ce jour-là la leçon de cuisine n'était autre que... Jehane Benoit. Résultat: notre Jeanne dut revenir au nom de Sauvé, qu'elle allait arborer tout au long de sa carrière.

Sa première apparition à «Fémina» fut un tel succès qu'on lui confia en permanence une tranche de l'émission, ce qui marqua le point de départ d'une longue relation avec la Société Radio-Canada. Et, chose plus importante encore à ses yeux, la radio lui ouvrait la porte de la télévision, objet de sa convoitise.

Car Radio-Canada venait justement d'introduire au pays la télévision. Le public était à ce point fasciné par ce nouveau média que les heureux propriétaires d'une télé (et certains s'endettaient pour s'en procurer une) en devenaient esclaves au point de regarder tout ce qui défilait sur le petit écran. Au cours des années 50, la télévision vivait son âge d'or, et Radio-Canada, qui attirait les meilleurs talents du pays, devint un haut lieu de la création. Le domaine était vierge: aucun principe directeur n'y balisait l'action des intervenants, tout y était improvisation. La production «en direct» de toutes les émissions apportait un élément de spontanéité qui servait non seulement les réalisateurs, mais aussi les acteurs. Autre avantage: détentrice d'un monopole sur tout le pays, Radio-Canada était assurée que tous les téléspectateurs regardaient ses émissions.

En décembre 1952, Jeanne reçut un coup de téléphone d'Yvette Pard, réalisatrice au réseau de télévision française de Radio-Canada: Mme Pard était à la recherche de quelqu'un qui pût renseigner les femmes sur les colonies de vacances. «Vous ne pouviez mieux tomber, répondit Jeanne. C'est moi qui ai dressé le répertoire des colonies de vacances du Québec.» Elle décrocha le contrat et tout se déroula sans problème. Sous la direction de la même réalisatrice, Jeanne participa à plusieurs autres émissions télévisées. Son engouement pour ce nouveau média lui valait les taquineries de Maurice: «Tu irais jusqu'à payer Radio-Canada pour être devant les caméras!» On lui demanda un jour s'il lui plairait de faire une émission sur la couture; elle y montrerait comment confectionner une culotte de garçon. Le goût de la performance télévisée l'emporta chez Jeanne sur le sens du discernement: elle accepta. Hélas, ses connaissances en mécanique n'étaient pas à la hauteur de ses talents de couturière: sous le regard des caméras, la machine à coudre cafouilla, Jeanne s'énerva et l'émission finit en catastrophe. Elle en tira une leçon et fut désormais beaucoup plus circonspecte lors de la négociation des contrats.

Dès le début de sa carrière à la télé, Jeanne avait repéré une émission féminine qu'elle mourait d'envie d'animer et qui lui semblait taillée sur mesure pour elle. Pour paraître à son mieux, elle se présenta à l'audition dans une nouvelle et élégante robe de sa confection. L'audition se déroula sans problème, mais Jeanne eut la déception de voir écarter sa candidature. La raison qu'invoqua le réalisateur? En noir et blanc, on perdait tout l'effet des yeux bleu-vert, ce à quoi remédia par la suite un nouveau type de lentilles. Jeanne rencontra un autre problème quand ses cheveux blanchirent prématurément: les caméras créaient autour de sa tête un halo gênant. Mais avec l'avènement du téléviseur couleur, on vit disparaître l'auréole, pendant que les yeux bleu-vert ajoutaient à la séduction.

Jeanne, au fur et à mesure qu'évoluait sa carrière, rencontrait d'anciens collègues de la J.É.C. Durant les années 50, le public du réseau français était friand de débats télévisés. Jeanne fit souvent partie du groupe d'invités de l'émission «Les idées en marche», qu'animait son vieil ami Gérard Pelletier. On y trouvait souvent un autre invité, Pierre Trudeau, dans le rôle de «l'intellectuel officiel de gauche». Sa présence ne détonnait pas, eu égard aux thèmes que proposait Pelletier (ou Jeanne, quand celle-ci lui succéda comme animatrice): sujets à saveur gauchiste, comme «le droit à la grève dans la fonction publique», «l'université gratuite», «N.O.R.A.D.», ou «la gratuité des services médicaux». À plusieurs reprises, le premier ministre Maurice Duplessis tenta de faire supprimer l'émission. (Rien d'étonnant à cela: ses politiques gouvernementales n'étaient-elles pas la cible favorite de leurs discussions?) N'y parvenant pas, il voulut avoir la tête de Jeanne Sauvé et celle de Gérard Pelletier. Un jour, Radio-Canada céda presque et demanda à Jeanne de réviser ses positions; mais Jeanne répondit par un télégramme acéré et tint bon.

Profondément engagée dans la défense et la valorisation de la jeunesse, Jeanne avait été nommée secrétaire du comité canadien de l'Assemblée mondiale de la jeunesse. Alors que Maurice travaillait à la commission Gordon, Jeanne faisait le tour des bureaux du Gouvernement, recueillant des fonds pour organiser, à l'intention de la jeunesse étudiante, des voyages et des assemblées à travers le Canada. Les voyages — elle en avait la conviction — élargiraient l'horizon des jeunes, et les assemblées leur fourniraient des tribunes où discuter de leurs problèmes. Comme elle le disait: «Ç'aurait été merveilleux pour l'unité du pays, et cela aurait de plus coupé l'herbe sous le pied à un certain nationalisme québécois outrancier.» Mais le gouvernement fédéral ne voulait rien entendre: il trouvait à cette initiative des relents d'enrégimentation qui auraient rappelé les jeunesses fascistes ou hitlériennes.

Devant le refus des milieux gouvernementaux, Jeanne eut une autre idée: pourquoi ne pas rejoindre les jeunes par le biais de la télévision? Sans aucune expérience de la télévision anglaise, elle s'en fut rencontrer à Ottawa l'un des plus brillants et jeunes réalisateurs de la C.B.C., Michael Hind-Smith, et lui proposa la création d'une «émission-forum» qu'elle animerait à l'intention des jeunes. La formule était simple — Jeanne se chargeait du script ainsi que du choix des participants — et plut à Hind-Smith, qui connaissait Jeanne de réputation. Ce qui impressionnait le plus ce dernier, c'étaient l'espèce d'«empathie» qui reliait Jeanne à ses jeunes invités et son art de les faire s'exprimer. «Elle ne prenait jamais un air trop solennel, raconte-t-il; elle avait toujours pour eux un clin d'oeil gentil et un bon mot.» Il lui arriva seulement une fois de sortir de ses gonds. Ce jour-là, on était sur le point d'entrer en ondes, et Pierre Bourgault était régisseur. (On sait que, dans toute production en direct, un régisseur est là pour faire le compte à rebours et, rendu à zéro, qu'il doit pointer du doigt l'acteur ou l'artiste pour lui indiquer que les caméras sont en marche.) Bourgault, donc, brandit une... banane qu'il pointa vers Jeanne.

Celle-ci, un instant décontenancée, put se ressaisir pour débiter son laïus d'introduction. Mais, sitôt le spectacle terminé, elle servit à Bourgault un de ces savons, le menaçant de lui faire retirer son poste s'il s'avisait de rééditer pareille plaisanterie. (Bourgault quitta par la suite Radio-Canada pour faire de la politique et fut élu président du Rassemblement pour l'indépendance nationale, mouvement séparatiste qui se fusionna en 1968 au Parti québécois.)

La demi-heure hebdomadaire de Jeanne était produite, pour diffusion locale, dans le studio outaouais de l'avenue Lanark. On l'avait d'abord inscrite pour quatre semaines à la grille horaire, mais, devant son succès, on l'y maintint trois mois.

Enhardie par cet accueil du réseau anglais, Jeanne se rendit à Montréal proposer pareille idée à Fernand Doré, directeur des émissions pour la jeunesse au réseau français. La formule du forum pour adolescents n'avait jamais eu cours en français; méfiant, Doré convint de la mettre à l'essai pour un mois et dans la seule région montréalaise. Sous le titre d'«Opinions», elle connut un succès tel qu'on décida bientôt d'en étendre la diffusion à tout le réseau français.

«Opinions» était tout entière l'affaire de Jeanne, qui déterminait les sujets de discussion, faisait les recherches, écrivait tous les textes et choisissait les participants. Dans son rôle d'animatrice, elle présentait le sujet à l'intention de ses quatre jeunes invités, puis avec adresse dirigeait la discussion. On introduisit bientôt sur le plateau un élément nouveau: la présence d'un psychiatre, le Dr Denis Lazure, appelé à interpréter les réponses des garçons et des filles. On abordait parfois des sujets aussi tabous que la sexualité chez les jeunes, l'autorité parentale, les relations prémaritales ou la discipline en milieu étudiant. Avec des thèmes aussi délicats, il fallait dénicher des jeunes à l'esprit articulé: Jeanne y parvenait au cours de ses tournées régulières dans les collèges, les écoles et les couvents, où elle interviewait des tas d'étudiants. Elle retirait de ces visites une extraordinaire connaissance des préoccupations de la jeune génération.

Ce qui incita Doré à continuer l'émission, ce fut le don d'«empathie» que Jeanne manifestait à l'égard des jeunes. Évoquant l'émission de Jeanne, il se plaisait à louer chez celle-ci «l'image d'intelligence et de responsabilité qu'elle projetait, la qualité de ses moyens d'expression, sa voix de velours, à la fois autoritaire et agréable. Et belle avec ça, mélange de jeune femme «sexy» et de grande dame».

Sa compréhension des problèmes de l'adolescence lui permettait avec ses jeunes invités un rapport privilégié. Sur le plateau, elle savait à merveille déclencher, par quelque question simple et désarmante, l'éloquence du plus timide. L'élément de surprise, joint à la spontanéité des réponses que suscitait l'animatrice, n'était pas étranger au succès de l'émission. D'après les sondages de Radio-Canada, il ne manquait pas d'adultes pour regarder cette émission destinée à la jeunesse. Après la discussion d'un sujet controversé, les téléphonistes de la Société recevaient des appels de parents en colère, mais les commentaires des adultes étaient généralement élogieux. Grâce à sa popularité, l'émission dura sept ans, de 1956 à 1963, et établit solidement la réputation de Jeanne. Celle-ci racontait récemment, en se souvenant de ces années: «Cette émission? Un plaisir! Jamais je n'ai eu l'impression de travailler. Je l'ai quittée de mon plein gré, par lassitude. C'était de la folie. Et tout l'argent que j'y ai fait!»

Si son nom était sur toutes les lèvres au Québec, sa réputation grandissait aussi au Canada anglais. Charles Lynch, journaliste de la presse écrite et de la presse électronique, participa avec elle à une série télévisée qui, en 1956, marquait le parachèvement du réseau pancanadien; il voyait en Jeanne une communicatrice exceptionnelle: «Elle avait deux dons: la vive curiosité du journaliste, mais aussi la distinction, la classe. Qualité rare à l'époque, et rare encore de nos jours. Elle m'impressionnait très fortement.»

En 1956, non contente de ses nombreuses activités de commentatrice, d'intervieweuse et d'animatrice aux réseaux français et anglais, Jeanne faisait aussi de la radio dans les deux langues. Elle était de plus en plus attirée par la politique et les affaires publiques — deux chasses gardées masculines dans le monde de la radio-télévision. Les moeurs interdisaient encore de prendre au sérieux une femme qui abordait l'un de ces deux sujets, et Jeanne fut une des premières Canadiennes à battre en brèche un tel mythe. Elle amorça en 1956 une participation régulière à «Trans-Canada matinée», émission de commentaires sur les affaires publiques et la politique, diffusée en anglais sur le réseau radiophonique de l'État. Ce contrat, qui rapportait à Jeanne quarante dollars par émission, dura jusqu'en 1964: pendant huit ans, donc, elle y figura jusqu'à deux fois par semaine. Elle inaugura aussi une émission du même type, à la radio française de CKAC. Mais ce furent ses apparitions à «Viewpoint» et aux «Idées en marche» qui la lancèrent dans le circuit des grandes émissions d'affaires publiques, sur les réseaux français et anglais de télévision. À quoi s'ajouta bientôt la rédaction d'éditoriaux pour des quotidiens des deux langues, comme *La Presse* et le *Montreal Star*. Tout cela avait déjà fait d'elle, dès 1959, une communicatrice en pleine possession de ses moyens et dont la célébrité s'étendait d'un océan à l'autre.

En 1959, voici Jeanne enceinte pour la troisième fois. Comme les deux précédentes grossesses s'étaient terminées par des fausses-couches en 1949 et 1954, la famille et les amis se préoccupaient fort du bébé attendu. Nullement obsédée par le désir de la maternité et consciente de ce que le souci qu'elle se ferait pourrait bien précipiter un nouvel accident, Jeanne chercha délibérément à ne pas s'en faire. Au grand soulagement de tous, la grossesse suivit un cours normal et, le 20 juillet 1959, Jeanne mit au monde un garçon en pleine santé. Jeanne, malgré ses trente-sept ans, avait choisi de faire un accouchement naturel, fondé sur le contrôle respiratoire plutôt que sur l'anesthésie. «Quelle expérience merveilleuse! dira-t-elle plus tard. Quelle source de satisfaction! En raison de mon âge, cela me parut un exploit.» Maurice, qu'on n'admit pas dans la salle d'accouchement, vit son fils peu après la naissance: «Il était tout gris et poisseux — mais magnifique!»

Ils le baptisèrent Jean-François, tout en sachant que plus tard ses amis le surnommeraient probablement «J.-F.». À peine né, l'enfant devint la prunelle de leurs yeux. «Avoir un enfant, dira Jeanne, c'est tout simplement extraordinaire; ça vous ouvre toute la gamme des émotions, c'est un amour tout différent. On fait tout pour eux, mais ils nous le rendent bien.»

À cette époque, Maurice travaillait pour le Parti libéral du

Québec et le couple habitait un duplex loué, rue Michel-Bibaud, au pied de l'oratoire Saint-Joseph. Les Sauvé profitaient déjà des services d'une bonne à plein temps, mais, pour l'arrivée de l'enfant, on retint aussi les services d'une nurse. L'exaltation que Jeanne avait connue à l'hôpital fit place, deux semaines plus tard, à une période de grave dépression. Pour comble de malheur, il y avait conflit avec la nurse, qui revendiquait le soin exclusif du bébé. Jeanne, désireuse d'apprendre à soigner l'enfant, ne se sentait pas à la hauteur. Le conflit dégénéra en une guerre d'usure, qui ne prit fin qu'avec le congédiement de la nurse. Jeanne s'occuperait désormais elle-même de Jean-François.

Trois mois après la naissance de son fils, elle reprit du travail à la pige, quoique sur une moindre échelle. Et le temps qu'elle y consacrait se passait surtout à la maison, à concevoir des scénarios ou à rédiger des éditoriaux. Elle ne quittait pas Jean-François de l'oeil: assise à sa table de travail, elle l'avait à ses côtés dans un berceau. Mais ce dévouement tourné en priorité vers l'enfant allait être mis à l'épreuve en novembre 1959, lorsque Jeanne se vit offrir par un réalisateur de la C.B.C. l'animation d'une émission spéciale d'une heure au réseau anglais de télévision; ce travail exigerait qu'elle voyage à travers le pays pour interviewer bon nombre d'éminents intellectuels. Offre alléchante, dont le refus pouvait compromettre sa carrière. Mais il faudrait évidemment quitter Jean-François: Jeanne préféra décliner l'offre. «Je nourris mon enfant», expliqua-t-elle au réalisateur, espérant être comprise. «Ça ne va pas? répliqua-t-il, ahuri. Vous n'avez qu'à lui donner le biberon!»

Jeanne n'avait pas à s'en faire. En plus de l'animation hebdomadaire d'«Opinions», elle avait décroché l'émission «Jeu de dame» sur les ondes de CKAC. Le printemps suivant — c'était en mai 1960 —, on la soumit à une autre tentation en lui offrant le poste de rédactrice en chef du nouveau magazine *Châtelaine-La Revue moderne*, édition française du *Chatelaine* torontois. L'éditeur de ce dernier, Lloyd Hodgkinson, et sa directrice Doris Anderson firent deux fois le voyage Toronto-Montréal pour tenter d'arracher l'accord de Jeanne. Celle-ci étudia sérieusement la proposition, mais finit par refuser, Jean-François n'ayant que dix mois. C'était encore une fois une question de priorités: Jeanne faisait passer au premier rang son rôle de mère.

Un mois plus tard, en juin 1960, «Opinions» célébrait par un spectacle spécial sa centième émission. Au cours d'une entrevue qu'elle donna à cette occasion, Jeanne eut à répondre à la question «Nos jeunes sont-ils heureux?» Elle répondit ainsi:

> Un adolescent n'est jamais très heureux, à cause de ses problèmes d'adaptation à la vie. Le fait de se poser des questions ne rend pas malheureux, mais c'est la façon inquiète et angoissée avec laquelle les jeunes posent des questions qui peuvent les rendre malheureux. Ils sont toutefois plus heureux que la génération précédente; leurs parents les comprennent mieux.

Jeanne et Maurice prirent part plusieurs fois à la conférence de Couchiching, tenue annuellement à Geneva Park, au lac Couchiching, sous les auspices du «Canadian Institute on Public Affairs». Il s'agissait de rencontres où l'on discutait de questions nationales et internationales. Maurice y participait activement, parfois même invité à une table ronde. Quant à Jeanne, c'est généralement à titre de journaliste qu'elle y assistait; à la conférence de février 1961, cependant, ce fut à titre d'animatrice d'une des tables rondes, première femme à qui on eût jamais confié ce rôle. Le *Globe and Mail* de Toronto salua même cette primeur dans un long article. Au journaliste du *Globe* qui lui demandait en quoi les Québécoises différaient de leurs consoeurs anglo-canadiennes, Jeanne répondit: «Les différences sont essentiellement culturelles et sociales. Nos idéaux sont les mêmes.» Puis elle ajouta, après un instant de réflexion: «Je crois cependant que nous sommes plus féminines, peut-être plus réservées que les Américaines.»

En mai 1961, Jeanne eut droit à une publicité moins désirable, à la suite de questions soulevées durant les audiences du Comité parlementaire sur la radio-télévision. Ces séances ne sont pas sans rappeler ces cirques où l'on attache au dos d'un ours un chien chargé de le mordre, le rôle de l'ours étant ici dévolu au président de Radio-Canada. On pourra juger du contenu des discussions — et du calibre intellectuel de certains participants —

d'après les interventions de Jack Horner, député conservateur de la circonscription d'Acadia (Alberta). Celui-ci accusa un jour Radio-Canada de recourir à un speaker étasunien pour couvrir le «Stampede» de Calgary; dans la même veine xénophobe, M. Horner qualifia de parfait cinglé le dramaturge irlandais Brendan Behan.

Jeanne fut prise à partie par Jean-Noël Tremblay, député conservateur de Roberval, dont chacun connaît la culture classique et la vivacité de tempérament. Tremblay s'opposait pour deux raisons à la présence de Jeanne à Radio-Canada: d'une part, elle était l'épouse d'un organisateur libéral bien connu au Québec et, d'autre part, elle avait invité René Lévesque à l'émission «Opinions». D'après lui, cela représentait un danger: pour qui? il se gardait bien de le dire. Alphonse Ouimet, président de Radio-Canada, reconnut que Lévesque avait profité de son passage à «Opinions» pour livrer un discours politique, mais il se porta à la défense de Jeanne en rappelant qu'elle avait été pigiste à la radio bien avant que son mari n'entreprît sa carrière politique; du reste, ajoutait Ouimet, le choix des invités est l'affaire du réalisateur.

Au moment où Tremblay critiquait Jeanne Sauvé devant le Comité parlementaire de la radio-télévision, l'incident Lévesque avait déjà trouvé son correctif dans l'apparition, à une autre émission d'«Opinions», de Jean-Jacques Bertrand, ancien ministre de l'Union nationale. Mais la sortie de Tremblay faisait déjà la une des journaux, français comme anglais, et semait le doute sur l'impartialité de Jeanne comme commentatrice politique. Seize ans plus tard, ironie du sort, Tremblay ayant quitté l'arène politique et Jeanne Sauvé étant devenue ministre dans le cabinet libéral — celui-ci devint membre de son personnel, à titre de rédacteur de discours. Encore aujourd'hui, ils sont bons amis et Tremblay continue de rédiger des discours pour elle, cette fois à titre d'attaché culturel à la résidence du gouverneur.

Jeanne craignait que l'affaire Lévesque ne compromît sa carrière. Bien à tort, puisque, quelques semaines plus tard, elle se voyait offrir par la C.B.C. une affaire en or: il s'agissait d'interviewer, pour une émission spéciale de «Inquiry», les anciens chefs des trois partis politiques fédéraux. Le réalisateur, Patrick Watson, l'avait lui-même choisie pour l'avoir vue travailler à la télévision française et anglaise: il l'avait trouvée «éblouissante», selon sa propre expression. «Dans une entrevue, elle savait poser les questions qui fournissaient des fils conducteurs. Elle avait un merveilleux sens de l'humour et savait, avec une adresse consommée, glisser au bon moment la question difficile. Elle n'était pas belle au sens conventionnel du mot, avec ses bajoues de tamia rayé; mais ravissante, elle l'était. Une présence remarquable. Elle avait une qualité que l'on ne retrouve que chez les véritables vedettes, que ce soit Barbara Streisand ou Alec Guinness: elle crevait l'écran.»

On tourna la première entrevue dans l'appartement outaouais de M. J. Coldwell, ancien chef de la «Cooperative Commonwealth Federation» (C.C.F.), formation qui avait donné naissance au Nouveau Parti démocratique. Jeanne prit à l'entretien un plaisir extrême et trouva en M. Coldwell un homme charmant et sincère. L'entrevue qui devait suivre avec George Drew, ancien chef progressiste conservateur, fut remise puis annulée, en raison du mauvais état de santé de l'invité.

Mais le volet principal, et le plus difficile, fut l'entretien avec Louis-Stephen Saint-Laurent. Il fut tourné en juillet à la résidence d'été de l'ancien premier ministre, à Saint-Patrice de Rivière-du-Loup, sur la rive Sud du Saint-Laurent. Ennuyé de l'interruption de ses vacances, Saint-Laurent refusa à l'équipe de la C.B.C. l'accès à la maison et insista pour que tout fût tourné dans la partie basse du jardin, près des écuries. Jeanne étala sur trois matinées l'enregistrement de sept heures et demie de conversation avec l'ancien chef libéral. Celui-ci, très bourru au début, se dégela progressivement voyant comment Jeanne s'était bien préparée à l'interviewer; il retrouva bientôt le ton paternaliste qui lui avait valu le surnom d'«Oncle Louis». Mais la rencontre fut pour Jeanne une lutte continuelle.

Cette semaine-là, Maurice accompagnait Jeanne à Saint-Patrice. Entre deux séances de tournage, les Sauvé parcouraient la campagne en compagnie de Patrick Watson, à bord de la nouvelle Peugeot de Maurice. Watson, qui venait de se faire amputer de la jambe gauche et marchait appuyé sur des béquilles, fut touché des attentions que le couple multipliait à son égard. Maurice, par exemple, avait convaincu Watson de prendre le volant de la Peugeot, qui était munie d'un embrayage électrique à contrôle manuel; cette première expérience de la conduite automobile depuis la perte de sa jambe fut pour Watson d'un grand réconfort.

En septembre de la même année, Watson, retenu à Montréal pour l'ajustement d'un membre artificiel, logea pendant deux semaines chez les Sauvé. Ceux-ci, qui depuis leur mariage avaient toujours été locataires, venaient de s'acheter en juin une grande maison de brique rouge, avenue McDougall à Outremont. D'abord modestement meublée, cette demeure devint au long des années une véritable galerie de meubles québécois en pin, d'exquises argenteries anciennes et de chefs-d'oeuvre d'art canadien. Dès son arrivée, Patrick Watson fut frappé par l'atmosphère de chaude hospitalité qui régnait dans cette demeure. Plus qu'invité il s'y sentait comme un membre de la famille — une famille dont l'attention était tournée vers le plus jeune membre, Jean-François, alors âgé de deux ans. Celui-ci pleurait-il, Jeanne le serrait doucement dans ses bras et lui murmurait des câlineries du genre «Mon petit trésor d'amour»; quant à Maurice, il prenait son fils sur ses genoux et lui parlait d'un ton viril: «Eh bien, l'ami, pourquoi on s'agite?»

La maison de l'avenue McDougall, dont les Sauvé sont encore propriétaires, avait été construite dans les années 20. Elle s'inscrivait dans une suite de maisons bourgeoises bordant cette petite rue tranquille. Pour Maurice, c'est encore «le château». Rien, certes, ne la distingue extérieurement de ses voisines, mais ses pièces élégantes et spacieuses se prêtent bien aux réceptions qui font la joie de Jeanne. Celle-ci érigea vite en tradition ces rencontres sans cérémonies, où les amis pouvaient se pointer en tout temps pour boire un pot ou causer. Ces petits «salons» attiraient généralement des groupes où se côtoyaient francophones et anglophones issus des médias, des professions libérales, de la politique ou des affaires. Écoutons un vieil ami vanter l'hospitalité de Jeanne: «Elle savait vous improviser un dîner en un tournemain; c'était la meilleure hôtesse que j'aie connue.» Jeanne avait un faible pour les dîners à huit convives — bien qu'elle pût en asseoir plus d'une douzaine autour de la longue table de réfectoire qui trônait au milieu de la salle à manger. Durant la carrière politique de Maurice, elle recevait parfois deux personnes seulement, sans se mettre elle-même à table avec les invités. Patrick Watson se rappelle avoir vu Mike Pearson prendre ainsi un repas à deux. Pour une occasion aussi insolite, Jeanne avait servi une de ses spécialités, le steak flambé: filet mignon baignant dans une fine sauce au beurre, flambé au brandy et saupoudré de poivre frais moulu. Pendant que, dans la salle à manger, Maurice et le chef du Parti libéral causaient politique devant leur steak, Jeanne partageait le même menu avec une amie dans la cuisine.

L'entretien avec Louis Saint-Laurent fut diffusé sur le réseau national en octobre 1961. Il reçut un accueil mitigé. La revue *Time* écrivait pour sa part: «Durant les trente minutes qu'on a choisies pour les diffuser dans le cadre de «Inquiry», l'intervieweuse, hélas, ne va guère plus au fond des choses que s'il s'agissait du temps qu'il fera demain. Malgré tout, «Inquiry» nous a, chose rare, montré un peu du Louis Saint-Laurent dont les Canadiens gardent le souvenir: gentleman, courtois, racé, fort discret, et un peu étonné encore d'avoir un jour atterri en politique.»

Jeanne avait elle-même fait toutes les recherches d'ordre biographique et mené les entretiens. Son cachet — environ dix mille dollars pour l'ensemble de la série consacrée aux trois anciens chefs de partis — représentait à l'époque une somme rondelette. Et qui plus est, Jeanne avait créé un précédent en intégrant à son contrat une clause sur les droits résiduels, s'assurant ainsi une rémunération pour chaque diffusion ultérieure, partielle ou totale. Maurice, qui lui reprochait volontiers sa mollesse en affaires, dut reconnaître dans cette clause la marque d'une fine négociatrice.

On put apprécier encore cette habileté quand, en 1961, Jeanne fut élue au conseil de l'Union des artistes. Ce syndicat représentait la plupart des artistes de la télévision française, ainsi que beaucoup d'autres artistes du théâtre et de la publicité. L'Union jouait pour eux un rôle capital, en ce qu'elle négociait avec leurs employeurs le niveau minimal de la rémunération ainsi que les conditions de travail.

Quand, au printemps 1962, Maurice sortit des coulisses de la politique pour se faire élire au Parlement, Jeanne, désireuse d'être présente à ses côtés, révisa l'agenda de ses activités de radio-télé.

Rarement, jusque-là, avait-elle quitté le petit Jean-François, âgé de deux ans; souvent même elle l'emmenait avec elle au studio. C'était pour elle un crève-coeur que de le laisser plus d'une semaine. Mais, quand elle dut séjourner aux Îles-de-la-Madeleine, Jean-François fila le parfait bonheur avec Mme Lambert, depuis longtemps gouvernante chez les Sauvé. Bien que son fils lui manquât, Jeanne, à peine arrivée aux Îles, fut happée par la campagne électorale. Elle y mordit à belles dents, parcourant le comté pour adresser la parole aux femmes, collaborant à l'organisation et à la stratégie de la campagne, et faisant, pour couronner de si longues journées, la popote à l'intention de Maurice et d'autres membres de l'équipe. À l'annonce des résultats de l'élection, on ne savait plus très bien qui, de Jeanne ou de Maurice, en était le plus heureux. Les amis de longue date sont unanimes à cet égard: les Sauvé, en plus de former un couple extraordinairement uni, sont l'un pour l'autre des admirateurs inconditionnels.

À partir de l'élection de Maurice à la Chambre des communes, il leur arriva souvent de partager la même tribune pour la défense et la promotion de l'unité canadienne. C'est ainsi qu'en janvier 1964, tous deux prirent la parole devant une assemblée convoquée à Toronto par le Comité Pro-Canada, que parrainaient, entre autres, Claude Bissell et Murray Ross, respectivement présidents de l'Université de Toronto et de l'Université York. Maurice prévint ses auditeurs que, faute d'agir promptement, on risquait de voir le mouvement séparatiste québécois prendre une ampleur qui le rendrait impossible à enrayer. Jeanne, de son côté, parla des jeunes Canadiens français qui attendaient alors leur procès pour le meurtre d'un gardien de nuit dans l'explosion d'une bombe: on courait le risque de faire de ces jeunes des martyrs. Jeanne avait entendu dire que des étudiants de l'Université de Montréal préparaient une manifestation en faveur de ces terroristes: «Si, disait-elle, une vague de sympathie venait à brouiller la frontière entre les gestes commis et le traitement infligé, j'ose à peine penser à ce qui pourrait arriver.»

Le mois suivant, Jeanne adressait de nouveau la parole à Toronto, cette fois devant la chambre de commerce des jeunes à l'occasion du dîner annuel appelé le *Ladies' Night Dinner*. Elle aborda plusieurs questions, dont celle du biculturalisme. Même si les Canadiens en ont plein les oreilles du biculturalisme, croyait-elle, notre devoir est d'appuyer celui-ci tant que le séparatisme fleurira au Québec. «Autrement, concluait-elle, c'est-à-dire si vous substituez à la notion de biculturalisme celle de «deux nations», eh bien! nous finirons par vraiment devenir deux nations distinctes.»

À peine de retour à Montréal, Jeanne repartait vers l'Ouest en tournée de conférences. Pour ce voyage, elle faisait partie d'un groupe de trois conférenciers chargés d'apporter, devant des auditoires de grandes villes, leurs réponses à la question suivante: «Au Québec: révolution ou renaissance?» Les deux autres conférenciers étaient Claude Ryan, rédacteur en chef du quotidien *Le Devoir*, et Guy Beaugrand-Champagne, conseiller auprès du ministère québécois de la Jeunesse. Cette table ronde, parrainée par l'Association canadienne pour l'éducation des adultes, avait pour objectif de faciliter la compréhension entre Canadiens de l'Ouest et Québécois. Le trio québécois reçut un accueil d'une étonnante chaleur, auprès de vastes auditoires réunis à Régina, à Winnipeg, à Edmonton et à Vancouver. Les conférenciers devaient en partie leur succès à l'humour dont ils émaillaient un propos pourtant fort sérieux. À Edmonton, par exemple, tous trois tombèrent d'accord sur la nécessaire liberté du bilinguisme: on ne devrait jamais forcer un Canadien à devenir bilingue. Et Jeanne d'évoquer, pince-sans-rire, la crainte de certains Québécois de voir les anglophones se ruer vers l'étude de la langue française: «Si cela se produit, ajouta-t-elle, nous ne pourrons plus compter sur les emplois réservés aux bilingues!»

À l'issue de cette tournée, Jeanne reprit l'avion pour Montréal et, de là, repartit aussitôt pour Ottawa, où devait s'ouvrir la session du Parlement. Cérémonie de bon augure pour les Sauvé, puisque Maurice venait d'être nommé ministre des Forêts. Désormais contraint à de plus longs séjours dans la capitale, Maurice loua une maison de pierre sur l'avenue King-Edward et y emménagea avec sa famille. Leur mode de vie s'en trouva changé, puisque Maurice avait jusque-là vécu en chambre, ne passant à Montréal que les week-ends. Mais l'accession de Maurice au rang de ministre en vint à bouleverser même la carrière de Jeanne.

À cette époque, Jeanne animait au réseau français de télévision deux émissions hebdomadaires; elle préparait également pour la télévision une série de treize émissions sur la situation des femmes face au marché du travail. Avec en main de tels atouts — sans compter d'autres propositions qu'on lui avait soumises —, elle était au faîte de sa carrière. À un reporter de l'*Ottawa Journal* qui l'interrogeait sur son rôle d'épouse de ministre, Jeanne avait répondu: «Les femmes doivent se battre contre le préjugé qui leur demande de rester tranquilles chez elles à se pomponner. Je travaille, et j'espère continuer de le faire. Ça me paraît important pour les femmes de sortir de chez elles et de réaliser quelque chose.»

Tel n'était pourtant pas l'avis de Louis-Joseph Pigeon, député conservateur de Joliette-L'Assomption-Montcalm. Début juin 1964, trois mois avant que Maurice ne lui coupât l'herbe sous les pieds, Pigeon dénonçait Jeanne en pleine Chambre des communes. Il se faisait tard, et son discours prenait l'allure d'une diatribe redondante et décousue. Des extraits du *Journal des débats* nous livrent l'essentiel des doléances de Pigeon:

Monsieur le président, l'épouse du ministre des Forêts (M. Sauvé) est l'animatrice de nombreuses émissions d'opinions pour le compte de la Société Radio-Canada. Je ne puis faire autrement que de dénoncer ce *family compact*. Le ministre des Forêts touche une indemnité de trente-cinq mille dollars par année et son épouse retire, en cachets de la Société Radio-Canada, la somme d'à peu près quinze mille dollars par année. De plus, elle est membre de la Commission du centenaire de la Confédération.

Monsieur le président, l'épouse du ministre des Forêts est gênante pour les employés de la Société Radio-Canada, et sa présence au sein de cette société constitue une forme de chantage auprès des autorités de Radio-Canada, qui n'osent pas la congédier. Au fait, qu'arriverait-il au chef de service en question qui oserait congédier l'épouse d'un ministre de la Couronne? Radio-Canada passe, et bien injustement, pour une officine ou La Mecque du Parti libéral, à cause de la présence de l'épouse du ministre des Forêts.

Monsieur le président, la femme de César doit être au-dessus de tout soupçon. César Sauvé, «sauvez» (avec un *z*)

César! La femme de César n'a pas le droit de s'exposer à des soupçons même si ces soupçons sont de l'ordre de quinze mille ou de vingt mille dollars par an, retirés de la Société Radio-Canada pendant que César Sauvé, son époux, s'en *sauve* avec trente-cinq mille dollars par an comme ministre de la Couronne.

J.B. Stewart, adjoint parlementaire auprès du secrétaire d'État, nota d'abord dans sa réponse la difficulté qu'il éprouvait à cerner la question de M. Pigeon. À l'origine, celle-ci mettait en doute l'opportunité de nommer Madame Sauvé membre de la Commission du Centenaire. Stewart expliqua que cet organisme était composé de soixante personnes, dont chacune avait apporté sa contribution au bien du pays, et dont l'ensemble constituait un éventail représentatif de la diversité du Canada. Les membres de cette commission ne recevaient aucun salaire, mais seulement une allocation quotidienne de dépenses lorsqu'ils participaient aux réunions. Et M. Stewart de conclure:

Madame Sauvé a été nommée membre de la Commission le 15 octobre 1963. Elle avait participé à de nombreux organismes régionaux ou pancanadiens. Elle avait été fort active à la radio, à la télévision et dans d'autres médias. Elle est bien au fait des problèmes canadiens — et, monsieur le président, elle est bilingue.

À la suite des accusations portées contre elle en Chambre, Jeanne déclarait à un reporter de la Presse Canadienne: «Les commentaires de nature politique, j'ai cessé d'en faire il y a deux ans, dès après la première élection de mon mari au Parlement. Je ne vois cependant pas pourquoi je tairais mes opinions sur d'autres sujets: après tout, la femme de Monsieur X reste libre d'avoir ses idées, n'est-ce pas?»

Une attitude aussi fière ne manqua pas de faire rugir quelques journaux radicaux du Québec. L'un d'eux, *La Frontière*, y alla d'un article injurieux coiffé d'un «Jeanne Sauvé s'accroche à Radio-Canada». Citant comme parole d'évangile le discours de Pigeon, l'éditorialiste dénonçait «le scandale de Radio-Canada» et enjoignait Jeanne d'abandonner tout travail pour cette société d'État. Jeanne ne tint aucun compte de ces gens qui faisaient flèche de tout bois, mais il reste que les attaques de Pigeon marquèrent un repli temporaire de sa carrière. «Quand vous êtes à la pige, des critiques de ce genre vous rangent aux oubliettes pour quelque temps!»

Ennuyée de la camisole de force que lui imposait la politique, Jeanne pensa sérieusement abandonner la presse électronique pour le journalisme écrit. Elle était à bout, quand elle se vit offrir l'un des trois principaux postes d'éditorialistes à *La Presse*. Elle aurait volontiers accepté, mais la direction du journal retira l'offre *in extremis*, par crainte de voir le syndicat des employés se rebeller contre l'intrusion d'une *outsider* (comme on dit dans le métier).

Au cours de cette même année 1964, Jeanne Sauvé devint la première femme à se faire élire à la présidence de l'Institut canadien des affaires publiques — qui représent au Canada français l'équivalent du «Canadian Institute on Public Affairs». À prestige égal, les deux organismes différaient par leur langue d'usage, évidemment, mais aussi par le style de leurs rencontres. Les Conférences Couchiching se tenaient dans un décor austère où les participants partageaient des salles de bains communes et une cuisine insipide. Les membres de l'Institut, au contraire, se réunissaient dans un luxueux hôtel des Laurentides, où ils se tapaient des repas fins et des vins de grands crus. De là les taquineries que les gens de l'Institut décochaient à leurs collègues anglophones: «Pour discuter de questions nationales ou internationales, leur disaient-ils par exemple, point n'est besoin d'être dans l'inconfort total.»

En 1966, Jeanne fut élue secrétaire générale de la Fédération des auteurs et des artistes du Canada. Formé de francophones, ce syndicat se donnait pour mission de régler les problèmes locaux, en concertation avec l'A.C.T.R.A. (ou «Alliance of Canadian Cinema, Television and Radio Artists»). À la Fédération, Jeanne fut pendant six ans la secrétaire générale et la cheville ouvrière; elle se préoccupa non seulement du bien des membres, mais aussi du niveau de qualité de l'industrie. Dans un article qu'elle écrivit en 1967 pour le magazine de l'A.C.T.R.A., elle reconnaissait que l'avènement de la couleur avait marqué pour la télé la fin de la période héroïque.

Mais, enchaînait-elle, la télévision canadienne semble, après quinze ans, à la recherche d'un second souffle. Si le public ne manifeste plus l'engouement des débuts, il ne faut pas l'attribuer à la seule usure de l'élément «nouveauté» du média; c'est aussi que ce public est carrément déçu devant la piètre qualité de certains divertissements télévisés...

Dans le domaine de l'information, auquel je me suis toujours intéressée de très près, j'ai le sentiment que la télévision — entendons par là la Société Radio-Canada, puisqu'elle seule a apporté à cet égard une contribution valable — la télévision, dis-je, n'a pas encore trouvé sa voie pour ce qui est du traitement de l'information. La nouvelle télévisée reste encore un journal, dont une jolie voix vous fait la lecture sur un fond de scène passable. Les reportages pris sur le vif sont encore minces. On est loin de ce que la télé devrait faire, c'est-à-dire offrir au public l'occasion de vivre l'événement au moment où il se produit: seule façon pour chacun de se faire une opinion — la sienne — plutôt que de s'en remettre au récit de quelqu'un d'autre. Les nouvelles, à la télé, constituent encore aujourd'hui un spectacle moche. Il faudrait investir plus d'argent dans le traitement de l'information, afin de hausser les standards de la télé.

L'été 1967 marqua une étape dans la vie de Jean-François Sauvé: à l'âge de huit ans, il prenait le large pour la première fois en partant seul pour une colonie de vacances. C'était le camp Ahmek, situé au bord du lac Canoe, dans le parc Algonquin. Son fondateur, Taylor Statten, l'avait créé en 1922 pour en faire «un lieu de rassemblement à l'intention des garçons et des jeunes hommes à l'avenir prometteur». Malgré l'excellente réputation de l'établissement et malgré ses installations très au point, Jeanne et Maurice avaient refusé d'y envoyer leur fils; ils craignaient que celui-ci fût trop jeune et se sentît dépaysé parmi les campeurs, la plupart de langue anglaise. (Il s'agissait, bien sûr, d'un bastion de l'*establishment* anglais, mais on y trouvait aussi chaque été un certain nombre de Canadiens français.) Jean-François, qu'un compagnon avait cuisiné, avait insisté. Les parents avaient cédé à contrecoeur, mais à une condition: il y passerait les quatre semaines prévues. Convaincus qu'il se mourait d'ennui, ils s'imposèrent dès la fin de la seconde semaine le long trajet de Montréal au parc Algonquin pour lui rendre visite. Surprise et consternation! Jean-François ne semblait pas particulièrement heureux de les voir. Le coeur chaviré devant une telle indifférence, les parents reprirent ce soir-là la route du retour. Maurice, la vue brouillée par les larmes, dut stationner l'auto au bord de la route; et Jeanne, toute en pleurs, n'était pas plus en état de prendre le volant. De retour à Montréal, elle interrogea le Dr Denis Lazure sur le comportement de son fils. Lazure (avec qui elle avait travaillé à l'époque de l'émission «Opinion») lui assura que tout cela était parfaitement normal: Jean-François, dans ce milieu nouveau pour lui, ne pouvait tout simplement pas entrer en rapport avec ses parents.

L'enfant aima tellement le camp Ahmek qu'il y passa huit étés, sans compter les cinq séjours qu'il y fit ensuite comme moniteur. Il lia là de solides amitiés et s'intégra fort bien à l'amicale des campeurs.

En 1968 (année où elle participa à Moscou à une rencontre d'écrivains de cinéma et de télévision), Jeanne fut élue vice-présidente de l'Union des artistes. Sa plus belle réussite au service de l'Union fut l'entente qu'elle négocia avec Radio-Canada, et par laquelle la Société s'engageait à affecter telles sommes à la production et telles autres à l'administration. Cela ne s'était jamais vu. Aussi Radio-Canada hésita-t-elle à stipuler les montants dans un contrat en bonne et due forme, préférant les inscrire dans une lettre d'intention, moins contraignante. Or, par erreur, Radio-Canada majora d'un million de dollars, dans cette lettre, le montant prévu. Une semaine s'était écoulée quand Jeanne, prenant à l'aéroport d'Ottawa l'avion qui devait l'emmener à Montréal pour les funérailles d'André Laurendeau, fit la rencontre du négociateur en chef de la Société. Celui-ci l'interpella: «Jeanne, il va falloir que vous nous rendiez cette lettre!» Feignant la surprise, elle lui demanda la raison d'une telle requête. L'autre perdait patience: «Vous savez très bien pourquoi: elle contient une erreur!» Jeanne tint la dragée haute, mais finit par rendre la lettre. Car, même une fois défalquée l'erreur d'un million, l'engagement soutiré de Radio-Canada restait confortable.

Quelques mois après ces incidents, Maurice abandonna la politique, et la famille regagna Montréal. Jeanne était à la fois bouleversée et soulagée: bouleversée par toutes les machinations qui avaient entraîné la chute de Maurice, mais soulagée de voir celui-ci désormais soustrait au stress et aux heurts de la vie politique. Heureuse aussi de mettre fin à la navette qu'ils faisaient l'un et l'autre entre Ottawa et Montréal.

L'année suivante, Jeanne put élargir sa perspective sur les relations employeurs-employés, grâce à son élection au conseil d'administration de trois entreprises de radiodiffusion: la station radio CKAC, le réseau Télémédia, et Bushnell Communications Limitée. Désormais membre de la direction de ces entreprises privées, elle trouva stimulante la notion de profit et prit un véritable plaisir à élaborer des politiques. Mais elle trouvait abrutissants les détails administratifs — en particulier les interminables heures passées à étudier pour Bushnell Communications les prospectus d'émission d'actions. Elle participa activement à ces conseils jusqu'à son entrée en politique en 1972.

L'automne 1970 fut marqué par l'irruption de la violence terroriste au Québec. Le 5 octobre, en effet, un commando du F.L.Q. (ou Front de libération du Québec) kidnappait, à sa résidence de l'avenue Redpath à Montréal, le principal délégué commercial de Grande-Bretagne, M. James Cross. Après l'enlèvement, le F.L.Q. exigeait une rançon de cinq cent mille dollars en lingots d'or, la libération de vingt-trois prisonniers politiques et la diffusion de son manifeste sur le réseau national de radio-télévision. Or il y avait parmi les «prisonniers politiques» cinq personnes en attente de procès pour homicide, trois inculpées de meurtre, un homme purgeant une sentence pour attaque à la grenade, et un autre accusé de dix-sept vols à main armée. Le Gouvernement refusa de libérer les prisonniers, mais fit diffuser le manifeste du F.L.Q. sur le réseau de télévision le 8 octobre. Deux jours plus tard, le F.L.Q. kidnappait Pierre Laporte, ministre québécois du Travail et de l'Immigration, alors qu'il jouait au football chez lui avec son fils. Avec cet enlèvement, la situation devenait extrêmement grave. Robert Bourassa et ses principaux ministres s'installèrent à l'hôtel Reine-Élisabeth, dans une suite sous bonne garde. L'anarchie flottait dans l'air, et la rumeur courait qu'une junte séparatiste allait s'emparer du pouvoir à Québec.

Durant la soirée du 12 octobre, Jeanne participa à une émission spéciale du réseau de télévision de C.B.C. Celle-ci, intitulée «Kidnapping» et animée par Norman DePoe, était diffusée en direct et faisait appel à des interlocuteurs postés dans les studios d'Ottawa, de Montréal et de Toronto. Au nombre des personnes interviewées, on comptait Pierre Trudeau, Robert Stanfield, Réal Caouette et l'avocat du F.L.Q., Robert Lemieux. À titre de pigiste, Jeanne, du studio de Montréal, apportait ses commentaires d'ordre politique. Sitôt terminée cette émission très écoutée, un ancien collaborateur des campagnes de Maurice emmena Jeanne à New York. Elle y arriva à cinq heures trente le lendemain matin, après avoir dormi durant presque tout le trajet. Elle descendit à l'hôtel pour s'y rafraîchir, puis se fit conduire en taxi au studio de C.B.S., où elle était l'invitée du «Morning Show». Interviewée par Barbara Walters, Jeanne fournit aux téléspectateurs étasuniens un rapport de première main sur la crise felquiste, puis regagna Montréal le jour même.

L'épisode felquiste angoissa terriblement Jeanne. Au début, la plupart des Québécois n'y voyaient qu'une frasque de quelques jeunes en mal de publicité pour le mouvement séparatiste — mouvement à l'égard duquel on manifestait une certaine tolérance, et même de la sympathie. Mais après l'enlèvement de Pierre Laporte, la situation devenait carrément alarmante. Jeanne sentait qu'il lui faudrait parler haut et fort — et beaucoup de ses collègues la pressaient de le faire. Mais elle ne voyait pas très clairement ce qu'elle voulait exprimer. Le kidnapping de Laporte marquait pour les Sauvé un coup dur personnel: les deux familles se visitaient souvent et avaient même passé ensemble un congé de Pâques en Floride. L'âme torturée, Jeanne consacra à la crise plusieurs éditoriaux, dont un (sur lequel elle passa une nuit blanche) pour le quotidien français *Le Monde*, et un autre pour le *Montreal Star*. Dans ce dernier, publié le 13 octobre, elle passait en revue les bouleversants événements de la semaine pour conclure comme suit:

Nous traversons cette crise par les seuls moyens qui soient en notre pouvoir: la stratégie traditionnelle et la raison. La force appelle la force; il faut faire face au terrorisme avec courage et franchise. Dans le scénario qui se déroule sous nos yeux, deux hommes symbolisent les valeurs que nous entendons préserver. Dans un plateau de la balance, la vie de ces deux hommes; dans l'autre, notre force morale et notre sens de l'autorité. Équation piégée, que nous impose l'arrogance de quelques-uns...

Si le Gouvernement résiste aux terroristes, ceux-ci vont-ils comprendre son langage? Si nous employons la fermeté, sommes-nous sûrs que notre message sera entendu d'eux?

Nous ne saisissons pas la philosophie du F.L.Q., et celui-ci n'admet pas la nôtre. Nous voici en présence d'une forme de protestation organisée et violente. D'autres violences suivront. Et la mort de deux otages n'y ferait rien, ne résoudrait rien en pratique.

Alors, expédions ces jeunes hommes à Cuba ou en Algérie, où ils pourront vivre leur credo révolutionnaire. Et écartons-les...

Le premier ministre Trudeau sortit furieux de la lecture de cet éditorial, trop indulgent à ses yeux pour les terroristes. Plusieurs mois plus tard, au cours d'un dîner, Jeanne apprit de Paul-André Bissonnette (haut fonctionnaire à Ottawa et ami commun) que Trudeau avait qualifié d'inepte l'article du *Star*.

Deux jours après cette publication, le premier ministre Bourassa demandait l'aide militaire du gouvernement fédéral. Moins d'une heure après cet appel, arrivait à Montréal un bataillon du Royal 22e Régiment, qui occupa les points stratégiques de la ville. Le lendemain, au lever du jour, le premier ministre Trudeau invoqua la Loi sur les mesures de guerre, qui conférait à son gouvernement pleins pouvoirs pour mettre fin aux troubles où était plongé le Québec. Le 18 octobre, on découvrait le cadavre de Pierre Laporte dans le coffre d'une automobile stationnée en banlieue de Montréal: les felquistes avaient étranglé leur otage. La violence terroriste connut là son point culminant, puis se résorba. Après avoir libéré Cross, les terroristes obtinrent des sauf-conduits pour Cuba.

Peu après la crise du F.L.Q., Jeanne fit partie, en 1971, d'un petit groupe de Canadiens en tournée aux États-Unis. Le périple, parrainé par un organisme étasunien voué aux affaires publiques, avait pour but d'expliquer à nos voisins du Sud ce qu'était le Canada et ce que le Québec attendait de la Confédération. La tournée attira peu de monde et, aux dires de Jeanne, n'atteignit guère ses buts. Un des conférenciers, Douglas Fisher, journaliste et ancien député néo-démocrate, se rappelle fort bien Jeanne pour avoir eu avec elle des prises de bec au cours de discussions publiques. Socialiste, Fisher n'était d'accord ni avec Jeanne ni avec Maurice Sauvé (dont il croyait à tort qu'ils avaient reçu leur fortune en héritage). Mais il avait beaucoup d'admiration pour le couple qu'ils formaient. «Leur relation s'appuyait sur une immense tendresse. Chaque fois que, durant notre tournée, elle arrivait à l'hôtel, c'était pour y trouver des fleurs qu'il lui avait fait envoyer. La journée ne commençait ni ne se terminait pour eux sans une conversation téléphonique.»

Vers le milieu de l'année 1972, Jeanne sentit le besoin de relever de nouveaux défis. Après vingt ans passés à observer l'actualité et à la commenter, elle voulait y jouer un rôle plus actif et contribuer à modeler les événements. Et la politique lui paraissait le champ par excellence où exercer une certaine influence sur le cours des choses.

La première fois qu'elle avait été sollicitée d'y entrer, c'était en 1966: Jean Lesage avait fait des approches indirectes pour savoir si elle accepterait de briguer les suffrages sous la bannière libérale. Jeanne avait consulté là-dessus René Lévesque, alors ministre dans le gouvernement Lesage. «Toi et Maurice, avait-il répondu, vous feriez bien de choisir où faire votre lit: au fédéral ou au provincial?» Jeanne avait alors lancé, perplexe: «Tu crois donc qu'il y a conflit entre les deux allégeances?» Devant la véhémente réponse de Lévesque, Jeanne en vint à se demander ce qui retenait celui-ci dans le Parti libéral: «Là, je me suis rendu compte que Lévesque et moi n'étions pas sur la même longueur d'onde.»

Un jour de 1970, Robert Bourassa, successeur de Lesage, avait téléphoné à Maurice pour savoir si Jeanne serait intéressée à poser sa candidature dans l'élection provinciale qui se dessinait. «Demandez-le lui!» avait répondu Maurice. Mise au courant, Jeanne avait d'abord exhalé sa fureur: «Quelle idée a-t-il, ce type, d'appeler pour ça mon mari plutôt que moi?» Ce qui n'avait pas empêché Jeanne d'être tentée. Mais elle avait refusé une nouvelle fois, estimant son fils trop jeune encore. À la prochaine!

Mais quand, au début de l'automne 1972, les libéraux fédéraux la pressentirent pour la circonscription de Montréal-Ahuntsic, elle ne fut pas longue à se décider: Jean-François avait maintenant treize ans, elle pouvait compter sur une excellente gouvernante, et Maurice était bien en selle à la Consolidated-Bathurst; il était du reste pleinement d'accord pour que Jeanne entre dans l'arène politique. Les temps étaient mûrs. Jeanne résolut donc de demander aux électeurs un mandat de député au parlement fédéral.

Charles Lynch, racontant dans une entrevue récente sa propre carrière de journaliste et de commentateur à la télévision, évoquait les personnalités qu'il avait connues: «René Lévesque et Jeanne Sauvé? C'étaient les deux meilleurs communicateurs que j'aie jamais vus, et de n'importe quelle langue!» Après un jugement aussi catégorique, il tira de sa pipe quelques bouffées, puis ajouta: «Le départ de Jeanne pour l'arène politique a été une lourde perte pour la radio-télévision!»

Mme Sauvé passe en revue la garde d'honneur de la Gendarmerie royale. (Ministère de la Défense nationale.)

Leurs Excellences arrivent en carrosse à Rideau Hall, après la cérémonie d'investiture. (Photo John Evans.)

La façade principale de Rideau Hall. (Photo M. S. Heney.)

Le cortège qui amène à Rideau Hall un ambassadeur pour la présentation des lettres de créance
(Photo Gendarmerie royale du Canada.)

L'entrée de Rideau Hall. (Photo M. S. Heney.)

Le bureau de Son Excellence, à Rideau Hall. (Photo M. S. Heney.)

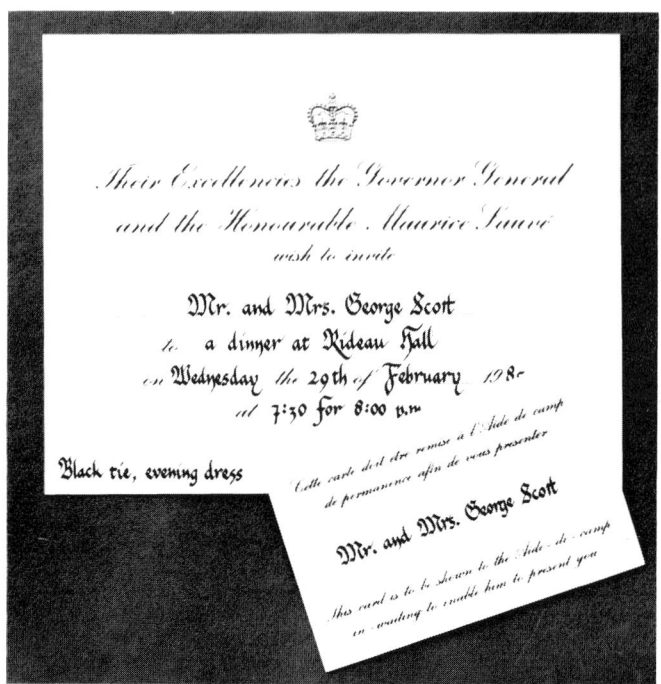

Invitation à un dîner offert en la résidence du gouverneur général. À droite: la carte de présentation. (Photo M. S. Heney.)

Au cours d'un dîner d'État, Madame Sauvé s'entretient avec l'invité d'honneur, M. Pérez de Cuellar, secrétaire général des Nations Unies. (Photo Rideau Hall.)

Un des salons, à l'étage de la résidence du gouverneur général, à la Citadelle de Québec. (Photo M. S. Heney.)

L'entrée de l'aile du gouverneur, à la Citadelle de Québec. (Photo M. S. Heney.)

Prud'homme, octobre 1984. Madame Sauvé quitte l'église des saints Donatien et Rogatien, accompagnée de sa soeur Berthe et de son frère Jean. (Bureau du protocole de la Saskatchewan.)

Madame Sauvé en compagnie de jeunes qui ont dansé en son honneur, au «Silver Age Hall» de Prud'homme, octobre 1984. (Bureau du protocole de la Saskatchewan.)

Leurs Excellences avec le premier ministre Mulroney, à Rideau Hall. Au fond: le portrait du général Georges Vanier. (Centre de photographie du gouvernement canadien.)

Madame Sauvé entre dans son bureau privé, en compagnie du pape. À l'arrière-plan : Jean-François Sauvé. Rideau Hall, septembre 1984. (Photo Résidence du gouverneur général.)

Le gouverneur général accueille **
reine, à l'aéroport de Frederictor
septembre 1984. (Secrétariat d'État

Sa Majesté et le duc d'Edimbourg
quittent Rideau Hall, en septembre
1984. (Photo Résidence du gouverneur général.)

CHAPITRE 7

Dans l'arène politique, 1972-1980

Avec cette élection dans Ahuntsic à l'automne 1972, Jeanne avait du pain sur la planche. Certes, le Parti libéral lui avait demandé d'être candidate dans cette circonscription montréalaise, mais il fallait d'abord obtenir l'investiture. Elle l'emporta par seulement vingt voix contre son opposant, figure bien connue au sein de l'association libérale du comté. Puis, second défi, il fallait convaincre les électeurs. Ahuntsic avait beau être un bastion libéral, la lune de miel semblait bien finie, après quatre ans de régime Trudeau, entre l'électorat et le Parti. Et puis, aucune circonscription québécoise n'avait encore élu de femme au parlement fédéral.

«Pour la première fois de ma vie, je ne me sentais pas très à l'aise dans cette campagne. J'avais l'impression que les gens se mettaient à me juger, doutant qu'une femme pût être à la hauteur de la situation. Il leur paraissait suspect que, parlementaire, j'aille siéger dans une autre ville. On se demandait ce qu'il adviendrait de mon mari et de mon fils — question qui ne me laissait pas moi-même sans remords.»

Dans cette bataille comme dans celles qui allaient suivre, Jeanne faisait campagne comme si elle partait perdante. Elle avait bien tort, car la popularité personnelle dont elle jouissait et sa réputation de communicatrice sur les ondes lui valaient des appuis qui surgissaient de toutes parts. Par exemple, il lui suffisait de deux avocats pour former son comité juridique; or, plus de vingt lui offrirent leurs services bénévoles. Elle trouva avec une étonnante facilité les fonds nécessaires au financement de sa campagne: celui-ci, au dire d'un de ses organisateurs, fut bouclé en six appels téléphoniques. Jeanne eut aussi le bonheur de compter, pour la gestion de sa campagne, sur un des organisateurs les plus perspicaces et les plus efficaces: Roméo Beaupré. Sa stratégie était fort simple: établir des liens personnels entre le candidat et les électeurs. Peu d'apparitions à la télé, aucune assemblée populaire: Jeanne s'adressait à de petits groupes, visitait les centres commerciaux, prenait le café avec les gens, passait des heures et des heures à serrer des mains à la sortie de l'église.

Stratégie rentable, puisqu'au soir du 30 octobre le décompte des votes donna à Jeanne une avance de plus de quinze mille voix. Elle faisait partie du trio des femmes québécoises entrant au Parlement. À l'échelle du pays, le Parti libéral perdait quarante-six sièges et terminait premier avec cent neuf, tandis que les progressistes conservateurs, sous la houlette de Robert Stanfield, en gagnaient trente-cinq pour totaliser cent sept sièges. Avec le Nouveau Parti démocratique qui portait à trente le nombre de ses députés et le Crédit social qui gagnait un siège, l'opposition était constituée de cent cinquante sièges: le gouvernement libéral était, une fois encore, en situation minoritaire.

Sitôt un parti porté au pouvoir, tout député un tant soit peu «ministrable» attend avec impatience quelque appel du premier ministre désigné. Certains même prennent mille précautions pour rester accessibles à toute heure du jour et de la nuit. Jeanne, convaincue de n'avoir aucune chance à cette loterie, avait écarté la pensée de faire partie du nouveau cabinet. Le jour où le bureau de Trudeau entra en contact avec les nouveaux détenteurs de portefeuilles, elle passa une partie de la matinée en conversation téléphonique avec son organisateur en chef. Puis, pour vaquer en paix à sa correspondance, elle décrocha l'appareil. Pendant ce temps, le bureau du premier ministre essayait désespérément de la joindre. On finit par appeler Maurice à son travail, pour lui expliquer que Trudeau voulait d'urgence parler à sa femme. Quelques minutes plus tard, le téléphone sonnait: c'était Pierre

Trudeau qui offrait à Jeanne le portefeuille de la Science et de la Technologie.

Jeanne devint ainsi la seule femme du nouveau gouvernement, et la troisième de toute l'histoire canadienne à occuper un poste de ministre (après Ellen Fairclough et Judy Lamarsh). Elle fut ensuite nommée à vie au Conseil privé, dont Maurice faisait déjà partie: c'était le premier couple de Canadiens à qui eût jamais échu ce double honneur, et l'un des rares dans tout le Commonwealth.

La nomination de Jeanne au sein du Gouvernement trouva bon accueil dans toute la presse, francophone et anglophone. Peu après l'annonce, le *Hamilton Spectator* titrait un éditorial «Une nomination bien méritée». Interviewée par le *Toronto Star* à l'issue de sa première séance au cabinet, Jeanne disait son espoir de n'avoir pas été nommée là simplement parce qu'il y fallait une femme. «Mais, ajoutait-elle, je crois très importante une réponse féminine au sein du Conseil des ministres; elle prouvera aux femmes qu'elles peuvent aspirer à des postes de pouvoir.» Comme on lui demandait si elle faisait par là allusion à la libération de la femme, Jeanne prit ses distances; avocate convaincue de l'égalité des droits pour la femme, elle avait peu de sympathie pour le féminisme radical. «Jusqu'ici, répondit-elle, je suis arrivée à exercer certaines formes de pouvoir sans rien sacrifier de ma féminité. J'ai dû lutter pour pousuivre ma carrière, et rien n'a été facile. Mais j'ai utilisé les bonnes armes, celles qu'il nous faut toujours employer: la bonne préparation de chaque tâche, et sa parfaite exécution.»

Interrogée enfin sur ses objectifs en politique: «Je poursuis, dit-elle, un objectif général — assurer l'unité du pays; je crois très important pour les Québécois de rester dans la Confédération. Et c'est pour moi une motivation très profonde. C'est même une des principales raisons qui ont justifié ma candidature.»

Son portefeuille de la Science et de la Technologie représentait un ministère secondaire, nanti d'un faible budget et d'un personnel limité. Créé l'année précédente, il en était encore à ses premiers pas. Il avait pour mandat de mettre au point pour le pays une politique de la recherche scientifique, de sorte que les sommes qu'y consacrait le Gouvernement (plus d'un milliard de dollars en 1972) soient utilisées au mieux pour le bénéfice de la société canadienne et de son économie. La coordination d'une politique d'envergure nationale restait cependant un problème délicat, le ministère n'agissant qu'à titre consultatif, sans pouvoir exécutif. Et pour compliquer les choses, le Gouvernement, les universités et l'industrie exploraient des domaines qui souvent se chevauchaient.

Trudeau lui-même avait été bien incapable de dire les raisons qui lui avaient fait affecter Jeanne à ce poste; mais il reste qu'elle était bien préparée à la tâche. Le futur exerçait sur elle toute sa fascination. Avide de lecture, Jeanne disait un jour préférer à un roman un article ou un ouvrage sur les derniers développements de la recherche scientifique. Elle avait au surplus une bonne connaissance des tendances actuelles de la société et de la technologie. Durant sa carrière à la radio-télévision, n'avait-elle pas animé, au réseau C.B.C., une série de vingt-deux émissions scientifiques, intitulée «*The 1980's*»? N'en avait-elle pas elle-même fait les recherches et établi les textes? À titre de cofondatrice de l'Institut de recherches politiques, organisme subventionné par le Gouvernement, elle avait, bien avant son élection, agi comme conseillère auprès du Cabinet sur des questions de prospective; ses travaux au sein de l'Institut lui avaient, disait-elle, fourni l'occasion de se tenir au courant de la recherche à travers le monde.

Férue d'efficacité, Jeanne vécut comme un cauchemar ses quelques premières semaines à la tête de son ministère. Comme tout ministre, elle avait deux bureaux: l'un dans les immeubles du Parlement, et l'autre dans l'immeuble de la Confédération. Au début, elle n'avait même pas accès à ce dernier, qu'occupait encore l'ancien ministre Alastair Gillespie. Elle devait donc diriger son ministère à partir des locaux exigus de l'édifice du Parlement. On découvrit un bon matin que, par suite d'on ne sait quelle erreur administrative, tous les appareils téléphoniques avaient été retirés, pour être installés dans le bureau d'un député du Crédit social. Jeanne emménagea plus tard dans des locaux qu'on venait de rénover, dans l'immeuble de la Confédération; mais là aussi, les téléphones brillaient par leur absence, et le seul moyen de communication avec le monde extérieur était le service de messagers. Singuliers débuts, pour un ministère qui devait s'occuper, entre autres, des recherches en communication!

À Ottawa, Jeanne habitait promenade Alta Vista, chez sa soeur Berthe devenue veuve. Chaque fois qu'elle pouvait se libérer pour le week-end, elle rejoignait sa famille à Montréal. C'est Maurice qui, durant les séjours de Jeanne dans la capitale, assumait la responsabilité du fiston, alors âgé de treize ans. Le couple en avait convenu ainsi avant même l'élection de Jeanne, et tout fonctionnait bien. Jeanne savait Jean-François entre bonnes mains, Maurice était ravi de cette occasion de se rapprocher de son fils, et Jean-François établissait avec son père des liens très forts. Pensant à la carrière politique de sa mère, Jean-François ne se rappelle qu'un seul inconvénient: «Quand, vers l'âge de seize ans, je voulais parler à maman, c'était parfois laborieux puisqu'il me fallait franchir un barrage de deux ou trois secrétaires!»

Les Sauvé passaient souvent le week-end dans leur maison sur le Richelieu, près de Saint-Charles, à une trentaine de minutes de Montréal par la route. Ce village, qui avait vécu en 1837-38 la rébellion des *Patriotes* de Louis-Joseph Papineau, faisait partie du comté de Saint-Hyacinthe. C'est pendant la campagne électorale de 1968 que Maurice avait remarqué aux abords de Saint-Charles cette charmante vieille maison de ferme. Construction de pierres érigée en 1804, flanquée d'une «cuisine d'été» et d'une haute cheminée, cette demeure présentait un bel exemple de l'architecture ancienne du Canada français. Jeanne et Maurice avaient eu le coup de foudre. Ayant appris que le propriétaire, Simon Lusignan, cherchait peut-être à vendre, Maurice prit contact avec lui; mais il fallut, pour le convaincre, trois ans et demi de conversations, de négociations, d'offres et de contre-propositions.

La maison avait grand besoin de réparations, et les Sauvé l'achetèrent avec l'intention de la restaurer. De leurs conversations avec des amis qui avaient restauré d'anciennes maisons, comme des recherches qu'ils firent eux-mêmes sur le sujet, les Sauvé conclurent à l'impossibilité d'effectuer eux-mêmes un tel travail. Selon son habitude de ne rien faire à demi, Maurice retint les services d'un architecte et d'un historien, Gilles Vilandré et Michel Lessard. Ces deux spécialistes, devant les nombreuses transformations qu'avait subies la structure, durent se livrer à de longues recherches pour en déterminer les dimensions originales. Cela fait, on dégagea la pierre de tous ses revêtements et l'on reconstruisit fidèlement la maison. Avec un art consommé, on installa l'électricité et la tuyauterie sans altérer en rien l'aspect séculaire des lieux. La restauration terminée, Jeanne et Maurice, amoureusement, garnirent la maison de meubles d'époque en pin, de vieilles poteries et d'objets anciens qu'ils avaient collectionnés. Les communs étaient formés d'une petite écurie de chevaux de selle et d'une grange. L'ancien propriétaire, Simon Lusignan, accepta le poste de gardien de la propriété. Au cours des années suivantes, Maurice a acheté des terrains adjacents, de sorte que le domaine couvre aujourd'hui cinq cents acres.

À Jeanne, Saint-Charles offre un lieu de retraite, à l'abri des tensions qu'impose une vie trépidante. Elle adore la tranquillité des lieux et le charme bucolique des environs. Un de ses passe-temps favoris consiste, durant les séjours qu'elle y fait, à entretenir sa roseraie. Comme Maurice, elle est sensible au caractère historique de la vieille demeure. Celle-ci, avec cinq autres, a fait l'objet d'un livre intitulé *La Maison traditionnelle au Québec* et qui a justement pour auteurs Michel Lessard et Gilles Vilandré (Montréal, Éditions de l'Homme). Dans la présentation qu'elle écrivit pour cet ouvrage, Jeanne Sauvé rappelle que «les vieilles maisons ont une âme... C'est tout cela qu'on conserve dans une vieille maison. C'est tout cela qu'il faut respecter. Avec le bâtiment, il faut prendre toutes les vies qu'il a abritées.»

Entrée au Parlement à l'âge de cinquante ans, Jeanne assuma allègrement la responsabilité de son ministère. L'exercice de l'autorité ne lui posait pas de problème: n'y était-elle pas rompue depuis le début de la vingtaine? Le grand défi qu'on lui proposait aujourd'hui, c'était de pénétrer les arcanes de la recherche scientifique et technologique. Écoutons celui qui le premier fut son ministre adjoint, le Dr Aurèle Beaulne: «Elle saisissait très vite un grand nombre de problèmes complexes. Nous n'avons pas été longs à nous situer sur la même longueur d'onde.» Cette aptitude à saisir et à retenir une information complexe remplissait d'étonnement son personnel, composé pour une large part de professionnels bardés de diplômes. Chacun, du reste, savait clairement qui était le patron: sans jamais élever la voix, Jeanne savait exiger qualité et efficacité.

Aux réunions du Conseil des ministres, Jeanne n'éprouvait aucune gêne à être seule représentante de son sexe. Mais, néophyte dans le cénacle, elle écoutait plus qu'elle ne parlait. Elle prenait la parole seulement quand, bien documentée, elle avait une idée à défendre, se distinguant en cela de certains collègues plus bavards, épris du son de leur propre voix. John Turner (qui fut ministre des Finances de 1972 jusqu'à sa démission en 1976), disait récemment de Jeanne à cet égard: «Je me rappelle ses interventions au Conseil des ministres: très précises, nettement articulées, bien organisées, et exprimées avec élégance.» Soucieuse de se concentrer sur le ministère qui lui avait été dévolu, elle passait assez peu de temps à la Chambre des communes. Mais quand elle y prenait la parole, nous raconte Turner, «elle le faisait avec beaucoup de perspicacité et de confiance en elle-même».

Moins d'un mois après sa prise en charge du ministère de la Science et de la Technologie, Jeanne reçut une invitation à se rendre en Angleterre. Elle lui venait de son homologue Margaret Thatcher qui, ministre de l'Éducation, avait aussi dans son portefeuille la responsabilité de la science et de la technologie. Le ministère des Affaires extérieures mit fin à l'incertitude où elle était devant cette invitation, qu'il lui conseilla d'accepter. Elle s'envola donc vers l'Angleterre en février 1973, pour son premier voyage officiel à l'étranger.

Madame Thatcher créa sur elle une très forte impression. «Une intelligence remarquable, dira-t-elle plus tard, une femme forte. Malgré sa poigne de fer, nous nous sommes bien entendues.» Thatcher avait organisé quatre journées continues de séances d'information, à la grande satisfaction de Jeanne. Mais les deux femmes trouvèrent aussi le temps de se livrer à d'intéressantes discussions privées. Elles purent nouer au cours de cette visite une amitié que vinrent renforcer tous leurs points communs — jusqu'à leur situation de femme isolée au sein d'un gouvernement d'hommes. Avant le départ de Jeanne, Thatcher reçut à dîner en son honneur à Marlborough House, qui fut jadis, la résidence de la reine-mère. Jeanne, à son retour au Canada, raconta à des amis sa rencontre avec une femme «faite d'acier»:

l'appellation rejoignait bien le sentiment de la presse, qui plus tard surnomma Thatcher «La Dame de fer».

L'année suivante, Jeanne dirigea plusieurs missions scientifiques dans d'autres parties du monde. C'est ainsi qu'elle fit en Chine un voyage d'un mois, pour y visiter des universités et des laboratoires de recherche gérés par l'État. (Elle fit du reste en Chine tellement sensation que, par la suite, chaque délégation chinoise en visite dans notre pays demandait à saluer Madame Sauvé.) Elle effectua de semblables voyages en France et en Belgique. Toutes ces missions ouvrirent la porte à des échanges d'information scientifique entre ces pays et le nôtre.

Or, voici qu'en 1974, le N.P.D. retirant son appui aux libéraux, un vote de méfiance entraîna la chute du gouvernement minoritaire de Trudeau; celui-ci décréta donc une élection générale, la troisième en six ans. Tout au long de ce premier mandat, Jeanne était restée très proche de ses électeurs; elle se sentait donc assez solide dans sa circonscription pour passer presque toute la campagne en tournée provinciale, à prêter main-forte aux autres candidats libéraux. L'organisation de sa propre campagne était telle que, la veille du scrutin, son personnel put fermer boutique et s'en aller à la plage. L'électorat reconduisit le mandat de Jeanne par une majorité de plus de dix-huit mille voix. À l'échelle du pays, le Parti libéral détenait cette fois une nette majorité, avec cent quarante et un sièges contre quatre-vingt-quinze aux conservateurs, seize aux néo-démocrates et douze aux créditistes.

Dans le cabinet Trudeau qui naquit de cette élection, Jeanne se vit attribuer le portefeuille de l'Environnement. Ce ministère, mis sur pied en 1971, avait quelque chose de tentaculaire. Il assumait des responsabilités très diverses: surveillance des dépotoirs, analyses hydrographiques, études d'impact environnemental; il coiffait des organismes comme le Service canadien de la faune, des unités forestières, des installations météorologiques, et ce qui allait devenir plus tard le ministère des Pêcheries. Les bureaux de l'Environnement occupaient à Hull deux grands immeubles, depuis lesquels on gérait tout un réseau d'établissements météorologiques (dont le principal était situé à Toronto), la navigation sur les eaux intérieures et sur les deux côtes, ainsi que des laboratoires de recherche disséminés à travers le pays. Alors que le ministère de la Science et de la Technologie comptait à peine deux cents employés, celui de l'Environnement en avait mille deux cents, dont plus de deux cents détenaient des doctorats. L'accession à un tel ministère représentait donc pour Jeanne une «promotion»; mais l'Environnement n'en restait pas moins un portefeuille secondaire, dont le titulaire avait assez peu d'influence au sein du Conseil des ministres.

De tout temps, en effet, le ministre de l'Environnement a dû faire face à de terribles handicaps qui font de lui un éternel perdant. Il y a d'abord les conflits d'autorité, qui rendent difficile toute prise de décision face aux problèmes environnementaux. Pensons par exemple à la pollution de l'air et de l'eau, dont les cas concrets aboutissent souvent devant les tribunaux et ne se règlent qu'après bien des années. Mais, plus insurmontable encore que les compétences respectives, il y a les attitudes des hommes politiques: ceux-ci parlent volontiers de la qualité de la vie, mais (à l'exception peut-être des néo-démocrates) ils se laissent enfermer dans des considérations économiques à courte vue chaque fois qu'il s'agit de problèmes concrets, comme l'assainissement de l'air ou la santé des travailleurs.

Fin août 1974, à peine deux mois après son assermentation comme ministre de l'Environnement, Jeanne représenta le Canada à une conférence sur la population mondiale, à Bucarest, en Roumanie; un des principaux sujets à l'ordre du jour était le contrôle des naissances. Catholique convaincue, Jeanne ne s'en montra pas moins favorable à la limitation de la natalité, en égard à l'explosion démographique qui sévit dans une partie du monde. Elle s'en ouvrit à un reporter à l'issue de cette conférence:

> La première question qui me venait à l'esprit, c'était celle-ci: ira-t-on, grand Dieu, jusqu'à dicter aux gens le nombre d'enfants qu'ils peuvent avoir? Pourtant, il faudra bien s'y résoudre et regarder le problème en face: on ne peut maintenir le taux de croissance actuel. Je ne suis pas sûre que les Canadiens soient conscients du problème de la surpopulation du monde. Pour en prendre conscience, il faut visiter un pays surpeuplé. Ça n'a pas de fin, c'est une marée humaine qui circule dans les rues. Le visiteur canadien a

l'impression d'une foule qui envahit la rue et qui, le spectacle terminé, au cirque ou à l'opéra, va bientôt se résorber. Mais elle ne se résorbe pas.

Les opinions de Jeanne sur cette question firent de nouveau la manchette en février 1975, mais cette fois, dans un contexte fort différent. C'était à l'occasion de la deuxième conférence annuelle sur «Les Femmes et la Loi», à l'Université du Manitoba. Jeanne avait passé la matinée à son bureau d'Ottawa puis, le déjeuner avalé, avait pris l'avion gouvernemental pour Winnipeg. Ayant appris en route qu'il s'agissait d'une soirée chic, elle endossa une robe du soir. Mais, arrivée sur place, elle trouva la plupart des déléguées habillées de jeans, en bonnes militantes féministes; la toilette de Jeanne ne faisait que souligner à leurs yeux l'écart entre deux générations. Dans son discours, Jeanne passa en revue les différentes mesures que le Gouvernement avait prises pour améliorer la condition féminine. Quand elle exprima «de graves doutes sur toute recommandation tendant à la libéralisation de l'avortement», l'auditoire la siffla et la hua copieusement: l'assemblée venait de voter, dans l'après-midi, une recommandation réclamant la décriminalisation de l'avortement et l'instauration de l'avortement sur demande. Après le discours, une auditrice prit Jeanne à partie: «Nous devrions avoir le droit de décider nous-mêmes de nous faire avorter.» Et Jeanne de répliquer: «Mais voilà, *vous* décidez alors pour le foetus; le foetus, ce n'est pas *vous*!»

Ce fut la seule fois où Jeanne dut faire face à un auditoire hostile. Expérience peu agréable, mais qui ne la troubla pas outre mesure. On l'avait avertie de l'accueil qui l'attendait, mais, consciente d'avoir un message à livrer, elle avait délibérément accepté l'invitation.

Tout au long de sa carrière politique, Jeanne eut la veine de trouver sur son chemin des sous-ministres compétents. Le sous-ministre, ou ministre adjoint, est un haut fonctionnaire chargé de gérer le ministère au nom du ministre. Alors que ce dernier est élu, son adjoint, employé de l'État, apporte l'indispensable élément de continuité. Pendant les cinq premiers mois de son mandat à l'Environnement, Jeanne eut pour ministre adjoint

Robert Shaw, qui avait été commissaire adjoint de l'Exposition universelle et internationale de Montréal («Expo 67»). Shaw quitta la fonction publique à la fin de 1974 pour retourner au secteur privé; il eut pour successeur Blair Seaborn.

Ce dernier, grand, blond, l'esprit pénétrant, venait du ministère de la Consommation et des Corporations. Fraîchement promu ministre adjoint, il appréhendait quelque peu sa première rencontre avec Madame Sauvé. Celle-ci lui déclara en guise de bienvenue: «Nous ne nous sommes jamais rencontrés jusqu'à ce jour, mais j'ai entendu à votre sujet les meilleures choses.» À quoi Seaborn répondit: «Merci, madame. J'espère que vous aurez avec moi quelque patience, car je ne connais absolument rien aux choses de l'environnement!»

«Bravo! s'écria-t-elle, dans un large sourire. Pour la première fois de ma carrière de ministre, j'en connaîtrai plus long que mon ministre adjoint — pendant quelques mois au moins. Ce sera chouette! Je m'apprête justement à parcourir le Canada pour rencontrer mes homologues provinciaux; pourquoi ne m'accompagneriez-vous pas?»

Seaborn protesta qu'il ne serait guère utile, mais elle, écartant l'argument, le rassura: «Ne vous en faites pas: vous apprendrez sur le tas, et vous rencontrerez les principaux joueurs des équipes provinciales. Venez, nous aurons du plaisir!»

Grâce à ce voyage, Seaborn put se familiariser avec ses fonctions et tisser avec ses collègues provinciaux d'utiles contacts. Durant les mois qui suivirent, il travailla en étroite collaboration avec Jeanne, dont il apprécia l'attitude chaleureuse et ouverte à l'endroit du personnel. «On ne trouvait chez elle aucune trace de ce scepticisme congénital aux fonctionnaires; et, contrairement à beaucoup d'hommes politiques issus des divers partis, elle ne nous percevait pas comme une menace à son autorité. Mais ce qu'elle m'a fait travailler! Exigeante quant à la qualité du rendement, elle n'était pourtant jamais désagréable.»

Les qualités de diplomate qu'affichait Jeanne furent pour elle un atout important au sein du ministère de l'Environnement, tant étaient nombreux les problèmes dont la solution exigeait la collaboration des provinces ou des municipalités — ou même des unes et des autres. Diplomatie tout aussi utile, du reste, dans la gestion interne du ministère, puisque le secteur des Pêcheries formait un royaume dans le royaume, avec à sa tête un ministre d'État en la personne de Roméo Leblanc. Certes, Jeanne était ministre en titre, mais le vaste personnel que Leblanc avait sous ses ordres était source de frictions. Compétent, ambitieux, le ministre d'État réclamait sans cesse pour les Pêcheries un budget plus élevé et une plus nette autonomie. Jeanne, tout au long de son mandat, dut se battre pour maintenir l'équilibre entre les revendications des Pêcheries et les besoins des autres composantes du ministère. Le problème ne se résolut qu'en 1979 par le rétablissement — mesure tout à fait normale — des Pêcheries comme ministère séparé, sous la gouverne de Roméo Leblanc.

L'un des premiers problèmes environnementaux avec lesquels Jeanne dut se colleter fut celui de la pollution du Saint-Laurent. Les tentatives d'assainissement du fleuve s'étaient jusque-là heurtées au manque de collaboration entre les divers paliers de gouvernement. Collaboration d'autant plus indispensable que le fleuve, qui ressortit à l'autorité fédérale, reçoit en territoire québécois plusieurs affluents. Or, ceux-ci lui amenaient leurs contingents d'eaux usées, tandis que de grandes villes — Montréal en particulier — déversaient directement les leurs dans ce même fleuve. Certes, le Saint-Laurent connaît encore un taux de pollution très élevé; mais on doit aux négociations de Jeanne avec Victor Goldbloom, ministre québécois de l'Environnement, les premières mesures concrètes jamais mises en place pour sa dépollution.

Dans la même veine, c'est sous Jeanne Sauvé que le ministère de l'Environnement fit prendre conscience au public des dangers des polychlorures de biphényls (PCB). Les composés de ceux-ci connaissent, on le sait, toute une gamme d'utilisations commerciales sous forme de lubrifiants, de liquides pour la transmission de la chaleur, et d'enduits protecteurs pour le bois ou le métal. Hautement toxiques, ils résistent à la décomposition dans l'eau ou dans le sol et représentent, de ce fait, une grave menace pour les humains et pour la faune. On vit sombrer dans l'indifférence l'avertissement que le ministère de Jeanne avait lancé au sujet des

PCB; par bonheur, on traite aujourd'hui cette menace avec moins de légèreté.

Fin mars 1975, Jeanne conduisit à Washington une mission diplomatique. Au cours de deux journées de discussion avec des fonctionnaires étasuniens du plus haut niveau, elle marqua des points sur un certain nombre d'épineux problèmes environnementaux. C'est ainsi qu'elle obtint, concession capitale, que le projet Garrison fût déféré à la Commission mixte internationale. Il s'agissait d'une entreprise par laquelle on voulait, au coût de centaines de millions de dollars, dériver une partie des eaux du Missouri; or, la qualité de l'eau en aurait été affectée dans une part importante du territoire canadien. Grâce à la concession arrachée aux États-Unis, le projet fut d'abord soumis à des experts des deux pays; les recommandations de la Commission, destinées à protéger le territoire canadien, reçurent l'aval du gouvernement américain. La conférence de Washington marqua donc pour notre pays une importante victoire en matière de respect de l'environnement. Blair Seaborn, qui y participa (et qui, par la suite, devint membre de la Commission conjointe), se rappelle la très bonne impression que Jeanne laissa dans l'esprit des négociateurs américains. «Ses qualités personnelles, son intelligence, son entregent: tout cela nous a bien servis au cours d'une mission qui relevait tout autant d'un diplomate que d'un ministre.»

Le dernier jour d'octobre 1975, les Communes adoptèrent en troisième lecture le projet de loi sur les polluants environnementaux. Ce projet, qui donnait enfin des dents aux organismes chargés d'enrayer la pollution, traînait depuis plus d'un an dans l'agenda de la Chambre. Avant sa présentation en troisième lecture, l'opposition y avait encore mis un nouvel obstacle en soumettant neuf amendements. Pressée de faire adopter sa législation, Jeanne avait téléphoné à Joe Clark, critique officiel de l'opposition en matière d'Environnement, en visite à Toronto ce jour-là. Elle lui avait signifié que six des amendements lui paraissaient irrecevables, mais qu'elle appuierait volontiers les trois autres. Pacte conclu. Avant de raccrocher, Jeanne avait demandé à Clark la raison de sa présence à Toronto. Réponse: il s'apprêtait à poser sa candidature à la direction du Parti progressiste conservateur. Aux voeux de bonne chance de son interlocutrice, Clark avait répondu: «Ce n'est pas de chance que j'ai besoin, mais d'argent!»

Quelques jours après l'adoption de la Loi sur les polluants, pendant une séance des Communes, Jeanne avait mis cinquante dollars dans une enveloppe, priant un chasseur de livrer celle-ci à Joe Clark de l'autre côté de la Chambre, et invitant son voisin à observer la scène. Clark avait eu un large sourire en ouvrant l'enveloppe, puis il avait fait remettre à l'envoyeuse une note demandant: «Avez-vous besoin d'un reçu?»

C'est en ce même mois d'octobre que Jeanne assista, à Miami, à la conférence de la «Water Pollution Control Federation». Dans son discours d'ouverture, elle insista sur la nécessaire dépollution des Grands Lacs, problème clef qu'elle avait déjà abordé à Washington. Elle ne manqua pas de rappeler aux délégués américains le retard que leur pays accusait dans son programme de construction d'usine d'épuration: «Naturellement, ajoutait-elle, les Canadiens sont déçus d'un tel retard. De notre côté de la frontière, plusieurs municipalités ont l'impression de gaspiller leur argent à de tels ouvrages, tant que nos voisins du Sud ne respecteront pas le calendrier établi à cet égard.» La presse fit un large écho à ce discours qui, dans tout le continent, valut à Jeanne les louanges des groupes environnementalistes.

Au début de décembre 1975, à peine seize mois après sa prise en charge du portefeuille de l'Environnement, Jeanne se vit offrir par Trudeau celui des Communications. Le lendemanin, le *Toronto Star* publiait, sous la signature de Mary Janigan, un article d'une demi-page qui, sous le titre de «À la bataille, Sauvé préfère la mutation», commençait ainsi:

On ne fera jamais d'elle une batailleuse. Dure, peut-être. Ferme, parfois. Mais pas de taille à lutter jusqu'au bout pour une idée. C'est là précisément, aux yeux de ses critiques, la source de l'échec de Jeanne Sauvé à l'Environnement: faute de conviciton, elle n'a pas su prendre les armes. Aussi laisse-t-elle derrière elle un ministère encombrant, sans boussole pour le guider ni opinion publique pour le soutenir. Avec un passé politique qui n'a inspiré que déception, comment Madame Sauvé se tirera-t-elle d'affaire dans un autre ministère?

158

Mais l'article n'était pas tout entier d'une encre aussi noire. L'auteure citait John Fraser, qui avait pris la relève de Joe Clark comme critique de l'opposition pour les dossiers de l'Environnement: «Une véritable boîte à surprise, ce ministère. C'était un assemblage de groupes hétéroclites, dont aucun n'avait de préoccupations authentiquement environnementalistes. Il aurait fallu à un ministre beaucoup de temps pour donner à tout cela quelque unité.» De son côté, Kenneth Hare, directeur des études de l'environnement à l'Université de Toronto, signalait que «la ministre n'avait pas en main tous les leviers nécessaires; car l'Acte de l'Amérique du Nord britannique impartit aux provinces la responsabilité de toutes les richesses naturelles: terres, eaux, forêts, sols». L'article du *Toronto Star* citait encore Kit Vincent, secrétaire de direction de la Commission des richesses arctiques; avec son franc-parler habituel, Vincent touchait du doigt le dilemme où était enfermée Jeanne: «Les vrais problèmes sont apparus avec la crise de l'énergie: c'est là que le Gouvernement a trop reculé. Les interventions de ce ministère sont devenues aujourd'hui de perpétuels compromis entre les intérêts de l'industrie et les exigences de l'environnement.»

Certes, Jeanne n'était pas batailleuse. Du moins pas du type à frapper la table du poing. Cela, elle a toujours été la première à l'admettre. Mais quiconque a travaillé en sa compagnie reconnaît en elle une femme déterminée, capable de poursuivre avec acharnement les objectifs qu'elle s'est fixés. Son agressivité se cache derrière les efforts qu'elle déploie pour éviter l'affrontement et trouver des solutions négociées: stratégie qui, jointe à des manières courtoises, a induit bien des personnes à sous-estimer la force de cette femme. Dans le portrait qu'il traçait d'elle à l'occasion d'une émission du *Weekend Magazine*, Pierre Nadeau, qui fut un de ses adjoints spéciaux, se portait à la défense de cette attitude nuancée: «N'y a-t-il pas plusieurs façons de vaincre? On peut abattre l'adversaire. On peut l'estropier. Mais on peut aussi le séduire. Lorsqu'il s'agit d'atteindre un même objectif, il est sage de recourir à la méthode qui correspond le mieux à son style propre.»

Jeanne Sauvé, ministre sans conviction? Son personnel ne faisait pas sien ce reproche, lui qui a montré sa déception devant le transfert de Jeanne aux Communications. Pour reprendre les paroles d'un cadre du ministère de l'Environnement: «Presque tous, nous avions le sentiment d'avoir perdu un bon ministre. Si au moins on nous l'avait laissée plus longtemps, elle aurait changé bien des choses!»

Parmi les raisons qui avaient amené Trudeau à choisir pour Jeanne les Communications, il y avait surtout la longue expérience que celle-ci avait de la radio-télévision. Mais cette nomination, c'était à la fois une promotion et un défi. Le ministre avait autorité sur toutes les formes de communications dans tout le pays, sur leur bonne marche et sur leur développement harmonieux. Parmi les organismes, institutions, commissions et sociétés d'État dont Jeanne assumait la responsabilité devant le Parlement, on comptait l'Office national du film, les Musées nationaux du Canada, le Conseil des arts, la Bibliothèque nationale, Télésat-Canada, et le Conseil de la radio-télévision et des communications (C.R.T.C.). Ce dernier, avec lequel Jeanne fut souvent en désaccord, fonctionnait de façon hautement autonome. Il avait pour rôle de surveiller et de réglementer tous les aspects du réseau canadien de radio-télévision et d'approuver les tarifs qu'appliquent les entreprises pancanadiennes de télécommunications, comme la compagnie Bell.

Coïncidence curieuse, Jeanne marchait sur les traces de deux anciens collègues du temps de la J.É.C.: Gérard Pelletier et Pierre Juneau. Le premier avait été ministre des Communications jusqu'à la fin d'août 1975, date où il avait quitté le Parlement pour devenir ambassadeur du Canada en France. Juneau, après un séjour à la présidence du C.R.T.C., avait succédé à Pelletier comme ministre; mais il n'avait exercé ce rôle que pendant six semaines, jusqu'à sa défaite dans une élection partielle. Incapable de se faire élire au Parlement, il avait été nommé conseiller spécial auprès de Trudeau. Mais certains journalistes, devant le passé de Juneau et la position qu'il occupait maintenant au bureau du premier ministre, voyaient désormais en lui plutôt qu'en Jeanne le vrai patron du ministère des Communications.

Il ne manquait cependant pas d'observateurs pour écarter cette hypothèse; et parmi eux, Guy Cormier, lui aussi ancien col-

lègue (et admirateur) de Jeanne à la J.É.C., qui écrivait en
éditorial dans *La Presse*:

> On peut tenir pour assuré que Madame Sauvé n'est pas
> précisément le genre à servir de prête-nom. Très agile
> d'esprit, elle a un sens aigu de ses responsabilités person-
> nelles, allié à une volonté très ferme qui n'exclut pas le
> recours à la diplomatie quand besoin est. En dehors d'un at-
> tachement inconditionnel aux politiques de M. Trudeau,
> Jeanne Sauvé a, pour tout le reste, un style très personnel et
> conserve une autonomie de pensée et d'opinion sur un grand
> nombre de sujets.

Après la cérémonie d'assermentation à la résidence du
gouverneur général, Jeanne commenta à l'intention d'un journaliste l'hypothèse que Pierre Juneau pût avoir une influence in-
due sur son ministère à elle. Cette seule idée lui paraissait
blessante, en particulier à l'égard de son ministre adjoint, Max
Yalden, qui allait être son principal conseiller en matières politiques.
La suite des événements prouva d'ailleurs que tout cela était pure
conjecture. Jeanne eut, plusieurs années après, l'occasion de
reparler de cette situation: «Juneau, assurait-elle, ne m'a jamais
importunée. Il avait sans doute ses opinions, qu'il savait faire
valoir auprès du premier ministre, mais je n'en étais jamais informée.»
Quelques mois plus tard, en mars 1976, Jeanne prononça son
premier discours important où l'on pût voir un énoncé de politique. Il avait pour but de rouvrir entre Ottawa et les dix provinces
le dialogue sur la politique canadienne de radiodiffusion. Les
discussions du mois de juillet précédent, tenues dans le cadre
d'une conférence qu'Ottawa avait convoquée sur la question des
communications, s'étaient terminées dans la pagaille. Le nouveau
ministre établissait clairement la volonté d'Ottawa de ne jamais
abandonner sa responsabilité première dans le domaine des communications; mais elle pressait en même temps les premiers
ministres provinciaux de revenir à la table de négociation et de
talonner le gouvernement central, pour qu'on arrivât à un
nouveau partage des pouvoirs. L'appel de Jeanne dénoua l'im-

passe et prépara la voie au succès de la conférence qui se tint l'année suivante à Edmonton. On avait franchi un pas important.

La télé à péage représentait un dossier chaud, à l'époque où Jeanne prit les rênes du ministère des Communications. Prenant la parole en juin 1976 devant les membres de l'Association canadienne de télévision par câble, elle annonça que «la télé payante était inévitable» et alla même jusqu'à souhaiter son instauration la plus rapide possible. Tout heureux d'une telle profession de foi, les membres de cette industrie en firent leur cri de ralliement. Ce n'était pas que le ministre fût convaincu de l'enrichissement culturel qu'en retirerait le public; mais elle savait qu'avec les exigences posées quant au contenu canadien des émissions, l'opération serait un merveilleux stimulant pour l'industrie cinématographique canadienne. Plus on attendrait, moins on aurait de fonds pour créer ici cette télé payante; car le public avait un accès de plus en plus facile aux canaux américains ainsi qu'aux télévisions étrangères retransmises par satellite.

Mais l'implantation rapide de la télé payante se heurtait à un certain nombre d'obstacles difficiles à surmonter. Le ministère des Communications devait d'abord formuler une politique pour l'ensemble du pays, et le C.R.C.T. approuver les demandes de licence. Plus facile à dire qu'à faire. Le C.R.C.T. estimant peut-être que le ministre s'était substitué à lui en annonçant comme «inévitable» l'avènement de la télé à péage, insista pour entendre les avis de toutes les parties intéressées, avant de procéder à l'examen de quelque postulation. Pendant qu'au C.R.T.C. on se livrait à ce jeu de patience, les provinces entrèrent en scène, revendiquant pleine autorité sur la télé payante qui s'installerait à l'intérieur de leurs frontières. Jeanne essaya bien de pousser à l'action le C.R.T.C., mais celui-ci refusa de bouger tant qu'on n'aurait pas entendu, l'année suivante, les mémoires qu'on avait sollicités. Dans le même temps, Jeanne, occupée à négocier des ententes avec les provinces, devait retarder d'autant la formulation d'une politique pancanadienne. Puis le C.R.T.C., une fois entendus les mémoires, arriva à la conclusion qu'il serait prématuré d'instaurer ici la télé payante. (La plupart des dépositions venaient d'entreprises des plus classiques qui craignaient la montée de la concurrence, ou de groupes de citoyens qui voyaient dans la programmation américaine une menace à la souveraineté culturelle du Canada.) En 1978, nouvelle ronde d'audiences consacrées à la télé payante, et verdict inchangé. L'affaire traîna ainsi pendant des années. Quand apparut enfin cette fameuse télé à péage, l'industrie cinématographique canadienne avait déjà vu des sommes faramineuses lui passer sous le nez.

Durant les premières années de son activité ministérielle à Ottawa, Jeanne avait vécu chez sa soeur Berthe. Elle occupa ensuite un petit appartement situé sur le *Driveway*. Mais elle s'y sentait bien seule et, au hasard d'un déjeuner, s'en confia à sa soeur Annette, qui venait de perdre son mari. Jeanne emménagea quelques semaines plus tard chez Annette, dont l'appartement était situé dans un gratte-ciel du chemin MacArthur. Il y avait là assez de place pour qu'on ne se marchât pas continuellement sur les pieds, et Jeanne put même y installer quelques meubles personnels et accrocher quelques-uns de ses tableaux préférés. Tout alla bien, mis à part le petit incident que voici. Maurice, arrivé un soir en visite, voulut utiliser le téléphone que Jeanne gardait sur sa table de chevet. Il ignorait que cet appareil spécial, sitôt soulevé le combiné, alertait la Gendarmerie royale; cela faisait partie de la panoplie de dispositifs d'urgence que l'État mettait au service de ses grands commis. Mis au courant par Jeanne, Maurice tenta d'expliquer, par un coup de téléphone à la Gendarmerie, qui il était et ce qui s'était passé; mais quelques minutes plus tard, trois gendarmes costauds en vêtements civils se présentaient à l'appartement. Sachant que Maurice utilisait souvent le téléphone, Jeanne, dès le départ des policiers, prit du ruban adhésif, fixa au support le combiné et mit l'appareil sous le lit, où il eut dès lors pour seule fonction d'amasser la poussière.

Au printemps 1976, Jeanne fut mêlée à la dispute des contrôleurs aériens, qui souleva beaucoup d'émotion au Canada français. La marmite bouillait depuis qu'en 1975, un comité gouvernemental avait recommandé l'instauration du bilinguisme dans le contrôle aérien au-dessus du territoire québécois. Deux groupes, la «Canadian Air Traffic Control Association» et la «Canadian Airline Pilots Association», s'opposaient à cette mesure, sous prétexte que son application compromettrait la sécurité aérienne. Pour contrer ces deux groupes, les contrôleurs francophones formèrent leur propre association, «Les Gens de l'air». Fin juin, à la veille de l'ouverture des Jeux olympiques de Montréal, pilotes et contrôleurs anglophones se mirent en grève. Une loi spéciale força bientôt le retour au travail des contrôleurs, mais les pilotes poursuivirent leur grève. Otto Lang, ministre fédéral des Transports, capitula une semaine plus tard, signant avec la C.A.P.A. un accord qui à toutes fins utiles consacrait le *statu quo*.

Le Canada français reçut comme une gifle cette entente. On vit démissionner, furieux, Jean Marchand qui avait succédé à Jeanne Sauvé au portefeuille de l'Environnement. Elle-même consternée, Jeanne craignait de voir les Québécois perdre foi au gouvernement central. Dans une entrevue téléphonique donnée de chez elle, elle accusait l'administration libérale de «tomber à genoux devant une poignée de fanatiques».

Claude Wagner, député conservateur de Saint-Hyacinthe, s'empara de cette dénonciation, qu'il brandit triomphalement en Chambre pour demander à Trudeau la démission des deux ministres: celui des Transports et celui des Communications. Devant le «non» que lui opposa sèchement Trudeau, Wagner relança sa diatribe:

> **M. Claude Wagner, député de Saint-Hyacinthe**: Je désire poser une question supplémentaire, monsieur le président. Je n'aurais pas cru que le premier ministre aurait pris une voie d'évitement aussi facile. Je pose donc ma question au ministre des Communications et je lui demande si, à la lumière des principes bien connus de la solidarité ministérielle que le premier ministre refuse de reconnaître aujourd'hui, elle persiste à accuser le Gouvernement de s'être agenouillé devant une bande fanatiques. Si oui, entend-elle remettre sa démission, imitant par là le geste courageux du député de Langelier?
>
> **L'honorable Jeanne Sauvé (ministre des Communications)**: Monsieur le président, nous sommes plusieurs à penser que cette entente est mauvaise, mais la meilleure que nous pouvions conclure étant donné les ciconstances. J'ai

dit, dans ma déclaration, que nous ne pouvions pas dénoncer collectivement ce qu'un de nos collègues, dans l'exercice normal de ses fonctions, avait cru devoir accepter, et que, par conséquent, notre opinion au sujet de cette entente, quelle que soit la solidarité que nous éprouvions à l'égard de notre collègue, c'est qu'elle n'est pas satisfaisante en tous points. Nous devons vivre avec une entente qui n'est pas parfaite. Nous restons solidaires de notre collègue qui a appuyé cette entente, mais je n'en pense pas moins que nous avons dû, devant une bande de fanatiques, accepter une entente qui sera difficile à vivre, mais qui ne remet pas en question la politique de bilinguisme du gouvernement fédéral.

Les retombées de la querelle des contrôleurs aériens contribuèrent, en novembre de cette année-là, au triomphe du Parti québécois. Rares furent, à la suite de cette victoire, les politiciens fédéraux qui osèrent évoquer le spectre du séparatisme; mais Jeanne l'osa. Six semaines après l'élection québécoise, *The Gazette* citait ses paroles dans un article intitulé «Le fédéralisme — Seule Sauvé semble avoir trouvé la foi»:

> J'ai une foi inébranlable dans le pari qu'a fait mon pays: unir, dans une association logique et féconde, le destin de deux grandes cultures que l'histoire et la géographie ont liées l'une à l'autre.
>
> L'idéologie péquiste écarte ce défi que représente la prise de possession d'un pays aux larges horizons, aux vastes et ambitieux projets d'ordre social, économique et culturel, aux immenses marchés où faire circuler nos idées comme nos marchandises.
>
> Le fédéralisme canadien n'a rien d'immuable. L'essentiel est maintenant de regrouper tous les fédéralistes réformistes, de leur fournir les armes intellectuelles et morales qui les aideront à maintenir l'héritage canadien en gardant uni leur pays.

En mars 1977, Jeanne déposa un ensemble de projets de lois comportant seize objectifs, propres à imprimer une ferme orientation aux communications canadiennes. On allait en discuter durant la conférence fédérale-provinciale convoquée à Edmonton pour le mois suivant. À la veille de la rencontre, Louis O'Neill, ministre québécois des Communications, déclina l'invitation. La raison? La législation proposée ouvrait la porte aux empiétements du pouvoir central, et le ministre n'était pas prêt à négocier «avec un gouvernement étranger». Jeanne réfuta les allégations d'empiétements politiques: tout ce que proposait le fédéral, assurait-elle, c'était de s'imposer à lui-même ainsi qu'au C.R.T.C. l'obligation de réserver des fréquences radio et des canaux de câblodistribution, à l'intention des provinces qui désireraient diffuser et distribuer des émissions éducatives. Chaque province, à l'exception du Québec, délégua à Edmonton son ministre des Communications.

L'intransigeance de M. O'Neill, dont le but était d'affirmer la souveraineté de l'État québécois, n'avait pas de quoi surprendre. La stratégie du Parti québécois ne consistait-elle pas à bouder le gouvernement fédéral? Et la précédente administration provinciale — celle de Robert Bourassa — n'avait-elle pas, elle aussi, refusé de reconnaître l'autorité du fédéral en matière de communications? En décembre, cependant, O'Neill s'assouplit quelque peu et accepta la négociation moyennant certaines conditions, dont l'une était de faire passer sous autorité provinciale l'exploitation de Bell Canada et des entreprises de câblodistribution desservant le territoire québécois. «Je veux bien négocier avec M. O'Neill, dit Jeanne, et je suis enchantée de savoir qu'il y voit un exercice profitable. Mais, de toute évidence, je ne peux accepter toutes ses conditions: elles ne laissent pas au gouvernement fédéral un rôle assez considérable. Car il est très important qu'un vaste et efficace réseau de télécommunications desserve l'ensemble du pays.» Jeanne déchiffrait très bien le jeu de Louis O'Neill, pour avoir connu ce dernier pendant des années et avoir travaillé avec lui à la J.É.C. «Je n'avais qu'à m'asseoir et à attendre qu'il se calme. Nous n'avons jamais pu rien régler, mais nous avons poursuivi le dialogue.» En juillet 1977, Jeanne subit à la Chambre des communes les attaques d'un membre de son propre parti, Pierre DeBané, député de Matane. Celui-ci l'accusait d'avoir machiné pour un vieil ami, Philippe de Gaspé Beaubien, un projet selon lequel la Société Radio-Canada devait acheter à Rimouski trois stations de radio-télévision privées. Beaubien était président de Télémédia, propriétaire des stations en question. (DeBané prenait d'ailleurs soin de passer sous silence la très vieille rivalité qui opposait Matane, sa circonscription, à Rimouski, qui était alors d'allégeance créditiste.) L'accusation mit Jeanne en colère. Car le but réel de l'achat projeté était d'accroître le rayonnement de Radio-Canada en Gaspésie et au Nouveau-Brunswick. Du reste la décision d'acquérir ces stations avait été dûment approuvée par le C.R.T.C. et ne relevait pas de Jeanne — Radio-Canada étant alors responsable devant le Secrétariat d'État.

DeBané moussait, bien sûr, les intérêts de sa circonscription: c'était Matane qui avait détenu autrefois la seule station de Radio-Canada pour la péninsule gaspésienne. Mais peut-être aussi voulait-il vider une vieille querelle personnelle. Car un soir à Ottawa, Jeanne l'avait fait asseoir et l'avait enguirlandé: «Vous passez votre temps à vous plaindre du Parti. Puisque vous vous servez de l'étiquette libérale pour vous faire élire, vous devez quelque chose aux libéraux: c'est ça qu'on appelle la discipline de parti! Si vous n'êtes pas d'accord avec les politiques libérales, vous n'avez qu'à démissionner!»

Les accusations de DeBané au sujet de l'achat des stations rimouskoises firent leur tour de presse au Québec. Jeanne, non contente de fournir en Chambre des explications détaillées, déclara au *Soleil*: «L'accusation n'a aucun fondement. Je vois que M. DeBané, qui s'est institué défenseur des pauvres, entend me ravir ce qu'on n'enlève même pas aux pauvres: l'honneur.» La querelle DeBané-Sauvé s'éteignit comme elle était née, c'est-à-dire rapidement. Ils se lièrent d'amitié et DeBané, après avoir siégé au Conseil de ministres, fut fait sénateur. Quant à la réputation de Jeanne, elle n'eut pas à souffrir de leur escarmouche.

En 1977, Jeanne jouissait déjà d'une immense popularité non seulement dans sa circonscription, mais dans toute la province de Québec. Au Conseil des ministres, elle était respectée. Richard Gwyn, auteur de *The Northern Magus*, (McClelland and Stewart, Toronto, 1980), rappelait qu'un ministre, si bien préparé fût-il, avait peine à tenir son bout avec Trudeau; or, Jeanne était l'une des rares à pouvoir le faire. Écoutons Edgar Gallant, qui présida la Commission de la fonction publique, chargée de pourvoir en personnel compétent l'aministration fédérale: «Contrairement à beaucoup d'autres ministres Madame Sauvé n'a jamais été à ma connaissance, l'objet de critiques de la part de fonctionnaires. Ceux-ci la tenaient en très haute estime.» Bernard Ostry, qui était à l'époque ministre adjoint de Jeanne Sauvé et qui dirige maintenant TV-Ontario, déclarait pour sa part: «De tous les ministres que j'ai connus, c'est elle qui tenait le mieux en main son ministère. Elle le connaissait à fond et le dirigeait de façon tout à fait démocratique. De toute mon expérience outaouaise, Madame Sauvé m'a fourni le seul exemple d'un ministère dont le personnel ne fût pas déchiré par les tensions.» Situation dont on était redevable à l'ouverture d'esprit de Jeanne et à sa franchise. Pierre Lafleur, qui fut un adjoint administratif aux Communications, trouvait singulièrement bon le moral du personnel que Jeanne avait sous ses ordres: «Elle était dure, oui. Mais tant que vous obteniez des résultats intéressants, elle vous laissait une bonne marge de manoeuvre. On se serait fendu en quatre pour elle!»

Susan Cornell est aujourd'hui cadre supérieur dans une entreprise de câblodistribution, après avoir été adjointe dans le bureau de Jeanne. Elle se rappelle les attentions dont celle-ci était capable: «Elle suscitait la loyauté des employés par le respect même qu'elle leur portait et les égards qu'elle avait pour eux. Avions-nous quelque problème? La porte de Jeanne nous était toujours ouverte. Une femme généreuse, avec ça. J'aimais porter des châles; or, un jour je vis sur elle un châle ravissant dont je lui fit compliment. L'après-midi même, quand on m'apporta le courrier, le châle en faisait partie, avec une note qui disait: «Il vous ira beaucoup mieux qu'à moi; je vous l'offre. Elle avait, comme ça, des gestes spontanés.»

Ministre des Communications, Jeanne aiguillonnait continuellement les radiodiffuseurs, les incitant à améliorer en quantité et en qualité le contenu canadien de leurs émissions. Un jour de février 1978, elle prenait la parole devant la «Broadcast Executives Society». Elle commença par citer un mot de Mavor Moore (autrefois directeur des émissions de la C.B.C.): «Nous avons la chance de produire quelque chose de neuf et de canadien.» Puis elle ajouta, après une pause bien calculée: «Eh oui! Nous avions une chance inouïe, et nous l'avons prise au vol. Mais nous avons ensuite découvert qu'il en coûtait moins cher d'importer des émissions.» Reconnaissant qu'elle ne pouvait elle-même obliger les entreprises de radio-télévison à augmenter la teneur canadienne de leurs émissions, elle rappelait quand même que le C.R.T.C. avait un tel pouvoir et qu'il prendrait en compte ce facteur dans le renouvellement des licences.

Parmi les responsabilités que Jeanne devait assumer comme membre du cabinet, il y avait la surveillance des activités du Parti dans deux régions du Québec: la Rive-Sud de l'Île de Montréal, et la péninsule gaspésienne jusqu'à Rimouski. Un certain week-end de février 1978, elle assista, dans cette dernière ville, à une houleuse assemblée d'investiture; la lutte se livrait entre un Montréalais employé du ministère fédéral de la Consommation et des Corporations, et une femme de la place, Éva Côté, vice-présidente de l'Association libérale du comté. Durant l'assemblée du samedi, le candidat montréalais avait fait un discours truffé de promesses démagogiques; il s'engageait par exemple, une fois élu, à donner à la Gaspésie une prospérité égale à celle que connaissait l'Alberta. (Ce devant quoi un spectateur avait lancé: «Ben, trouve-le, ton maudit pétrole!») Le vote, pris le lendemain dimanche, accorda à Éva Côté une écrasante majorité.

Ce jour-là, il ventait si fort à Rimouski que l'avion de Jeanne, un Viscount du Gouvernement, dut être attaché à la piste. À la nuit tombée, le vent, tout en continuant de hurler, s'apaisa assez pour permettre l'envolée vers Ottawa. Au-dessus du Saint-Laurent, l'avion se cabrait puis piquait du nez avec une violence qui remplit d'épouvante tous les passagers, et Jeanne plus particulièrement. Un des passagers, John Welch, se mit à parcourir l'allée en feignant de se signer et de réciter son acte de contrition. D'autres passagers quittèrent leur siège et, par dérision, s'agenouillèrent aussi. Pendant qu'autour d'elle on se livrait à cette sinistre parodie, Jeanne restait à sa place, s'agrippant désespérément au bras de Pierre Lafleur. Enfin, n'y pouvant plus tenir, elle se retourna et lança, les dents serrées: «Regagnez vos sièges. Si nous devons mourir, nous mourrons dans la dignité!»

Deux heures plus tard, l'avion se posait en douceur à Ottawa. Le lendemain, le candidat défait à l'assemblée d'investiture — c'était un Juif, fils d'un professeur marxiste bien connu — accusa Jeanne, sur les ondes d'une station de radio montréalaise, d'avoir noyauté l'assemblée de Rimouski; il la taxait encore de nazisme et d'antisémitisme. Jeanne aurait pu poursuivre l'individu devant les tribunaux, mais la démarche aurait heurté le sens qu'elle avait de la dignité. Quant à Éva Côté, elle fut défaite par le député créditiste au jour du scrutin; mais elle put, dans une élection subséquente, remporter enfin ce siège de Rimouski.

En septembre 1978, Jeanne obtint vingt-quatre millions de dollars pour l'agrandissement du laboratoire spatial David Florida, situé en banlieue d'Ottawa. Singulière réussite en cette époque d'austérité où le Conseil des ministres ne trouvait aucune rentabilité politique aux dépenses consacrées à la technologie spatiale. Convaincue que l'essor de notre industrie aérospatiale devait s'envisager dans une perspective à long terme, Jeanne ne s'embarrassait pas de capital politique immédiat. À cet égard, elle encourageait les industries à se spécialiser dans la fabrication de pièces et de composantes, plutôt que d'essayer de construire des véhicules spatiaux complets. Le succès du CANADARM, par exemple, confirme le bien-fondé d'une telle politique; ce robot de manipulation à distance, fabriqué par Spar Aerospace Limites, est en usage dans un programme d'une navette spaciale des États-Unis.

Jeanne obtint aussi des fonds — quelque neuf millions de dollars — pour la mise au point du Telidon, système qui fait appel à la télévision, au téléphone et à la technologie de l'ordinateur, pour emmagasiner de l'information, la consulter et la transmettre. Telidon peut déboucher sur de nombreuses applications, à divers niveaux d'utilisation — y compris l'usage domestique qui consiste à faire apparaître une information donnée sur un écran de téléviseur. Même s'il demeure à ce jour un échec sur le plan commercial, Telidon a été adopté comme standard mondial, et bien des milieux autorisés l'estiment d'au moins dix ans en avant de son temps.

L'intérêt que Jeanne portait à la technologie de pointe s'étendait à toutes les formes de la communication, y compris le téléphone. Il ne faut pas voir là une démarche purement intellectuelle: il s'agissait pour Jeanne de créer des emplois dans le secteur privé et d'aider les entreprises canadiennes à obtenir leur part du marché étranger. C'est dans cet esprit qu'elle fit traiter aux petits soins une délégation d'Arabie Saoudite en visite au Canada; celle-ci signa ultérieurement avec Bell Canada et Northern Telecom un contrat de plusieurs milliers de dollars. C'est aussi Telecom qui, chef de file mondialement reconnu dans son domaine, a décroché récemment un contrat qui a fait les manchettes: il consistait à installer à la Maison-Blanche un système très complexe d'échanges téléphoniques. Jeanne encouragea aussi les recherches sur la fibre optique, dont le principe consiste en ce que la lumière, entrant dans une fibre de verre, traverse celle-ci sur toute sa longueur sans qu'il y ait perte d'énergie. Or, la fibre optique se prête à un incroyable éventail d'applications en médecine, en photographie et en télévision.

Mais le programme qui fascina le plus Jeanne Sauvé et resta pour elle une priorité, fut celui des satellites. Que fit-on des vingt-quatre millions de dollars que Jeanne soutira du Conseil des ministres à l'intention du laboratoire David Florida? On s'en servit pour équiper l'établissement de telle sorte qu'il pût assembler des satellites et les mettre à l'épreuve. Durant son mandat comme ministre de la Science et de la Technologie, Jeanne présida au lancement de la deuxième génération de satellites canadiens. De celle-ci faisait partie le satellite Hermès, reconnu comme le plus avancé au monde; il empruntait du reste son nom au messager des dieux de la mythologie grecque.

Dans un autre domaine, Jeanne, s'adressant en juin 1978 à une assemblée d'exploitants canadiens et américains de la radio-télévision, leur servit un sérieux avertissement: faute pour l'industrie de faire son propre ménage et de resserrer son code d'éthique publicitaire, le Gouvernement allait se mettre de la partie. Trois problèmes paraissaient à Jeanne particulièrement préoccupants: la publicité qui s'adresse aux enfants; la publicité «engagée» (celle qui, par exemple, veut vous convaincre qu'il n'y a pas de réception réussie sans bière); et, enfin, la publicité qui exploite les stéréotypes féminins. Elle estimait souvent ridicule l'image que la publicité véhicule de la femme: «Une telle publicité est dégradante pour les femmes, en tenant celles-ci pour des bêtes de somme qui trouveraient leur parfait bonheur à offrir aux hommes des planchers plus nets ou des cols de chemises plus blancs. Non: les femmes savent fort bien que l'entretien des vêtements ne porte en soi aucune garantie de bonheur au foyer.»

Certes, Jeanne n'a rien d'une militante féministe — n'a-t-elle pas dit et répété qu'elle ne voyait pas à quoi il lui servirait «d'envoyer en l'air son soutien-gorge»? Mais cela dit, elle a défendu avec acharnement les droits de la femme. À l'été de 1978, elle fut invitée d'honneur à un lunch; ayant appris à la dernière minute que celui-ci se donnait au «Rideau-Club», elle déclina l'invitation. La raison? Cette prestigieuse institution outaouaise, fondée en 1865 par sir John A. Macdonald lui-même, n'admettait pas de femmes parmi ses membres. Jeanne, non contente de refuser d'y mettre les pieds, fit en sorte que le Gouvernement s'abstînt de recourir aux services du club tant que celui-ci exclurait la gent féminine. Le coup était dur, car le Club, faisant face à une exploitation déficitaire, comptait sur la clientèle des milieux gouvernementaux. L'année suivante, ce havre réservé aux hommes depuis plus d'un siècle élut membre la première femme de son histoire: Mme Jean Pigott, ex-députée conservatrice. Peu de gens, pourtant, connaissaient le rôle de Jeanne dans cette percée féministe. Le Club a depuis lors admis plusieurs autres femmes, il a renfloué ses finances et la liste d'attente est longue pour y entrer.

Fin novembre 1978, Jeanne prononça devant la chambre de commerce de Montréal une allocution consacrée au référendum que le Québec allait bientôt tenir. Aux applaudissements de l'assemblée, elle déclara que «le Parti québécois, consciemment et délibérément, était en train d'enfermer la population dans un déni de démocratie». Ce discours reçut aussi un accueil élogieux dans les colonnes du *Calgary Herald*, pourtant peu enclin à lancer des fleurs aux libéraux — surtout quand ils sont du Québec:

> Jeanne Sauvé, ministre fédéral des Communications, a dit bien haut ce que les autres membres du Cabinet n'osent affirmer: que les leaders du Parti québécois persistent à parler de la question sans la définir clairement.

Avec une honnêteté surprenante, Madame Sauvé nous apporte une bouffée d'air frais quand elle affirme que René Lévesque et ses ministres inventent toutes sortes de formules lénifiantes pour réduire la portée de leurs propositions en vue du référendum prochain.

Par la faute du P.Q. mais aussi par celle des porte-parole fédéraux, la question de la sécession du Québec a été enrobée de tant de rhétorique et de circonlocutions que le Canadien moyen serait bien en peine de savoir de quoi il retourne, encore moins de porter un jugement.

Si Jeanne était seule de tout le Cabinet à afficher ses couleurs sur la question du référendum, elle n'était pas seule de la famille Sauvé à le faire. Plus tôt cette année-là, Maurice avait été nommé président du groupe Québec-Canada. Cet organisme, qui comptait au-delà de cent mille membres, regroupait, au Québec, l'essentiel des forces favorables à l'unité du pays.

En décembre 1978, Jeanne fut nommée conseillère francophone auprès du ministre des Affaire extérieures, Donald Jamieson. Elle remplaçait à ce poste Jean-Pierre Goyer, ex-ministre des Approvisionnements et Services, qui venait d'être écarté du Cabinet. Jamieson ne parlant pas le français, Jeanne aurait pour rôle de le représenter auprès de l'Organisation pour la coopération culturelle et technique (dont le siège était à Paris), ainsi que dans les négociations diplomatiques avec les pays francophones. Jeanne n'eut cependant pas l'occasion de voyager dans l'exercice de ces fonctions, car Trudeau, qui s'apprêtait à déclencher un élection générale, la pria de ne pas quitter le pays.

Pendant deux ans, Jeanne s'était employée à convaincre l'industrie de la publicité de rectifier son tir dans le choix des images qu'elle projetait de la femme. Au printemps 1979, elle mobilisa le C.R.T.C. afin qu'il mît son poids dans la balance. Tom Blakeley, président de l'Association canadienne des annonceurs, déclara au *Globe and Mail* que les gens du métier «prêteraient au C.R.T.C. leur pleine collaboration». «Mais, avertissait-il, je crois sincèrement que, pour annoncer un produit dont la clientèle cible est composée de ménagères âgées de dix-huit à trente-cinq ans, on serait parfaitement idiot d'afficher un homme dans ce rôle.»

Avant même le début des audiences du C.R.T.C. sur cette question, Trudeau annonça pour le 22 mai une élection générale. Or, Jeanne se trouvait en présence d'une circonscription, celle d'Ahuntsic, qui avait doublé d'étendue par suite d'une nouvelle distribution de la carte électorale; elle arrivait mal à évaluer la situation. Sa circonscription, rebaptisée Laval-des-Rapides, incluait désormais un certain nombre de quartiers qui avaient voté en faveur du Parti québécois à l'élection provinciale de 1976. (Coïncidence, son principal adversaire, le candidat conservateur, se trouvait être un avocat de trente-deux ans, du nom de... Pierre Trudeau.)

Elle n'en décida pas moins, comme pour les précédentes campagnes, de parcourir la province pour prêter main-forte à d'autres candidats libéraux; dans sa propre circonscription, elle adopta l'allure discrète qui lui avait si bien réussi. Ses électeurs lui accordèrent la plus forte majorité de sa carrière, soit trente et un mille voix. Au soir de l'élection, elle déclarait à *The Gazette*: «Fantastique! J'en suis toute ébahie. Comme les deux tiers de mon comté étaient nouveaux pour moi, j'avais l'impression de vivre ma première campagne électorale.»

Hélas, la situation était moins rose pour le Parti libéral: les conservateurs, sous la direction de Joe Clark, s'emparaient de cent trente-six sièges alors que les libéraux n'en avaient que cent quatorze, le Nouveau Parti démocratique, vingt-six, et le Crédit social, bon dernier, six.

À son retour à Ottawa, Jeanne fut désignée critique officiel de l'opposition en matière de communications. «Je devins bientôt très active à la Chambre des communes. Tout ça me plaisait beaucoup, mais le comité parlementaire des Communications avait quelque chose de frustrant: je disposais de dix courtes minutes pour interroger toutes les personnes qui comparaissaient devant le comité. Or, que peut-on faire en dix minutes? Vous examinez le problème, vous posez des questions et ça vous prend vingt minutes pour en arriver aux faits.»

Mais la suite des événements fit que Jeanne n'eut pas à moisir sur les banquettes de l'opposition. La session du Parlement s'ouvrit en octobre 1979 et, le 21 novembre, Pierre Trudeau annonçait sa démission à titre de chef du Parti libéral. Trois semaines plus tard — on était au 13 décembre —, les conservateurs, dans un geste suicidaire, sollicitaient au sujet du budget Crosbie un vote de confiance qu'ils auraient pu éviter. Jeanne, à son entrée à la Chambre ce soir-là, déclarait d'ailleurs à un journaliste: «Je ne sais vraiment pas pourquoi nous prenons ce vote.» Car, contrairement à la plupart de ses collègues libéraux, elle aurait voulu laisser aux conservateurs leur chance — l'occasion, quoi, de multiplier les gaffes. Dès vingt-deux heures trente, les jeux étaient faits et le gouvernement conservateur, renversé.

Le lendemain matin, les parlementaires libéraux se réunissaient dans le but d'établir leur stratégie pour l'élection fixée au 18 février. Sans chef, sans programme, ils étaient dans le désarroi total. Il leur fallait d'abord décider du choix d'un chef. Jeanne, avec bien d'autres libéraux, aurait volontiers rappelé John Turner de son exil volontaire à Toronto. L'assemblée se fragmenta en groupes correspondant aux régions du pays, puis revint en séance plénière après le déjeuner. À plusieurs reprises, Trudeau lui-même et son bras droit Allan MacEachen s'adressèrent à l'assemblée plénière. «MacEachen, raconte Jeanne, s'obstinait à tirer des conclusions qui n'avaient pas encore reçu l'assentiment général. Puis le cirque recommençait.» Les réunions traînèrent jusqu'à presque minuit; à la fin, rien n'était encore décidé si ce n'est qu'on prierait Trudeau de reprendre les rênes. Le comportement de MacEachen à cet égard équivalait, si l'on en croit les commentaires que Jeanne en fit plus tard, à «un viol du caucus». Après trois jours, Trudeau annonçait sa décision de reprendre la direction du Parti.

Dans son comté, Jeanne dut cette fois faire face à cinq adversaires, dont Alain «Bugs» Bonnier, du Parti Rhinocéros; elle obtint quand même une confortable marge de vingt-neuf mille voix. À l'échelle du pays, le classement fut le suivant: cent quarante-six sièges libéraux, cent trois conservateurs, trente-deux néo-démocrates; quant au Parti créditiste, il était balayé de la carte. Voilà donc les libéraux de nouveau au gouvernail.

L'élection passée, Jeanne n'était pas sûre de se voir offrir un siège au Conseil des ministres. Dans l'attente du coup de téléphone fatidique, elle continuait de lorgner les Affaires extérieures. Mais elle était consciente des facteurs qui compromettaient sa cote dans l'entourage de Trudeau: cela avait d'abord été sa réticence à souscrire au vote de non-confiance qui devait renverser le gouvernement conservateur, et ensuite l'appui qu'elle avait ouvertement accordé à John Turner, ennemi juré de Trudeau. Quand le premier ministre lui téléphona pour lui offrir la présidence de la Chambre des communes, ce fut la stupéfaction: «Oh non, pas ça!» s'exclama-t-elle.

La contre-attaque de Trudeau vantant l'importance du poste laissa Jeanne incrédule. Changeant son fusil d'épaule il plaida: «Tu sais, Jeanne, un titre de ministre tombera vite dans l'oubli quand tu quitteras la politique; mais tout le monde se rappellera le nom de la première femme présidente de la Chambre.» L'argument n'impressionna guère Jeanne, qui pensait en elle-même: «Au diable tout cela! Qui donc tient à demeurer dans la mémoire du public? Tout ce que je cherche, c'est de faire quelque chose que j'aime!»

La conversation se poursuivit quelques moments, puis Jeanne s'enquit:

«Si je refuse la présidence de la Chambre, y aura-t-il pour moi un poste au Cabinet?

— Oui, d'assurer Trudeau.

— Avec quel portefeuille?

— Ça, je ne te le dis pas.»

La conversation allait prendre fin sur cette note pleine de sous-entendus. Avant de raccrocher, Jeanne convint de communiquer sa décision par téléphone avant midi le lendemain.

CHAPITRE 8

La présidente de la Chambre des communes, 1980-1984

Le lendemain matin, Jeanne, plutôt que d'appeler Pierre Trudeau, prit le premier train pour Ottawa et s'en fut le rencontrer à son bureau même. Au cours de leur conversation, Trudeau lui expliqua les raisons qu'il avait de faire d'elle la présidente de la Chambre: d'une part, c'était au tour d'un francophone d'occuper ce poste et, d'autre part, le temps était venu d'y installer une femme. Le nom de Jeanne paraissait un choix logique: elle avait le tempérament et la prestance de l'emploi, et son passé politique, loin d'être étroitement partisan, la rendrait acceptable aux yeux de l'opposition.

Cruel dilemme pour Jeanne. Refuserait-elle? On perdrait alors l'occasion de voir une femme accéder à cette fonction. Accepterait-elle? Elle ne pourrait plus prendre parti dans les débats politiques. Or, elle tenait beaucoup à participer au référendum québécois. Trudeau, qui partageait ses sentiments sur la question de l'unité nationale, trancha le problème en assurant Jeanne que, nommée à la présidence de la Chambre, elle pourrait prendre publiquement position sur la question référendaire.

Par mesure de précaution, elle alla voir Joe Clark, chef de l'opposition, et Ed Broadbent, chef du Nouveau Parti démocratique, pour obtenir leur bénédiction. Clark convint immédiatement qu'elle pût prendre part au débat constitutionnel, mais Broadbent émit là-dessus des réserves. Jeanne devinait une des sources de ses hésitations: bon nombre de séparatistes n'étaient-ils pas d'allégeance socialiste et, par là même, sympathisants néo-démocrates? Elle s'en ouvrit à Broadbent, dont elle obtint l'accord.

Le rôle de président de la Chambre des communes est par définition celui d'un arbitre: «Équilibriste, jongleur et parfois même dompteur de lions», dira un jour Pierre Trudeau. Ouvrons ici l'ouvrage de Gary Levy, intitulé *Les Présidents de la Chambre des communes* (Bibliothèque du Parlement, Ottawa, 1984):

> Il préside aux débats de la Chambre. Durant la période de questions, il use de moyens très subtils pour garder le contrôle de la situation. Il donne la parole à chaque intervenant, statue sur des motions d'ordre, décide si telle question de privilège a préséance sur les affaires courantes, rappelle à l'ordre une assemblée houleuse, autorise ou refuse un débat d'urgence et, d'une façon générale, interprète les règlements de la Chambre en fonction de la tradition. Possède-t-il quelque formation juridique? Elle lui sera d'un grand secours dans les méandres de la procédure parlementaire. Mais les qualités personnelles du titulaire ont plus d'importance encore que sa formation professionnelle. Le président doit faire preuve d'autorité sans verser dans l'arbitraire, garder son rang sans manquer d'esprit ni d'humour, se démarquer des autres députés sans paraître distant. Il doit, par-dessus tout, traiter avec une totale impartialité tous les députés et tous les partis.

La fonction jouit d'un grand prestige: le protocole la situe en cinquième position, après le gouverneur général, le premier ministre, le juge en chef de la Cour suprême et le président du Sénat. Le titulaire reçoit un salaire de ministre, dispose d'un appartement privé dans l'immeuble central du Parlement et a la jouissance d'une résidence secondaire située non loin d'Ottawa, dans les collines de la Gatineau: «la Ferme», autrefois propriété du premier ministre Mackenzie King. Le président bénéficie également de généreuses allocations de voyage et de réception, dans l'exercice d'un de ses devoirs qui consiste à accueillir des invités de l'État.

Le rôle ne va pas sans inconvénients. Ses titulaires sont généralement appelés à mettre fin à toute carrière politique: on les retrouve par la suite sénateurs, juges ou ambassadeurs. Mais si on voit dans le président «le premier parmi ses pairs», il est d'abord le serviteur de la Chambre et doit renoncer à représenter efficacement la circonscription qui l'a élu. Il n'est appelé à voter qu'en cas d'égalité des voix; et, même alors, son vote doit ouvrir la porte à un prolongement du débat. Sa fonction l'isole de son ancien parti et de ses amis politiques. Elle lui impose une lourde tâche, souvent accomplie au milieu de pénibles tensions.

La réaction du public fut généralement très favorable à l'annonce de la nomination. La seule note discordante vint de Laure Sabia, ex-présidente du Conseil ontarien du statut de la femme: Mme Sabia, dans une conférence sur «les Femmes et la politique», prétendit que madame Sauvé s'était «émasculée» en acceptant ce poste. Cette parole — en outre qu'elle trahissait une singulière ignorance de l'anatomie féminine — permettait de mesurer l'hostilité que le mouvement féministe vouait à Jeanne.

Pour se préparer à son nouveau rôle, Jeanne suivit un cours intensif de procédure parlementaire, sous la gouverne de Beverley Koester, greffier des Communes. Car, nommée ministre dès son entrée au Parlement, Jeanne n'avait que peu d'expérience de la Chambre elle-même. Elle devait apprendre, entre autres choses, les cent seize règles des Communes, se familiariser avec une infinité de règlements et de précédents, souvent rédigés dans une langue absconse. Il fallait encore — singulier défi — graver dans sa mémoire les traits et les noms des deux cent quatre-vingt-deux députés ainsi que leurs circonscriptions respectives. Koester, qui allait être son bras droit, entreprit ses leçons début mars: il fallait faire vite, puisque le Parlement était convoqué dans les six semaines. Jeanne y serait parvenue, n'eût été ce léger excès de confiance en elle-même qui l'amena à prendre avec Maurice de courtes vacances en Europe. Pendant ce temps, Koester dut être hospitalisé pour une grave intervention chirurgicale. Jeanne se trouva donc à son retour privée de son conseiller le plus précieux, en compagnie d'adjoints souvent peu expérimentés. Quand donc la session s'ouvrit le 14 avril, Jeanne y était mal préparée, en partie par sa propre faute, en partie par suite des circonstances.

Le rituel de l'élection du président remonte aux origines du parlementarisme britannique. Au dix-septième siècle, deux de ces présidents finirent sur l'échafaud: de là la coutume qui veut que, durant la cérémonie d'intronisation, le nouveau président feigne quelque hésitation à accepter la charge. Au parlement canadien, ce rituel tourne à la rigolade: les gens qui accompagnent le président vers son fauteuil le pressent de quelques coups de pied dans les jambes. Au moment où le chef de l'opposition et le premier ministre descendaient avec Jeanne la grande allée, le second lui murmura: «Ne résistez pas trop fort, de crainte que nous ne devions vous lancer des coups de pied!»

Le président occupe, à l'extrémité de la salle une sorte de cathèdre surélevée et finement sculptée. À ses pieds, deux pages sont assis sur les degrés; chaque fois que le président s'adresse à la Chambre, ils se tiennent debout, bras croisés. Les banquettes situées à la droite du président sont réservées aux membres du parti au pouvoir; à sa gauche, ce sont les banquettes de l'opposition. La tradition veut que la largeur de l'allée qui sépare les deux travées équivale à la longueur de deux épées. Le greffier de la Chambre et ses assistants, vêtus de noir, siègent devant une table placée dans l'allée, juste en face du président. Tant que siège ce dernier, on voit sur cette table la masse, sorte de sceptre doré symbolisant l'autorité du Parlement.

Les dimensions du fauteuil présidentiel sont telles que Jeanne, quand elle s'y assit pour la première fois, n'arriva pas à toucher le sol avec ses pieds. Expérience émouvante, cependant. Inoubliable. «Cette sensation d'être placée au-dessus de tous, entre les deux partis opposés, vous rappelle votre devoir d'impartialité. À elle seule, l'organisation des lieux vaut mille enseignements et a quelque chose d'écrasant.»

Le président porte un habit de cour, fait d'une toge noire complétée d'un sac, d'un tricorne noir et de gants blancs. Avec le souci d'élégance qui la caractérise, Jeanne refusa un tel uniforme, de crainte de passer pour un travesti. Elle commanda plutôt à ses couturiers montréalais, Serge et Réal, un costume ressemblant de fort près à l'original, mais fait de laine noire lisérée de soie, et accompagné d'un chapeau de feutre noir.

Le 15 avril, lendemain de son élection à la présidence, Jeanne participa, au Forum de Montréal, à un gigantesque rassemblement féminin. L'organisation de celui-ci était née d'une remarque de Lise Payette, ministre du Développement social au sein du gouvernement péquiste; sur un ton méprisant, Payette avait traité d'«Yvette» Mme Madeleine Ryan, épouse du chef libéral provincial Claude Ryan. (Dans certains manuels québécois destinés aux enfants des écoles primaires, ce prénom d'Yvette désigne la petite fille obéissante, dépourvue de personnalité.) L'insulte proférée par Payette avait fait le tour de la province, convainquant d'adhérer au camp fédéraliste de Ryan beaucoup de femmes restées jusque-là indifférentes à la campagne référendaire. On vit des rassemblements d'«Yvettes» s'organiser spontanément dans plusieurs centres urbains; celui du Forum de Montréal réunit quelque quinze mille femmes. Comme le racontait Jeanne: «Au Forum, l'atmosphère était toute de douceur et de sérénité; certaines femmes portaient des fleurs à la main — un vrai souffle de fraîcheur. Enthousiaste, l'assistance n'avait rien d'hystérique; aucun militantisme, mais une tranquille détermination.»

Sur l'estrade, Jeanne avait pour compagnes plusieurs Québécoises bien connues, comme Thérèse Casgrain, qui avait toujours été pour elle un modèle. Quatre fois mère, la sénatrice Casgrain avait autrefois mené une lutte pour l'accession des femmes au droit de vote. Dans les années 30, elle avait fait de la radio et animé, en particulier, l'émission «Fémina». Durant la guerre, elle avait fait partie du comité féminin de surveillance, au sein de la Commission des prix et du commerce en temps de guerre. Militante politique, ennemie jurée de Duplessis, Madame Casgrain était par la suite devenue chef de l'aile québécoise de la C.C.F. et avait fondé dans les années 60 la ligue des droits de l'homme. Nommée au Sénat en 1970, elle mourut en 1981.

Dans le discours que Jeanne prononça ce soir-là, comme dans tous ceux par lesquels elle se porta à la défense de la cause fédéraliste, chaque mot était soigneusement pesé. «Je ne livrais que des discours préparés par écrit, afin de ne pas me laisser emporter», explique-t-elle. Le phénomène des «Yvettes» marqua d'ailleurs un point tournant dans la campagne référendaire, et le scrutin du 20 mai dégagea une substantielle majorité en faveur du «non».

Le jour de l'intronisation, toute la Chambre, debout, fit à Jeanne une ovation. Peut-être celle qui recevait l'hommage ne se rendit-elle pas immédiatement compte de ce que celui-ci avait de fragile; sous cette allure bienveillante, la Chambre des communes cachait une humeur morose, entre les conservateurs dépités de leur défaite et les libéraux revanchards, irrités d'un inhabituel séjour dans l'opposition.

Chargée de mener la barque des Communes, Jeanne se trouva au plus épais de la mêlée. Les députés, on le sait, ne sont pas censés s'interpeller directement, ni s'appeler par leurs noms; on les désigne par leur fonction ou par la circonscription qu'ils représentent, comme «le ministre des Finances» ou «l'honorable député de La-Trappe-à-Souris». Faisant fi du protocole, les insultes volaient de toutes parts, et les élus du peuple se comportaient comme une troupe d'écoliers chahuteurs — surtout durant les quarante-cinq minutes de la période de questions ou à l'occasion d'un débat survolté.

Très tôt Madame la présidente fit face à des problèmes. Il y avait d'abord sa difficulté à se rappeler les noms des députés, de quelque parti qu'ils fussent, ou les noms de leurs circonscriptions; puis, on l'accusa de pencher en faveur des libéraux. Privée des conseils du greffier de la Chambre, encore hospitalisé, elle se perdait parfois dans le dédale des règlements. De toute l'histoire du Parlement canadien, elle était la seule, avec un autre titulaire, à n'avoir pas de formation juridique sur laquelle appuyer son autorité, de sorte qu'on mettait volontiers en doute sa compétence. En temps normal, on traite avec indulgence un nouveau président. Mais vivait-on des temps normaux?

Sept députés du N.P.D. prirent un jour la mouche et quittèrent la Chambre. Un autre jour, un groupe de députés libéraux furieux de se voir sans cesse laissés pour compte, se liguèrent pour offrir à Jeanne... une lorgnette; en guise de remerciement pour ce cadeau (qu'elle utilise encore), elle les invita à

182

dîner. L'expérience qu'elle avait de la radio-télévision l'amenait d'instinct à formuler ses décisions avec une précision et un laconisme qui aggravaient encore la frustration de ses victimes. Ainsi, par exemple, tel député de l'opposition qui avait mis des jours à préparer son intervention était vexé d'entendre la présidente écarter celle-ci en quelques mots; le même verdict, enrobé de longues phrases, eût sans doute mieux respecté l'amour-propre de l'intervenant. Jeanne était du reste aux prises avec le phénomène récent de la télédiffusion des débats des Communes: les députés étaient désormais conscients d'avoir comme auditoire l'ensemble du pays. Pour les caméras, on ne faisait pas que soigner sa tenue vestimentaire; on posait, on faisait volontiers de l'épate.

Et puis, voilà qu'une femme occupait maintenant la présidence, dans cette ancienne chasse gardée masculine. (En fait, il n'y avait encore, en cette année 1980, que quatorze femmes au Parlement.) Il ne manquait certes pas de chauvins pour déplorer que se fût encore élargi le cercle des femmes habilitées à vous dire quoi faire: après la mère, il y avait eu la succession de maîtresses d'école, puis l'épouse; il ne manquait plus que la présidente de la Chambre des communes!

Aussi la presse ne tarda-t-elle pas à monter en épingle les difficultés que Jeanne éprouvait dans son nouveau rôle. La présidente expliquait un jour à Pamela Wallin, du *Toronto Star*, que la plupart des critiques venaient «de simples députés qui, à l'occasion de leur apparition hebdomadaire à la Chambre, espèrent bien pouvoir prendre la parole». Fin juillet, le *Guardian and Patriot*, de Charlottetown, publiait sous le titre de «Des vacances pour la présidente», un article de Stewart MacLeod, diffusé par le «Thomson News Service»:

> La dispute et la zizanie qui règnent en maîtres au Parlement font souhaiter l'arrivée prochaine des vacances d'été. Mais celles-ci sont tout aussi nécessaires à la présidente de la Chambre, à qui elles permettront de reprendre son souffle et de régler son tir, pour prendre à l'automne un nouveau départ: ce sera comme la mi-temps pour une équipe de football. La comparaison peut paraître indélicate, mais il faut

reconnaître que Madame Sauvé a éprouvé quelques difficultés à tenir tête à l'opposition. La mi-temps se prêterait bien à de tels ajustements.

Le président n'a pas pour seule tâche de veiller au bon déroulement des débats; il assume aussi la responsabilité de l'administration de la Chambre. Étalée sur cinq immeubles, cette institution dispose d'un budget annuel de plus de cent millions de dollars et d'un personnel dépassant trois mille employés. On l'a souvent comparée à une petite ville, avec son propre bureau de poste, son journal (*Les Débats de la Chambre des communes*), sa force policière, un magasin de boissons alcoolisées, un salon de coiffure pour hommes et un autre pour dames, un poste de premiers soins, et même un service de minibus pour transporter les employés d'un immeuble à un autre. Le personnel couvre un vaste éventail de disciplines: maîtres d'hôtel, chefs cuisiniers (on compte sept restaurants, ainsi que plusieurs salles à manger privées), informaticiens, serruriers, bibliothécaires, charpentiers, traducteurs, guides (pour accueillir les centaines de milliers de touristes venus chaque année visiter les immeubles du Parlement), ainsi qu'un carillonneur pour faire chanter les cloches de la tour de la Paix. Le personnel comprend jusqu'à un sculpteur qui, avec l'aide d'une demi-douzaine d'assistants, s'emploie à orner les pierres qui se trouvent à l'intérieur des immeubles.

Deux semaines après avoir pris possession de son poste, Jeanne vit atterrir sur sa table de travail un rapport confidentiel dû à la plume du vérificateur général et consacré à l'administration de la Chambre des communes. Il couronnait une étude qu'avait demandée le prédécesseur de Jeanne, M. James Jerome, sur recommandation du Comité permanent inter-partis pour l'administration et les services. Dans une lettre qui résumait les cent dix-huit pages de son rapport, le vérificateur général, M. James Macdonnell, s'exprimait en ces termes: «...La qualité de l'administration générale et de la gestion financière (de la Chambre des communes) est inférieure aux plus bas standards exigibles.»

Au cours des quinze années précédentes, le budget des Communes avait déculpé, passant de neuf millions six cent mille

184

dollars à quatre-vingt-seize millions, et le nombre d'employés avait triplé pour dépasser les trois mille. Chiffres étonnants, certes; mais tout le monde savait que la pagaille administrative régnait sur la colline parlementaire. En 1964, c'est-à-dire un an avant que le budget n'amorçât sa spirale inflationniste, une étude de la Commission de la fonction publique avait relevé là cent soixante-dix problèmes administratifs.

Comment une telle situation avait-elle pu se perpétuer au vu et su de tous? Il y avait à cela plus d'une raison. La principale, c'était que le souci réel que s'en faisaient les uns, tout comme l'appui théorique que d'autres apportaient à l'idée d'un grand ménage, se heurtaient à l'absence, presque généralisée sur la colline, d'une volonté de changement profond. Autre raison tout aussi importante: bien des parlementaires estimaient que le pouvoir dont ils étaient investis leur donnait droit à certains services, quel qu'en fût le prix. Et cette mentalité tenait à la tradition de l'immunité parlementaire. Les membres du Parlement sont soustraits à certaines dispositions de la Loi: nul ne peut, par exemple, les poursuivre pour diffamation à la suite de propos tenus en Chambre; on ne saurait, non plus, les arrêter pour quelque offense criminelle commise dans l'enceinte du Parlement; de même, on ne peut les forcer à témoigner en cour ni à faire partie d'un jury.

C'est justement pour assurer le respect de ces prérogatives que le Parlement a toujours fonctionné comme une entité distincte du reste de l'appareil gouvernemental. Le Parlement ne fait pas — et n'a jamais fait — partie intégrante de la fonction publique fédérale. Même son personnel non élu possède un statut spécial: il n'est généralement pas soumis à la Loi de la fonction publique, mais répond de ses actes devant le Parlement lui-même. Bref, le Parlement se gère lui-même et ne souffre aucune intervention extérieure.

Certes, le vérificateur général, même en sa qualité de chien de garde des finances du pays, n'aurait pu sans invitation mettre le pied sur la colline. Mais voilà que le Parlement l'avait prié de faire enquête sur l'administration des Communes: on ne pouvait désormais fermer les yeux sur ses constatations. Le 31 octobre 1979, MacDonnell avait remis au président Jerome un rapport intérimaire, déposé le lendemain devant la Chambre. Il y recommandait en particulier de dissocier les deux responsabilités: d'une part la direction des débats, et de l'autre l'administration. Or le greffier, tout en accordant la priorité à la conduite des débats (où il était à plein temps le conseiller du président), assumait également la responsabilité administrative. Le vérificateur recommandait donc la nomination d'un haut fonctionnaire qu'on chargeait de cette dernière. En déposant ce rapport devant la Chambre, le président avait annoncé que Rhéal Chatelain, premier adjoint du vérificateur général, acceptait le rôle d'administrateur intérimaire, devant l'urgence de la situation. Walter Baker, leader de la majorité gouvernementale, avait approuvé cette attitude, dans une allocution terminée par ces mots: «Au nom du Gouvernement, je déclare que nous appuyons les mesures que vous avez prises dans cette affaire.»

Ainsi donc, le nettoyage administratif semblait bien engagé. Mais, quelques semaines après la nomination de Chatelain, les conservateurs furent défaits en Chambre et le Parlement, dissout. Et Jerome, plutôt que de participer à la nouvelle élection, accepta le poste d'adjoint au juge en chef de la Cour suprême du Canada. D'un coup, Chatelain se trouvait privé et de l'appui de son parrain et de l'autorité reçue du gouvernement défait. Il fit de son mieux, mais ne trouva partout que suspicion, méfiance et hostilité. Évoquant dans une entrevue à Radio-Canada son séjour sur la colline parlementaire il déclarera plus tard: «J'ai passé là huit ou neuf mois qui m'ont paru huit ou neuf ans!»

À l'ouverture de la session en avril 1980, on tenait généralement pour assurés la mise au rancart de la réforme, le congédiement de Chatelain et le retour aux bonnes vieilles habitudes de la colline. On exerçait même sur la nouvelle présidente des pressions pour qu'elle rangeât aux oubliettes le rapport Macdonnell.

Pour Jeanne, qui avait fort à faire avec la conduite des débats, c'était l'échappatoire facile. Après tout, les libéraux n'avaient accordé au rapport aucun appui officiel avant de reprendre le pouvoir. N'était-on pas en présence d'un nouveau parlement? Et l'étude si controversée n'avait-elle pas été commandée par l'ancien président? Une autre solution s'offrait du reste à Jeanne: effectuer quelques réformettes et laisser s'éteindre l'affaire.

Mais l'étude attentive du rapport Macdonnell convainquit Jeanne qu'il fallait nettoyer ces écuries d'Augias.

Elle se rendait compte, en particulier, que le favoritisme régnait en maître; l'embauche du personnel faisait appel à un réseau d'amis et de connaissances plutôt qu'à des critères de compétence. Et cette tradition de favoritisme était enracinée depuis un temps immémorial. Sir John A. Macdonald n'observait-il pas, dès 1880, qu'«on reconnaissait depuis des années les vices du système (d'embauche du personnel à la Chambre). Bien des employés, sans instruction ni expérience, n'étaient nullement qualifiés pour leur emploi...» Ce régime de faveurs, outre qu'il faisait fi de la valeur de chacun, menait tout droit au népotisme et à la constitution de petits fiefs. Ainsi voyait-on un haut commis, qui avait quitté dès la septième année les bancs de l'école, distribuer à ses petits amis le temps supplémentaire rémunéré, les congés spéciaux et autres passe-droits qu'il refusait à quiconque ne lui léchait pas les bottes. Selon le degré d'amitié qui liait chacun, un nouveau venu pouvait recevoir un salaire supérieur à celui de tel employé en poste depuis dix ans.

Pratiques déplorables, donc, dans l'embauche du personnel. Mais on avait de même perdu tout contrôle des dépenses. L'inflation du personnel sautait presque partout aux yeux, particulièrement dans le secteur de l'entretien et celui des cafétérias. Don Boudria qui, de tous les anciens employés du Parlement, fut le seul à s'y faire élire par la suite, se rappelait comment, à quelqu'un qui demandait le déménagement d'un pupitre, on envoyait six ou sept hommes là où deux ou trois eussent suffi. Des préposés à l'entretien recevaient plein salaire pour la journée de sept heures et trois quarts, alors qu'ils en passaient quatre et demi en pause café et en repas, et un autre dans l'oisiveté la plus totale. L'entretien, au Parlement, coûtait deux ou trois fois plus cher par pied carré que dans les autres immeubles gouvernementaux ou que dans le secteur privé.

Mêmes constatations au sujet du service des achats: on y procédait généralemnt sans appels d'offre, s'adressant souvent à des détaillants plutôt qu'à des grossistes. Citons à titre d'exemple

187

l'achat de réfrigérateurs destinés aux bureaux des députés. L'un des députés souffrait-il de diabète, il avait droit, pour la conservation de son insuline, à un réfrigérateur qu'il lui suffisait de demander au huissier. Or, on découvrit ainsi que, sur deux cent quatre-vingt-deux représentants du peuple, cent souffraient de cette maladie (proportion que contredisent toutes les statistiques médicales), et presque tous ces appareils avaient été achetés par petits lots, dans des magasins de détail.

L'administration générale laissait tout autant à désirer. Les manuels de politiques administratives et les définitions de tâches restaient inconnus. Aucun programme ne présidait à la formation des cadres ou des ouvriers. Le service de la paie s'avouait incapable de fournir une liste à jour du personnel; incapable aussi d'expliquer l'incroyable augmentation du nombre d'heures supplémentaires rémunérées — phénomène d'autant plus mystérieux que la Chambre était en vacances. Quant au service du personnel, on y était réduit à jouer aux cartes, parce que l'embauche se faisait à quatre-vingts pour cent sans la consultation de ses membres.

Depuis des années, les députés fermaient les yeux sur cette situation, dont pourtant leurs commettants payaient la note. Personne, avant Jeanne, n'avait osé remettre en question le système établi: cela eût heurté de front des traditions trop profondément enracinées, des pratiques trop commodes pour trop de gens.

Jeanne savait pourtant que pour mettre en oeuvre les recommandations du vérificateur, elle devrait livrer bataille, se créer des ennemis, multiplier sur sa route les difficultés déjà nombreuses. Elle fonça quand même.

Elle convoqua d'abord le comité de direction pour lui faire part de sa décision. Ce petit comité, que d'office elle présidait, était formé avec elle de quatre hauts fonctionnaires: l'adjoint au président, C. Lloyd Francis; le greffier, Beverley Koester; le huissier, le major général M. G. (Gus) Cloutier; et l'administrateur intérimaire, Rhéal Chatelain. Ce comité avait autorité pour définir les règles administratives de la Chambre. Jeanne obtint de cette réunion un appui total à son plan de réforme, et l'on convint de nommer dans les meilleurs délais un administrateur permanent. Elle fit ensuite part de ses intentions à la Commission de l'économie interne et au Comité de la gestion et des services aux députés. La première, sous la direction du président de la Chambre, était alors composée de quatre ministres du Cabinet; elle avait autorité sur toutes les questions financières et administratives concernant les Communes. Le second comité, composé de députés provenant aussi bien du parti au pouvoir que de l'opposition, n'avait que voix consultative, sans pouvoir de décision.

Au début de juillet 1980, après l'étude de plusieurs candidatures, le comité de direction choisit à l'unanimité comme administrateur permanent un certain Arthur Silverman. Celui-ci, âgé de trente-cinq ans, avait été adjoint au sous-ministre des Communications. Fonctionnaire dévoué, passionné d'efficacité, il était certes l'homme de l'emploi; mais sur la colline, son manque de tact allait irriter plus d'une personne. À la mi-juillet, la Commission de l'économie interne sanctionna cette nomination, qui reçut deux jours plus tard l'aval de la Commisson de l'administration. Le meneur de jeu étant maintenant en selle, Jeanne pouvait enclencher l'opération nettoyage.

Silverman eut tôt fait de recruter une équipe par le truchement de la Commission de la fonction publique; puis il se mit à l'oeuvre. Un de ses principaux lieutenants, intégré à l'équipe une semaine après la nomination de Silverman, dépeignait récemment en termes peu flatteurs la situation qu'ils découvrirent: «On n'a pas idée des usages qui régnaient sur la colline, ni des conflits qui y sévissaient.» L'équipe de Silverman, après avoir évalué les méthodes de travail en vigueur — qu'elle jugea moyenâgeuses — entreprit de diffuser des directives propres à mettre de l'ordre dans la placé. Il fallait ensuite, deuxième étape, sabrer dans le personnel existant. On disposa de quatre cadres par voie de mutations ou d'indemnités de départ, et l'on congédia une douzaine d'employés trouvés coupables, par exemple, d'ivrognerie ou d'agressivité. On dut même poursuivre pour un vol de soixante-cinq mille dollars un employé qui par la suite écopa de six mois d'emprisonnement. On mit à la retraite bon nombre d'aînés, dont plusieurs femmes de ménage octogénaires. D'autres enfin quittèrent de leur propre chef, sentant à jamais révolu le bon vieux temps. Mais on ne congédia personne parmi les «cols bleus», laissant désormais faire leur oeuvre le vieillissement des uns et le départ spontané des autres.

Le service du personnel, rebaptisé «service des ressources humaines», vit quintupler sa taille. Il s'employa à examiner tous les postes et à les classer. Il élabora, pour chaque niveau d'emplois, un programme de formation qu'on mit immédiatement en place. Les contrôles budgétaires devinrent beaucoup plus rigoureux et efficaces. Enfin, pour être embauché, un candidat dut désormais établir sa compétence et ses mérites — pratique qui heurtait de plein fouet le favoritisme régnant.

Un tel remue-ménage avait de quoi déranger tout le monde. Des députés, habitués à placer un protégé grâce à un simple appel téléphonique, n'éprouvaient que frustrations devant les nouvelles méthodes de recrutement. D'autres s'inquiétaient de sentir l'autorité du Parlement battue en brèche par des bureaucrates en qui ils ne voyaient que Don Quichotte chronométreurs. On perçut bientôt des murmures désapprobateurs, puis une vague de plaintes déferla contre la présidente de la Chambre et contre son exécuteur des hautes oeuvres, l'administrateur.

Plus d'un employé, troublé par la tournure des événements, craignait pour son poste. Chez plusieurs cadres moyens, le sentiment d'insécurité faisait place à la colère devant la perte du pouvoir qu'ils détenaient naguère. L'inconfort gagnait du reste les hautes sphères du personnel: le greffier Beverley Koester s'était certes montré favorable à la nomination d'un administrateur; mais certains de ses collaborateurs ne voyaient pas la chose du même oeil, convaincus que l'importance donnée au rôle d'administrateur enlèverait du poids au bureau du greffier et, d'une façon générale, à tout le secteur des débats. C'est surtout Gus Cloutier, l'élégant huissier, qui encaissait le contrecoup des changements, puisque c'est à lui qu'avait incombé jusque-là la responsabilité du personnel de soutien et des quelque mille ouvriers: les préposés à l'entretien, à la sécurité, aux cafétérias, les messagers, etc. Or, les réformes qu'instaurait Jeanne avaient pour effet de réduire les traditionnelles prérogatives du huissier à l'égard de l'embauche, du personnel et des finances. Enfin — ce qui n'arrangeait rien — Silverman et Cloutier en vinrent vite à se détester cordialement, bien que le second, au sein du Comité de

190

direction, eût acquiescé à la nomination du premier.

La grogne gagnait également certains membres influents du Comité de la gestion et des services aux députés. Ce comité avait certes donné le branle en recommandant la tenue d'une enquête; mais, le moment venu, il avait refusé au vérificateur général le droit d'en mettre en oeuvre les recommandations. Tout au plus aurait-on voulu le consulter sur le choix des entreprises privées à retenir comme fournisseurs. C'est qu'aux yeux de ce comité, la fonction publique, en plus de se mêler de ce qui ne la regardait pas, en venait à menacer l'autonomie du Parlement.

À l'automne 1980, on sentit s'ériger une volonté de plus en plus pressante de freiner la réforme. Un groupe s'employait sans relâche à semer au sein de la Chambre les rumeurs les plus sombres, pour convaincre tout le monde de renverser la vapeur. Si bien que la situation devenait de plus en plus tendue pour Jeanne, consciente de ce qu'un seul vote des Communes pouvait bousiller l'entreprise toute entière. Jeanne profitait souvent du week-end pour tenir chez elle à Montréal un conseil de guerre avec Art Silverman. Souvent se joignait à eux Sonny Gordon, ancien adjoint administratif de Maurice, devenu avocat de la famille Sauvé. C'est qu'il n'y allait pas seulement de la bonne administration de la Chambre des communes; les carrières même de Jeanne et de Silverman étaient en jeu. Si on stoppait l'opération nettoyage, Silverman serait renvoyé et Jeanne elle-même ne pourrait, en toute bonne foi, demeurer à la présidence de la Chambre; il lui faudrait en fait démissionner de ce poste.

Le 18 novembre, le conflit éclata sur la place publique: John Gray signait dans le *Globe and Mail* un reportage intitulé «Sur la colline, la vieille garde résiste aux coups de balai». Le lendemain, le *Toronto Star* reproduisait un article de la Presse Canadienne, coiffé du titre «Des députés en colère défendent leurs droits». On citait Marcel Lambert et Charles Turner.

Lambert, député conservateur d'Edmonton-Ouest, avait été président de la Chambre sous le régime Diefenbaker. Il affirmait que le Parlement était en train de devenir une simple succursale de la Fonction publique: «Le Parlement n'est pas un ministère. Or, je vois débarquer ici pas mal de gens venus de la fonction publique», lançait-il à l'adresse des nouveaux gestionnaires de la

Chambre. «À plusieurs d'entre eux, il va falloir secouer les puces!»

Quant à Charlie Turner, député libéral de London-Est, il se disait prêt à défendre jusqu'au bout les droits des députés et prédisait une crevaison prochaine de l'abcès. Parlant de Silverman, il affirmait: «Il est allé trop loin. C'est l'administration qui doit demander aux députés la façon de faire, et non pas l'inverse.»

Les deux députés que citait l'article du *Star* faisaient partie du Comité de la gestion et des services aux députés, au sein duquel ils critiquaient constamment les faits et gestes de Jeanne.

Marcel-Joseph-Aimé Lambert, né à Edmonton, était député conservateur depuis vingt-quatre ans. Il avait fait la guerre et avait été capturé par l'ennemi. Boursier de Rhodes, il était avocat de profession. Il avait exercé la présidence de la Chambre pendant cinq mois, de septembre 1962 à février 1963. Jeanne étant devenue présidente, il occupait une banquette au premier rang de l'opposition, d'où il contestait ses décisions, généralement sans même prendre soin de se lever. Comme disait un observateur: «Quand il n'était pas assoupi, il passait son temps à marmonner.» Jeanne, fatiguée un jour de ses coups d'épingle, lança du coin de la bouche un «La ferme! C'est moi qui suis présidente maintenant!» La remarque, si elle n'eut pas d'effet durable sur son destinataire, fit bien rigoler ceux qui purent l'entendre.

De son côté, Charlie Turner siégeait en Chambre depuis 1968. Gros et rond, mécanicien de locomotive de son métier, il avait été nommé en 1980 *whip* du parti gouvernemental; il était chargé à ce titre de faire en sorte que les députés libéraux participent aux réunions de comités et se présentent en Chambre au moment des votes. Peu versé en procédure parlementaire, il s'attaquait rarement à Jeanne en Chambre, préférant la harceler au sein du Comité de la gestion et des services (irrévérencieusement baptisé, dans l'entourage de la présidente, «La ligue du vieux poêle»).

Ainsi donc, les attaques venaient des deux côtés de la Chambre et portaient sur les deux domaines à la fois: celui de là procédure parlementaire et celui de l'administration de la Chambre. La présidente n'avait guère de temps devant tous ces problèmes

Madame Sauvé présente à Jonathan Carter la médaille de bravoure, durant une cérémonie de remise de décorations. Salle de bal de Rideau Hall, juillet 1984. (Photo John Evans.)

Son Excellence quitte Halifax à bord d'un Challenger de l'armée canadienne. On aperçoit, vêtu d'un chandail blanc, son fils Jean-François. (Photo M. S. Heney.)

En route pour Halifax, Madame Sauvé révise un des discours qu'elle y prononcera. (Photo M. S. Heney.)

En compagnie du maire Jean Drapeau à Montréal, Madame Sauvé rit d'une bonne blague au cours d'un déjeuner offert par la ville. (Photo Résidence du gouverneur général.)

Madame Sauvé passe en revue la «Royal Newfoundland Company» de a «Signal Hill Tattoo». Saint-Jean, Terre-Neuve, juillet 1985. (Photo de 'auteur.)

Madame Sauvé inspecte le cockpit d'un avion de chasse CF-18, à la base militaire canadienne de Baden, Allemagne de l'Ouest, juillet 1985. (Ministère de la Défense nationale.)

Madame Sauvé remet à M. Pierre Trudeau le collier de Compagnon de l'Ordre du Canada, Rideau Hall, octobre 1985. (Photo *Ottawa Citizen*.)

La «Tent Room» de Rideau Hall, préparée pour une fête d'enfants, en décembre 1985. (Photo M. S. Heney.)

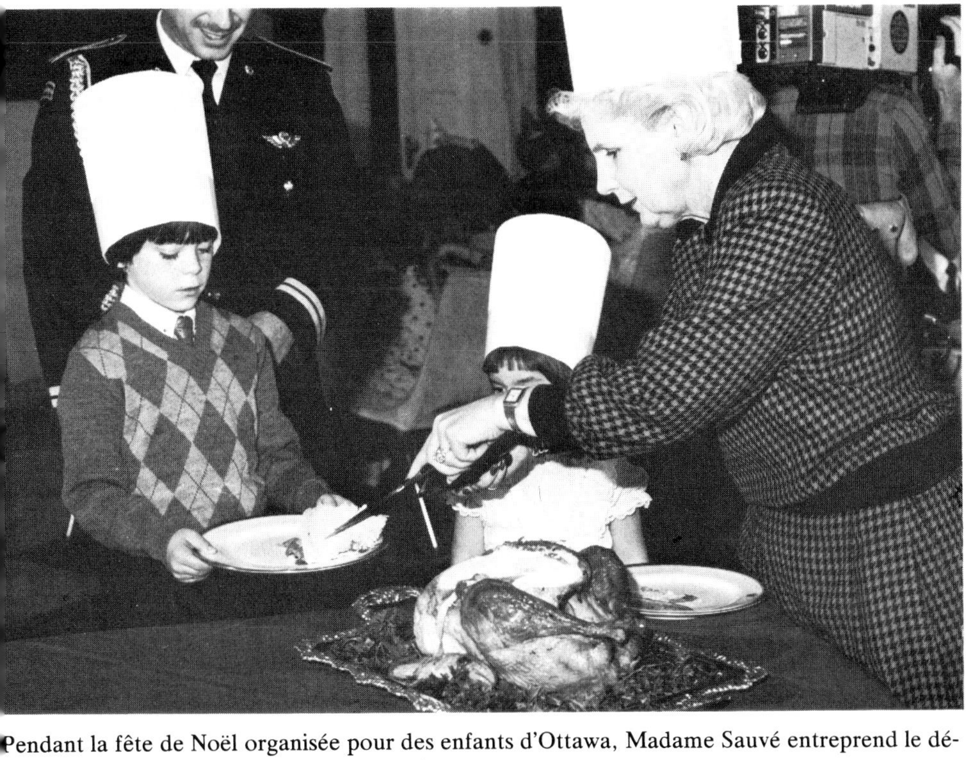

Pendant la fête de Noël organisée pour des enfants d'Ottawa, Madame Sauvé entreprend le dépeçage de la dinde. (Photo M. S. Heney.)

La petite Christine Dewell, âgée de trois ans, présente à Son Excellence un bouquet de fleurs. Hôtel de ville de Halifax, mai 1985. (Photo Sid Barber, *The Daily News*.)

immédiats; elle parvint toutefois à approfondir son étude de la procédure. Pour arriver à identifier rapidement les députés, elle se livrait, en prenant son déjeuner, à un singulier exercice: quelqu'un lui montrait à un rythme rapide des photos de députés, dont elle devait nommer sur-le-champ la circonscription. La méthode donna des résultats étonnants, sauf cette fois où un député s'était rasé la moustache. «Je le regardais d'un air désespéré. Je n'avais pas la moindre idée de qui était ce visage!» Afin de n'être pas accusée de partialité, elle consignait par écrit les interventions, s'assurant, durant la période de questions, de donner la parole à un nombre égal de députés des deux camps. «Quand, à trois heures moins dix, je n'avais pas repéré au moins trois membres du N.P.D., je savais que quelque chose n'allait pas!» Les rares soirs où il n'y avait pas de réception, elle potassait le règlement dans les manuels de May, de Bourinot et de Beauchesne. Elle acquit ainsi une meilleure confiance en elle-même et une plus grande fermeté dans ses décisions.

L'opposition aux réformes de Jeanne connut son point culminant à la fin de novembre 1980. Le 9 décembre, le *Times-Columnist* de Victoria donnait à son éditorial le simple titre de «Oyez! Oyez!»:

> Depuis sa nomination en mars dernier à la présidence de la Chambre des communes, Jeanne Sauvé, première femme à occuper ce poste, a eu sa bonne part de problèmes et de critiques...
> Les blâmes qu'on lui a adressés sont-ils mérités ou non? Il est bien difficile d'en décider à distance. Mais des indices récents permettent de croire que Madame Sauvé assume aujourd'hui avec une plus grande fermeté ses responsabilités dans la surveillance générale de l'administration de la Chambre; elle cherche, en particulier, à mettre au pas les bureaucrates dont les moeurs dépensières n'ont d'égales que la haute opinion qu'ils ont d'eux-mêmes.
> La semaine dernière, Jeanne Sauvé annonçait le rejet d'une recommandation que lui avait faite le huissier de la Chambre, le major général M. G. Cloutier. Celui-ci préconisait la création d'une superforce de police pour

garantir la sécurité de la colline parlementaire.

On reste médusé devant la liste de l'équipement proposé pour la protection des députés et du personnel contre bombes, émeutes et autres dangers: vestes protectrices, fusils de calibre 12, menottes, dispositifs anti-émeutes, et quoi encore. De toute évidence, à trop regarder les télé-feuilletons d'espionnage, le huissier en a perdu tout sens des réalités.

Madame la présidente tourne maintenant son regard inquisiteur vers un nouveau et chic restaurant qui, grâce à de généreuses subventions, pratique en faveur de hauts fonctionnaires des tarifs de fantaisie assez proches de ceux qu'affiche le restaurant du Parlement; on peut, dit-on, s'y taper un splendide festin pour pas plus de trois dollars.

Allez-y voir, Madame la présidente...

Le 10 mars 1981, Ronald Reagan, qui venait d'accéder à la présidence des États-Unis, effectuait au Canada sa première visite officielle. Avec sa femme Nancy, il créa dans la capitale une forte impression, grâce à sa bonne humeur cordiale et son style décontracté. Durant la visite au Parlement, Jeanne, en sa qualité de présidente de la Chambre, eut quatre fois l'occasion d'accueillir le chef d'État: sur le perron de l'immeuble principal, à l'entrée de la Chambre des communes, à l'arrivée à la bibliothèque du Parlement, ainsi qu'à une réception officielle qu'elle donnait dans ses appartements. À la quatrième rencontre, Reagan lança, gouailleur: «On ne peut pas continuer à se voir à un tel rythme; ça ferait jaser!»

Cette visite du président Reagan fournit à Jeanne un bref répit dans la guerre que lui livrait la Chambre. Un acrimonieux débat faisait rage depuis plusieurs semaines sur la question du rapatriement de la constitution canadienne. À mesure que passaient les jours, le ton montait et la situation devenait de plus en plus difficile pour Jeanne. C'est que, dans la conduite des échanges qui avaient lieu tantôt en anglais et tantôt en français, elle devait constamment rendre des décisions. «Vous devez sans cesse, et à toute vitesse, faire le joint entre le Règlement et les précédents; toujours, on sollicite de vous un jugement instantané.» Il fallait aussi mesurer l'humeur de la Chambre. «J'étais souvent perplexe: devrais-je me fâcher? ou user de patience? ou encore désamorcer la discussion à force d'humour?»

Chaque jour, à une heure cinquante-sept exactement, Jeanne quittait ses bureaux pour aller siéger à la Chambre. Le huissier, portant sur l'épaule la masse dorée, précédait la présidente; le greffier la suivait, accompagné de deux de ses assistants en toge noire. Ce petit cortège, auquel trois gardes de sécurité en uniforme ouvraient la voie, circulait ainsi le long de corridors lambrissés de marbre. Jeanne était loin de trouver désagréable en soi ce rituel, mais, durant le débat sur la Constitution, la seule vue des portes de chêne s'ouvrant sur la Chambre lui donnait l'impression de pénétrer dans une fosse aux lions.

Une telle appréhension n'était d'ailleurs pas sans fondements. La dernière semaine de mars, le leader libéral annonça son intention de présenter une motion qui aurait pour effet de limiter la durée du débat sur la question constitutionnelle. Les conservateurs, assurés de perdre le vote, décidèrent de recourir à l'obstruction systématique pour contrer le projet gouvernemental: cette stratégie dilatoire, légale en elle-même, a pour but de laisser filer le temps et d'empêcher l'assemblée de passer au vote. L'opposition orchestre une série d'interventions: tels députés en appelleront du règlement, tels autres soulèveront des questions de privilège. Plus longtemps chaque député pourra garder la parole, mieux fonctionnera la «flibuste». L'opération, quand elle réussit, crée un véritable chaos et peut, à la limite, forcer le Gouvernement à déclencher une élection générale.

Quand l'opposition se livre à une telle manoeuvre, le rôle de la présidence consiste à statuer sur la durée de chaque intervention, comme sur la pertinence du point d'ordre invoqué ou de la question de privilège soulevée. Situation redoutable pour le président ou la présidente: d'une part le Gouvernement veut de toute évidence museler l'opposition et celle-ci, d'autre part, réclame avec la même fermeté le droit de s'exprimer librement.

Au début, Jeanne accorda à chaque intervenant, côté opposition, vingt minutes pour exposer son point de vue. Après cinq jours, elle réduisit cette période à dix minutes. Mais pour certains orateurs en veine d'éloquence, cela ne suffisait pas. Pressé par

Jeanne d'en venir au fait, un député conservateur de la Colombie-Britannique, Frank Oberle, sortit de ses gonds; lançant en l'air ses paperasses, il s'écria: «Je revendique le droit de parole, et j'entends bien qu'on ne m'interrompe pas pendant quinze minutes sous prétexte que je mets à faire valoir mon point de vue un peu plus de temps que M. Untel.» Silencieuse, Jeanne écouta jusqu'au bout la tirade, qui suscita le commentaire d'un député néo-démocrate: «C'est la thérapie du cri primal», lançait Bob Rae.

Mais, l'obstruction se prolongeant, Jeanne réduisit la durée de la période des questions et privilèges. Elle en vint à annoncer à la Chambre: «Si, par vos deux premières phrases, vous n'arrivez pas à me convaincre que vous avez vraiment une question de privilège à soulever, je ne vous accorderai pas le droit d'aller plus loin.» L'opposition accueillit la décision avec une hostilité manifeste. De son côté, le Gouvernement critiquait Jeanne, lui imputant, comme disait Trudeau, «le désordre absolu» qui régnait à la Chambre des communes.

Au cours de la deuxième semaine, le Gouvernement précipita le vote en présentant une motion de clôture qui dénoua l'impasse. (Un an plus tard, la reine signait la nouvelle Constitution, dans une cérémonie tenue sur la colline parlementaire.) Pour Jeanne, l'obstruction du Parlement fut l'épreuve la plus pénible de toute sa carrière de présidente de la Chambre. Expérience épuisante, non seulement pour le système nerveux, mais pour tout l'organisme. L'eût-elle voulu, Jeanne aurait pu céder parfois la présidence à son adjoint; tout au long de la crise, elle préféra demeurer en poste, de deux heures de l'après-midi à dix heures du soir.

La conduite de Jeanne en Chambre lui valut des éloges dans plus d'un milieu. «Sauvé gagne ses épaulettes», titrait un article de Richard Gwyn. Le *Recorder and Times* de Brockville y allait d'un éditorial qui débutait ainsi:

Qui a gagné, qui a perdu dans le débat constitutionnel?... À l'Histoire d'en décider. Ce qui en ressort clairement, toutefois, c'est la figure d'une nouvelle héroïne canadienne.

Jeanne Sauvé, première femme à occuper la présidence

de la Chambre, a maîtrisé une des situations les plus difficiles qu'ait jamais affrontées un président. Elle doit cette réussite à sa patience, à son esprit, à son habileté.

Le *Cape Breton Post* publia dans la même veine un éditorial intitulé «La Dame à la main équitable»:

> S'il y a quelqu'un qui s'est tiré honorablement de la tourmente procédurière où une obstruction parfois houleuse a plongé les Communes, c'est bien la présidente de la Chambre, Madame Jeanne Sauvé. Ses décisions étaient empreintes d'une équanimité et d'une impartialité parfois teintées d'humour, dans des circonstances fort éprouvantes pour quiconque préside aux débats.

L'orage passé, Jeanne déclarait à un journaliste: «J'ai toujours dit que ça prendrait un an pour faire une présidente. Ma confiance est grande, maintenant. Aucun doute: l'épreuve du feu vous rend plus fort.»

Pendant la session de la Chambre, Jeanne menait une vie de spartiate. Levée à sept heures, elle faisait une demi-heure de gymnastique avant d'avaler en vitesse un petit déjeuner fait de jus d'orange, de pain grillé sans beurre et de café. Assise à sa table de travail à huit heures, elle passait l'avant-midi à étudier des questions de procédure ou des problèmes administratifs. Un déjeuner léger dans ses bureaux, puis elle enfilait son costume de présidente et gagnait les Communes. Les soirs où il n'y avait ni séance à la Chambre ni réception officielle à présider au nom du Gouvernenemt, Jeanne dînait seule. Après dîner, elle se replongeait dans ses livres. Et c'était ainsi, jour après jour. Son havre, c'étaient les week-ends à Montréal ou même quelquefois, si la Chambre ne siégeait pas, un saut à Montréal pour y passer la soirée et la nuit. Jeanne était prise d'une sainte fureur quand des amis demandaient comment «ce pauvre Maurice» s'adaptait aux fonctions de présidente de sa femme. «Et moi, commentait-elle, on ne m'a jamais demandé comment je me débrouillais!»

En juin 1981, Jeanne sema la consternation dans les banquettes gouvernementales en statuant que dix articles, représentant des dépenses totales de un milliard deux cent millions de dollars, étaient mal formulés dans les prévisions budgétaires. Or parmi les postes qu'elle écartait ainsi se trouvaient le programme d'isolation thermique des habitations et le programme d'économie du pétrole. Le Gouvernement espérait bien leur faire franchir par la ruse l'étape de la Chambre, enrobés dans une motion qui serait soustraite au vote. Mais, après la décision de Jeanne, on n'avait plus le choix: il fallait déballer le paquet et soumettre à la discussion chacune de ses parties. Et les conservateurs de chanter victoire. À cause de ses implications comme à cause des énormes sommes en jeu, la décision de Jeanne fit partout la manchette. La *Winnipeg Free Press* y consacra un éditorial intitulé «L'intégrité de la présidence», et dont voici les premières lignes:

> Depuis l'époque où René Beaudoin affronta le houleux débat sur le pipeline, aucun président de la Chambre n'avait été soumis, de la part de l'opposition, aux tabassées que Jeanne Sauvé a connues durant ses premiers mois à ce poste. Les membres du Parlement, qu'elle avait pour mission de discipliner, se plaignaient non seulement de son inexpérience des travaux de la Chambre, mais aussi de sa tendance à favoriser ses anciens collègues du Parti libéral.
>
> Mais ces lamentations sont aujourd'hui choses du passé. Madame Sauvé s'est acquittée de ses fonctions avec une intégrité et une indépendance qui lui ont valu la reconnaissance de tout Canadien soucieux de l'avenir du Parlement même si elles ont parfois mis le Gouvernement dans l'eau bouillante.

En juillet 1981, Jeanne émit un bref communiqué annonçant la fermeture d'un restaurant subventionné par l'État et qui était à la disposition des hauts fonctionnaires de l'édifice du sud. Dès qu'elle avait appris l'existence de l'établissement créé à son insu par le huissier, elle avait demandé une vérification comptable de son exploitation. L'enquête avait révélé que, exception faite des vendredis soir (où les fonctionnaires invitaient à dîner leurs amis), ce restaurant n'était utilisé qu'à vingt pour cent de sa capacité et perdait plus de douze dollars par repas. Cette fermeture allait être pour Jeanne la deuxième occasion de blâmer publiquement le huissier.

Toutes les cafétérias et tous les restaurants mis au service du personnel du Parlement étaient — et sont encore — subventionnés à même les fonds publics. Leur déficit annuel dépassait trois millions et demi de dollars à l'époque où Jeanne assuma la présidence de la Chambre: le prix de vente des repas était de beaucoup inférieur à leur prix coûtant, sans compter que des milliers de clients non autorisés se prévalaient de ces prix d'aubaines. Par pleins autobus, des entreprises de tourisme amenaient en ces lieux une clientèle qui n'y avait aucun droit. Pour réduire le déficit de ces cafétérias, Jeanne en restreignit l'accès et en comprima le personnel; puis elle mit en place des mécanismes de contrôle des coûts et fit hausser les tarifs.

Ces innovations reçurent un accueil plutôt froid. On cria même à l'outrage quand l'administration demanda aux clients de débarrasser eux-mêmes leur table; or ce changement bien anodin, par la réduction du personnel occasionnel qu'il permettait, se traduisait par une économie de quelque cent cinquante mille dollars. Le député libéral Marcel Dionne déclarait à la Presse Canadienne: «Nous ne sommes pas ici pour desservir les tables ou pour laver la vaisselle. Nous sommes ici pour servir nos commettants!»

Monsieur Dionne, de répliquer la *Gazette*, semble oublier que la moindre économie fait partie des services essentiels qu'attendent de lui les contribuables, dût cela lui imposer trente secondes d'un petit effort physique.

D'ailleurs, les réformes qu'instaurait Jeanne n'avaient pas pour seul but d'économiser l'argent des contribuables; elles visaient aussi à fournir aux députés le soutien dont ils avaient besoin. Ce qui n'empêchait pas certains d'entre eux, oublieux de leur propre intérêt, de faire la guerre à Jeanne. On en eut un bon exemple dans la réaction qu'ils affichèrent quand elle dota leurs bureaux d'appareils de traitement de texte. Le 30 juillet, plusieurs de ces élus émirent en Chambre des critiques contre le choix des appareils Micom, que l'administration avait préférés à ceux d'A.E.S. Robert Coates, député conservateur de Cumberland-Colchester et longtemps président du Comité de l'administration et des services, déclara avoir écrit à Jeanne pour protester, au nom de plusieurs collègues, contre cette décision. La compagnie A.E.S., de son côté, avait écrit à plusieurs députés, leur donnant à entendre que le contrat passé entre Micom et Arthur Silverman frisait la malhonnêteté.

Tout semblait indiquer que Jeanne et son administrateur avaient voulu favoriser quelqu'un, contre l'avis du comité parlementaire créé justement pour sélectionner le type d'appareils à acheter.

En fait, le ministère des Approvisionnements et Services (chargé de tous les achats du Gouvernement) avait évalué les différentes offres et avait conclu en faveur de Micom. Silverman avait à son tour présenté cette information au comité, tout en apportant aux questions de celui-ci des réponses qu'on avait jugées satisfaisantes. Le comité, que présidait Robert Coates en personne, avait alors approuvé à l'unanimité le choix de Micom et donné à Jeanne instruction de passer contrat dans ce sens.

Le lendemain, Coates reconnut ces faits en Chambre, mettant ainsi un terme à la controverse. On s'explique mal son attitude dans cette affaire, si ce n'est par une hostilité qui faisait de lui un des plus opiniâtres adversaires de Jeanne. L'incident permet en tout cas de mesurer jusqu'où ceux-ci pouvaient aller pour la discréditer. (Coates allait devenir ministre de la Défense dans le gouvernement Mulroney, poste qu'il abandonna au milieu des controverses après qu'on eut porté contre lui des accusations de conduite immorale.)

Une autre innovation en 1981 fut l'instauration d'un système de recherche d'information, de type Télidon. Baptisée OASIS (pour Office Automation Service and Information System), cette petite merveille allait tout faire pour les députés sauf… la préparation des cocktails. Elle permit notamment la télédiffusion en français et en anglais des débats de la Chambre et des discussions en comités; la communication électronique à l'intérieur de la Chambre comme à l'extérieur de celle-ci; la câblovision ordinaire; le traitement de texte en liaison avec le bureau de comté du député; la consultation de très nombreuses banques de données, ainsi qu'une transcription des *Débats de la Chambre des communes*. OASIS était également branché sur le système de sécurité des Communes, sur les réseaux d'alarme, et même sur les circuits d'éclairage. Pour tout dire, c'était une installation d'avant-garde qui attire encore l'admiration des autres pays.

En décembre de la même année, Jeanne dévoila les plans d'une garderie de jour pour les enfants des députés, des sénateurs et des employés du Parlement: sensible depuis toujours à la condition des mères au travail, elle avait à coeur de mener à bien ce projet. Or, pour répondre à son objectif, la garderie devait être aménagée sur la colline même; mais un certain nombre de personnes s'y opposaient, les unes par crainte du bruit, les autres par respect pour la dignité des lieux. Jeanne contourna ces objections en obtenant l'accord des députés des trois partis par l'intermédiaire de leur caucus respectif: la garderie, conçue pour accueillir quarante enfants, serait installée dans l'immeuble de la Confédération. L'aménagement, pour se plier aux normes du gouvernement ontarien, allait coûter deux cent quarante mille dollars; mais, après cette mise de fonds initiale, l'entreprise s'autofinancerait. Inaugurée en avril 1982, elle connaît depuis lors un grand succès, et Jeanne y voit une de ses réalisations les plus importantes.

Le 2 mars 1982, les travaux de la Chambre connurent une interruption pour le moins... bruyante. Les libéraux essayaient de faire adopter un projet de loi composé de douze mesures distinctes. Les conservateurs s'y opposaient, exigeant le démembrement du projet et son étude pièce à pièce. Jeanne ayant confirmé la validité de la formule globale, les conservateurs présentèrent une motion d'ajournement de la Chambre, puis évacuèrent les lieux; quand retentit la sonnerie qui appelait au vote de leur motion, ils refusèrent de se présenter. Or une règle du parlement interdit la tenue d'un vote en l'absence du *whip* du gouvernement ou du *whip* de l'opposition. Faute de ce dernier, impossible donc de procéder au scrutin. Les cloches sonnèrent toute la soirée, toute la nuit, et toute la journée du lendemain. En vain, puisque les conservateurs ne se présentaient toujours pas.

Le Parlement se voyait paralysé. Mais la présidence devait quand même s'exercer vingt-quatre heures par jour, par Jeanne ou par un de ses adjoints. Au troisième jour, pour ne pas abrutir tout le monde, Jeanne fit taire les cloches, sauf une qui, symboliquement, continua de sonner près du bureau du leader de la majorité. Mais le débrayage se poursuivait, et de toutes parts on pressait Jeanne de mettre un terme à la crise. Le Gouvernement aurait voulu qu'elle forçât le retour en Chambre de l'opposition, mais cette dernière savait fort bien qu'aucun précédent n'autorisait une telle mesure. Jeanne, après avoir cherché vainement dans les annales un fait sur lequel fonder son intervention, décida de... ne rien faire. Attitude fort simple, qui eut le don de mettre en rogne tout le monde. «C'est la Chambre qui s'est mise dans un tel bourbier; à elle de s'en sortir!» Jeanne, ayant pris ce parti, racontera plus tard: «J'attendis simplement que les choses reprennent leur place.»

On lui en voulut de cette décision; dans les corridors, même ses anciens collègues détournaient le regard sur son passage. La presse elle-même la cloua au pilori. Le plus grand quotidien du Canada, le *Toronto Star*, publia une série d'articles acerbes, dont un intitulé «Sauvé se dérobe à son devoir», et un autre, «Les cloches ne pourront pas sauver Jeanne Sauvé», accompagné d'une désopilante caricature de Duncan Macpherson. L'un des commentateurs les mieux informés de la politique outaouaise, Frank Howard, écrivit dans le *Citizen*:

De toute évidence, les jours de Jeanne Sauvé à la présidence de la Chambre sont comptés. Il ne manque pas de voix, comme celle de Charles Lynch qui fait presque partie du Parlement, pour affirmer que Madame Sauvé a d'ores et déjà perdu la confiance de la Chambre ou, à tout le moins, celle de l'opposition officielle — et ce, quoi qu'il arrive au cours de la prochaine semaine pour briser l'impasse créée par l'absence des conservateurs.

Puissent ces commentaires n'être pas fondés. Mais je crains qu'ils le soient!

Tous les matins, Jeanne convoquait à son bureau les leaders de la Chambre pour leur demander: «Où en sommes-nous?» Ils admettaient invariablement l'absence de tout progrès vers une solution de l'impasse. Exercice frustrant pour tous, y compris pour les représentants de la presse qui faisaient le pied de grue devant son bureau. Elle-même ancienne journaliste, Jeanne se montra généreuse à l'égard des médias. Pendant tout ce débrayage, elle tint plusieurs conférences de presse et accorda bon nombre d'entrevues personnelles. À la fin d'une de ces séances, une jeune femme termina l'entrevue sur un mot de compassion: «Je ne voudrais pas être à votre place!» Éprouvée sans toutefois être accablée, Jeanne répliqua: «Personne ne vous a demandé de vous y mettre!»

L'impasse dura quinze jours et ne prit fin que lorsque le Gouvernement conclut un pacte avec l'opposition: le Gouvernement scinderait le projet de loi, et l'opposition, en retour, accepterait de limiter la durée du débat sur chacune des parties. Le lendemain, Jeanne fit un plaidoyer enflammé en faveur d'une révision des règlements de la Chambre, pour éviter la répétition de semblable blocus. Il s'ensuivit la création d'un comité parlementaire spécial, dont les travaux débouchèrent sur les modifications souhaitées.

La «crise des cloches» marqua un point tournant dans la présidence de Jeanne. Elle lui valut, même de ses adversaires, admiration et respect pour l'opiniâtreté dont elle avait fait preuve tout au long de cette situation périlleuse. À la reprise des travaux, tous savaient que Jeanne était là pour rester, si bien que, durant les quelques mois qui suivirent, l'esprit fut à la collaboration. Dans l'intervalle, Jeanne avait acquis par l'expérience le flair qui fait les bons présidents et qui leur permet de mesurer l'état d'esprit des Communes. «Il faut savoir lire l'humeur de la Chambre et si vous lisez mal, Dieu sait ce qui peut vous arriver!»

À cause des graves maux de dos du vice-président Lloyd Francis, on transforma le fauteuil présidentiel, qui devint ainsi plus confortable, au grand soulagement de Jeanne elle-même. (Car celle-ci, dans ce siège trop haut et trop large, n'arrivait ni à toucher le sol avec ses pieds ni à déposer les bras sur les accoudoirs, si bien qu'elle devait, tel un moineau, se percher dans un coin.) Le ministre de la Santé et du Bien-Être, appelé à examiner ce siège, recommanda d'y substituer un fauteuil de première classe de Boeing 747 propre à assurer un appui confortable. On installa même — ô raffinement — un levier hydraulique: l'occupant pouvait ainsi, à l'aide d'une manette dissimulée, élever ou abaisser le siège à sa guise. On recouvrit du même tissu qu'autrefois le nouveau siège, et personne ne remarqua la transformation. Ce fut pour Jeanne «une vraie bénédiction».

Un jour qu'elle présidait aux travaux de la Chambre, Jeanne entendit derrière son fauteuil une sorte de bruissement ou de cliquetis. La séance à peine terminée, deux gardes en vêtements

civils vinrent lui apprendre qu'il y avait eu appel à la bombe.
«Et où était censée être la bombe? demanda-t-elle.

— Derrière votre fauteuil, répondirent-ils.

— Mais j'y étais assise! Pourquoi ne m'avez-vous pas avertie?

— Nous travaillons toujours discrètement, Madame!»

À l'automne 1982, l'Organisation des Nations unies proposa à Jeanne la présidence du Haut-commissariat pour les réfugiés. Intriguée par cette offre, Jeanne prit l'avion pour New York afin d'en discuter avec le secrétaire général de l'O.N.U., Javier Pérez de Cuellar. De retour au pays, elle était presque décidée à accepter le poste.

Mais Maurice, son mari, s'opposa carrément au projet, convaincu qu'elle serait malheureuse dans le rôle qu'on lui proposait: travail déprimant, spectacles pénibles, voyages éprouvants pour les nerfs. Maurice voulait son bien, elle le savait: n'avait-il pas toujours été son meilleur «promoteur»? Mais le défi restait tentant. Ils en parlèrent en long et en large et sollicitèrent l'avis de Sonny Gordon qui rejoignait celui de Maurice. Encore indécise, Jeanne s'en fut consulter Pierre Trudeau.

«Jeanne, vous ne pouvez pas partir maintenant, lui déclara le premier ministre. La Chambre, que vous avez bien en main, a besoin de vous. Je sais que ce sera dur, mais il faut rester en place un an encore.» Trudeau ne soufflait mot de quelque nomination à venir.

Jeanne refusa donc à regret la proposition des Nations Unis. Elle assumait dans un grincement de dents l'obligation de passer une autre année à la présidence des Communes. Perspective peu séduisante, tant devenait lourd le poids du travail. Portée par nature à la médiation, Jeanne n'arrivait pas à comprendre les motifs des attaques portées contre elle et qui chaque fois la bouleversaient. «Je détestais cela et voulais quitter la présidence. Je me demandais sans cesse si vraiment j'avais besoin de cela.» Le luxe des appartements ou la présence des serviteurs n'y changeaient rien: elle vivait sur le lieu de son travail, elle ne pouvait s'échapper de la Chambre des communes où elle passait vingt-quatre heures par jour. Son impression de claustration était telle qu'elle déclara un jour à un reporter se sentir «comme un oiseau dans une cage dorée». Même son uniforme la lassait: à elle si friande de couleurs vives, le port continuel de ce vêtement noir rappelait le temps du couvent.

En décembre, Richard Gwyn, commentateur politique dont plusieurs journaux canadiens publiaient les analyses, écrivit au sujet de Jeanne un article qui eut sur son moral l'effet d'un tonifiant. L'auteur apportait des exemples d'abus qui sévissaient sur la colline parlementaire avant l'arrivée de Madame Sauvé, puis il ajoutait:

> Depuis des dizaines d'années, les présidents qui se succédaient étaient au courant de tout cela et refusaient délibérément de le voir. Chacun vivait dans l'attente d'un poste de juge ou d'ambassadeur.
>
> Des trente présidents qui ont défilé depuis la Confédération, Jeanne fut la seule à oser être différente. Depuis son arrivée en mars 1980, elle a réduit de dix-huit millions de dollars les dépenses et de trois cent cinq le nombre d'employés.
>
> L'efficacité administrative? Objectif théorique que les Canadiens assignent à la gestion des fonds publics, mais qu'ils ne se soucient guère de mieux connaître. Et pourtant, fait intéressant, Sauvé a réussi à améliorer les services tout en réduisant les dépenses...
>
> Au fond, son grand mérite est moins l'efficacité administrative qu'elle a atteinte, que le courage personnel dont elle a fait preuve: le courage d'assumer la direction du plus puissant club privé qui existât au pays, pour lui imposer dans les dépenses publiques l'économie et l'efficacité que prêchent tant de ses membres.
>
> Non sans raison, on juge d'habitude un président de la Chambre à son comportement durant la période de questions et à la façon dont il se tire de crises comme l'affaire des cloches; à cet égard, Sauvé aura droit à une simple mention au palmarès du Parlement. Mais, elle a acquis un autre titre qui la distingue de tous ses prédécesseurs: elle a été la première, en cent quinze ans d'histoire, à oser explorer leur voie d'action.

C'est Jeanne Sauvé qui, en mai 1983, accueillit le ministre soviétique de l'Agriculture, Mikhail Gorbatchev, dont c'était la première visite officielle à Ottawa. Peu de gens ont alors remarqué que ce rôle avait été confié à la présidente de la Chambre plutôt qu'au ministre canadien de l'Agriculture, homologue de l'invité russe. Il y avait pourtant à cela une bonne raison: membre du Politburo et secrétaire du puissant Comité central, Gorbatchev passait pour le dauphin du numéro un soviétique; Trudeau voulait donc avoir avec lui des entretiens privés. Or un rigoureux protocole interdisait ceux-ci, à moins que Gorbatchev ne fût invité à titre de parlementaire par la présidence des Communes. Accueilli par un simple ministre, le visiteur n'aurait pu, selon le protocole, rencontrer aucune personnalité politique dépassant ce rang; invité de la présidente, il pouvait au contraire séjourner au 7 Rideau Gate, à deux pas de la résidence du gouverneur général et de celle du premier ministre, et avoir des entretiens avec l'un et l'autre. Ce qui fut fait. Jeanne s'entendit fort bien avec son invité, qu'elle trouva plus affable et plus détendu que la plupart des hommes politiques d'U.R.S.S. Avant de se quitter, ils convinrent d'une visite de bonne entente que Jeanne ferait en Russie au mois d'août suivant.

Le 8 mai, Jeanne prit l'avion pour Halifax, où elle devait présider à la collation des grades de l'Université Mount St. Vincent. Comme il s'agissait d'un établissement féminin, elle choisit de parler du féminisme et du rôle de la femme dans la société moderne. Discours particulièrement éclairant, en ce qu'il nous livre les opinions personnelles de Jeanne, que du reste elle professe encore aujourd'hui. Citons-en les passages les plus significatifs:

> En rejetant la relation profonde et complexe que peut vivre un couple, les féministes n'ont réussi qu'à dresser l'un contre l'autre l'homme et la femme, à en faire deux étrangers, à anéantir tout espoir de collaboration dans la poursuite des objectifs les plus légitimes de la campagne féministe.
>
> À l'époque, les féministes voyaient dans ce rejet de l'autre une provisoire mais nécessaire déviation par rapport à

l'ordre des choses; elles étaient convaincues que, une fois conquis les droits de la femme, la relation entre les sexes se rétablirait d'elle-même. Mais leur ferveur militante semblait masquer à leur vue les implications immédiates de leur action et ses conséquences logiques: ce rejet méprisant de l'homme leur préparait un adversaire d'autant plus puissant qu'on voulait le déposséder...

J'ai moi-même embrassé ma carrière à une époque où cela n'était guère admis. Pour moi-même et pour la promotion des femmes, j'ai mené une bataille ardue; j'ai aidé les femmes, comme elles m'y ont aidée, à effectuer certaines percées. Je me flatte d'avoir mis sur pied le service le plus important aux yeux de quiconque veut voir les femmes prendre leur place dans la société et au travail: la garderie de la Chambre des communes, seule institution du genre dans tout l'appareil du gouvernement fédéral.

Ai-je montré une trop grande modération lorsque, dans les années 60, je refusais mon appui au mouvement féministe qui prônait le rejet de la famille et de la féminité? Ai-je été antiféministe en refusant de me laisser prendre au piège d'une politique qui faisait fausse route en matière de sexualité? En somme comme en bien d'autres préoccupations, je restais fidèle à mes intuitions les plus profondes.

J'ai toujours eu la conviction que la femme pouvait concilier carrière et famille; jamais je n'ai été prête à sacrifier l'une à l'autre; jamais je n'ai accepté de voir toute la vie des femmes conditionnées par l'appartenance à leur sexe.

Ma contribution au féminisme naissant fut de remplir de mon mieux mes devoirs ministériels; ce fut aussi d'appuyer les efforts de ces Canadiennes qui, par l'exploration des avenues juridiques et politiques, entendaient corriger les vices du système.

Tout est à notre portée! Nous pouvons nous accomplir dans tout ce que la vie nous offre — amour et travail — sans devoir renoncer à la féminité, à la maternité ou à la vie familiale; mais nous n'avons ni le droit ni la capacité d'accomplir cela toutes seules.

De toute évidence, le mythe de la superfemme, né de la

conception que les premières féministes se faisaient de la libération, propose à la mère travailleuse une tâche épuisante, insurmontable. Poursuivre seule le double rôle de maîtresse de maison et de femme de carrière, c'est se détruire soi-même. Une chose est claire: il nous faut mettre en veilleuse ces visées orgueilleusement autonomistes et ajuster de façon pragmatique nos ambitions.

Ironie du sort, la vraie libération de la femme passe non par le rejet de l'homme, mais par la libération de celui-ci; non par l'abolition du cadre familial, mais par sa consolidation et son adaptation à nos besoins nouveaux. Il nous faut conclure avec les hommes une nouvelle alliance, les convaincre que l'enjeu est aussi le leur, qu'ils peuvent partager leurs responsabilités avec les femmes et profiter de la libération de celles-ci. Nous avons pris à coeur notre progrès; à nous maintenant de redéfinir la nature de notre relation, à nous de passer d'une domination masculine à une attitude faite de complicité, de respect réciproque et de soutien mutuel.

Quelques semaines après ce discours, un incident vint montrer en Chambre ce que Jeanne entendait par respect réciproque. Le député conservateur Mike Forrestall, ayant invoqué une question de privilège, consacrait un long préambule à railler le Gouvernement. Jeanne l'interrompit d'un «L'honorable député a-t-il une question à poser?» Celui-ci répondit par étourderie: «Bien sûr que oui, ma chère!» Prompte comme l'éclair, Jeanne se leva et lança: «Ne m'appelez pas «ma chère», mais «Madame la présidente!» Après l'ajournement de la séance, le député vint s'excuser, expliquant qu'il s'agissait d'un lapsus: en répondant à Jeanne, il avait pensé à sa femme. Et Jeanne de reprendre dans un sourire: «C'est ce que je pensais.» Charles Lynch trouva la scène si amusante qu'il y consacra un article.

En août, Jeanne et Maurice, avant de gagner la Russie, visitèrent en Suisse une station de villégiature, puis s'en furent en Italie. Pendant son séjour dans ce pays, Jeanne attrapa ce qui lui parut un refroidissement et, un peu fiévreuse, consulta sur place un médecin. Celui-ci n'y vit lui aussi qu'un rhume, alors qu'il s'agissait des signes précurseurs d'une maladie plus grave. Il prescrivit quelques pilules, le présumé rhume se résorba, et

Jeanne reprit son voyage vers la Russie. À son arrivée à Moscou, elle fut accueillie par Mikhail Gorbatchev et eut droit à tous les honneurs. Le point culminant de cette visite fut une entretien de deux heures et demi avec Gorbatchev, qui allait par la suite devenir chef de son pays.

De retour au Canada, Jeanne eut une rechute et entra à l'hôpital pour y subir des examens. Les médias laissaient entendre qu'elle avait contracté en Russie quelque virus malfaisant. Après un séjour de quelques semaines en clinique, elle revint à Montréal passer chez elle sa convalescence.

On était à la mi-octobre quand elle reprit ses fonctions à la Chambre des communes. Celle-ci vivait les derniers feux des débats sur l'accord du Nid-de-Corbeau, qui piétinaient depuis le printemps. Les conservateurs, conscients de ne pouvoir battre le projet de loi, usaient de tous les stratagèmes pour en retarder l'adoption, allant jusqu'à rééditer le truc du débrayage. Mais Jeanne, en quelques heures, vint à bout de ce second épisode des cloches. Elle dut, à un moment donné, déclarer hors d'ordre soixante-dix-huit amendements. Le projet de loi dit «du Corbeau» fut finalement adopté, et on prorogea le Parlement jusqu'à fin novembre 1983.

La session qui prenait fin avait été la plus longue de l'histoire canadienne — elle avait duré trois ans et demi —, mais aussi la plus houleuse.

Un jour — c'était durant la troisième semaine de décembre —, Jeanne prit le déjeuner avec le premier ministre Trudeau, au 24 de la promenade Sussex. Cette rencontre avait pour but de discuter de l'avenir de Jeanne. Celle-ci n'avait-elle pas suivi le conseil de son hôte et consacré une autre année à la présidence de la Chambre? Elle espérait maintenant se voir confié une ambassade; celle de Paris, qu'on avait un jour offerte à Maurice, aurait eu sa préférence.

Mais toutes ces ambitions furent éclipsées quand Trudeau lui proposa le poste de gouverneur général.

«C'était un tel honneur! Pas moyen pour moi de refuser. Je n'ai même pas dit, comme on peut le faire devant l'offre d'un portefeuille au Cabinet, «Je vais y penser» ou «Je vais voir si je peux le faire». Non. J'ai accepté sur-le-champ.»

Tout enchanté qu'il fût de la réaction de Jeanne, Trudeau lui suggéra d'en parler d'abord avec Maurice. Mais, sachant que son mari serait tout à fait d'accord, Jeanne écarta la suggestion: «Non, je ne pense pas devoir remettre à plus tard ma réponse — c'est un tel honneur —, je dis «oui» immédiatement.»

Trudeau, heureux de voir ainsi bâclée l'affaire, assura qu'il en ferait l'annonce avant Noël. Quant à Jeanne, elle quitta en pleine euphorie la résidence du premier ministre, impatiente d'annoncer à Maurice la grande nouvelle. Comme elle disait elle-même:

«Je sautais dans quelque chose de totalement inattendu.»

CHAPITRE 9

Les jours d'angoisse, janvier-mai 1984

C'est le 23 décembre 1983 qu'on annonça la nomination de Jeanne Sauvé au poste de gouverneur général. La nouvelle fit la manchette dans tous les médias canadiens et eut même droit à la une du *New York Times*. Affichant un sourire radieux, Jeanne confiait aux journalistes: «C'est une occasion formidable de servir mon pays, et je suis enchantée qu'on me l'ait offerte.»

C'est un Maurice rayonnant de joie qui, aux côtés de Jeanne, déclarait: «Je suis très heureux pour ma femme, pour mon fils et pour moi-même.» Interrogé sur son rôle à venir et sur la participation qu'il exerçait déjà à la direction de certaines entreprises, il assura qu'il était trop tôt pour en parler, mais qu'«il nous faudra nous adapter à une réalité nouvelle». Mais Jeanne, se portant à la défense de Maurice: «Dans un couple, aucun membre ne doit bouffer l'autre; nous avons toujours fonctionné de façon autonome.»

Jean-François, alors âgé de vingt-quatre ans, ne participait pas à la conférence de presse. Mais il avoua plus tard à un ami que la nomination de sa mère au poste de gouverneur général valait mieux encore que l'ambassade parisienne qu'il avait espérée pour elle: «Il y a un tas d'ambassadeurs, expliquait-il, mais un seul gouverneur général!»

Pendant près d'un siècle, cette fonction avait été confiée à un pair du Royaume britannique, dont le nom était proposé par le

«British Colonial Office», puis approuvé par le premier ministre du Canada. On rompit avec cette tradition quand, en 1952, on nomma un premier Canadien, Vincent Massey. À compter de cette date, le choix du gouverneur général incomba au premier ministre du Canada, à charge pour celui-ci d'en soumettre le nom à l'approbation de la reine. Cette nouvelle pratique comporte évidemment le risque d'une nomination fondée sur des motifs politiques. Mais une fois en place, le gouverneur général doit se situer au-dessus des considérations partisanes. Car le fructueux exercice de ce rôle dépend dans une large mesure de l'image que son titulaire projette dans le public.

À l'annonce de la nomination, la réaction fut enthousiaste dans le public comme dans les médias. Le *Globe and Mail* écrivait d'ailleurs: «Madame Sauvé n'apportera pas à Rideau Hall que sa vive intelligence et ses impressionnants états de service: elle lui conférera aussi l'élégance qui sied à ces lieux.» Le *Edmonton Journal* déclarait de son côté: «Pour nommer le vingt-troisième gouverneur général du Canada — et, du même coup, la première femme à occuper ce poste —, les autorités politiques ont été bien inspirées.» Le *Winnipeg Free Press* notait ce qui suit: «De toute évidence, Jeanne Sauvé possède les qualités qui feront de son mandat une période fructueuse et remarquable.» *La Presse* et *Le Devoir* y allèrent tous deux d'éditoriaux dithyrambiques, signés d'universitaires distingués. Le chroniqueur Charles Lynch eut pour sa part le commentaire suivant: «Cette fois, Pierre Trudeau a frappé dans le mille. Dans la personne de Jeanne Sauvé, nouveau gouverneur général, c'est un merveilleux cadeau de Noël qu'il a fait à la nation.»

Sur une note plus insolente, Jamie Lamb livrait dans le *Vancouver Sun* les propos suivants:

> Madame Sauvé fera probablement un bon gouverneur général. Elle a de la grâce, du charme, de l'esprit. Si son passage dans le cabinet Trudeau l'a chargée d'un bagage encombrant, celui-ci est moins lourd que ce qu'Ed Schreyer a traîné dans le Rideau Hall... On peut qualifier d'échec la performance de M. Schreyer dans le rôle de gouverneur général. Peut-être s'agit-il dans le privé d'un homme char-

mant et attachant, mais il a, comme vice-roi, tout le charme d'un sac de pommes de terre...

Le choix de Madame Sauvé ne va pas sans cynisme, mais il devrait à la longue s'avérer rentable et restaurer la dignité d'une fonction qui en a désespérément besoin.

William F. Gold, du *Calgary Herald*, poussait encore plus loin la désinvolture:

La vague d'applaudissements qui a suivi la nomination de Jeanne Sauvé comme gouverneur général représente un cas classique de notre comportement national: la mise en veilleuse de l'esprit critique.

Pour une raison qui échappe à l'entendement, si ce n'est qu'il s'agissait d'une femme, ce fut un concert de louanges.

Tout cela en dit plus long sur la crainte qu'on a de paraître antiféministe qu'il ne nous instruit sur Jeanne Sauvé elle-même.

Bien sûr, «il est bon» d'avoir enfin une femme à ce poste — le plus éminent de tout le pays.

Mais il convenait par la même occasion d'y nommer quelque hibou empaillé, pour occuper cette niche consacrée à un cérémonial désuet et ridicule. Dieu sait pourtant que le titulaire sortant, Ed Schreyer, y arrivait presque.

Mais le mot de la fin revenait à Stewart MacLeod, du *Guardian and Patriot* de Charlottetown:

Certes, les regroupements de femmes ont chaleureusement salué dans la nomination de Madame Sauvé une percée féministe... Mais l'intérêt réel de l'affaire tient justement à ce qu'il ne s'agit en rien d'une concession.

Plus on réfléchit à cette affaire, plus on est convaincu qu'il n'y avait tout simplement pas de meilleur candidat, homme ou femme, dans tout le pays.

Toute tâche exige préparation. Aussi le premier soin de Jeanne après sa nomination fut-il de demander à Esmond Butler une séance d'information sur les devoirs du vice-roi. Un jour de la première semaine de janvier, Butler, armé d'un calepin de notes, donna sa leçon dans les bureaux de la présidence des Communes.

213

Les deux personnes se connaissaient de longue date, ce qui conféra à leur rencontre une note amicale.

Tous deux riaient sous cape au souvenir de la collaboration qu'ils s'étaient prêtée, au mois de juin précédent, à l'occasion de la visite du prince Charles et de la princesse Diana. Une réception avait eu lieu dans la salle Trent de Rideau Hall, au cours de laquelle le couple princier devait rencontrer des invités spéciaux venus de tous les coins du pays. Les hôtes, Ed et Lily Schreyer, causaient à l'écart avec des amis au lieu d'accompagner le prince et la princesse. Butler était dans ses petits souliers: ne lui appartenait-il pas de rassembler les invités pour la présentation officielle? Mais il ne devait pas non plus abandonner à eux-mêmes le prince et la princesse. Jeanne, devinant son embarras, le pria de tenir compagnie à Charles et à Diana pendant qu'elle-même irait dénicher les invités dont il avait besoin. Après chaque battue, elle revenait vers Butler et lui demandait paisiblement: «Qui vous faut-il maintenant?»

Parmi les questions que le nouveau gouverneur général discuta avec celui qui allait devenir son secrétaire, figuraient les changements rendus nécessaires par l'accession d'une femme à ce poste, ainsi que le rôle qu'on allait impartir à son mari. Butler passa également en revue la liste du personnel de la maison et fit remarquer que Jeanne pouvait, selon la tradition, y faire entrer un certain nombre de personnes de son choix. (Notons au passage que Rideau Hall compte une centaine d'employés, dont trois aides de camp et six valets de pied.) Madame Sauvé indiqua son intention d'amener quelques employés, mais de se passer de dame de compagnie. On discuta encore des armoiries personnelles à faire désormais apparaître sur les médailles que décerne le gouverneur général, sur le sceau privé, sur les cadres des photos officielles et sur les cadeaux qu'offre le vice-roi.

Tout au long de l'entretien de deux heures, Madame Sauvé se montra pleine de vie et d'enthousiasme. Malgré l'air fragile qu'elle avait conservé de sa récente maladie, Butler la croyait en bonne voie de guérison. Mais quand il voulut fixer la date de l'intronisation, Jeanne lui déclara attendre encore d'autres examens médicaux, dont les résultats allaient déterminer la date de la cérémonie.

Le mandat officiel de Jeanne Sauvé comme présidente de la Chambre des communes prenait fin le 16 janvier 1984. Le lendemain, elle connut une rechute de sa maladie respiratoire et entra d'urgence à l'Hôpital général d'Ottawa. Son allergie à certains antibiotiques compliqua quelque peu les traitements. Malgré les efforts d'une équipe de médecins hautemnt compétents (placée sous la direction de John Henderson, spécialiste des voies respiratoires), l'état de Jeanne ne cessait de s'aggraver. Une semaine plus tard, on dut la transférer aux soins intensifs.

Pour elle, être atteinte d'une maladie grave avait quelque chose de tout à fait nouveau et terrifiant. Toute sa vie, elle avait pris pour acquise la bonne santé dont elle jouissait. Et voici que, à l'âge de soixante et un ans, alors même qu'elle allait prendre possession de la plus haute fonction existant en son pays, le destin lui proposait soudain la perspective d'une mort prématurée.

Maurice Sauvé resta fermement optimiste, même quand Jeanne passa aux soins intensifs; c'est seulement après une conversation avec son frère, le Dr Gaston Sauvé, qu'il prit conscience de la gravité de la situation. Dès qu'il s'en rendit compte, il téléphona à son fils Jean-François, qui prit à Toronto le premier avion pour Ottawa. Durant la semaine qui suivit, Maurice et Jean-François passèrent la plus grande partie de leur temps au chevet de Jeanne. Faute d'avoir connu sa mère malade, Jean-François fut bouleversé à la vue de celle-ci à demi-consciente sur un lit d'hôpital, respirant par un tube, alimentée de sérum intraveineux et branchée sur des appareils de contrôle. Lorsqu'il la vit pour la première fois dans cet état, il tenta de masquer son désarroi par une blague: comme elle était réduite au silence, dit-il à sa mère, celle-ci ne pourrait lui servir le sobriquet de son enfance: «Boubou».

Les médias n'apprirent que fin janvier la maladie de Jeanne. Le 31 de ce mois, le *Globe and Mail* titrait «L'état de Sauvé est considéré comme grave» un article sur la question. On y faisait écho, comme dans d'autres médias, à des rumeurs voulant que Jeanne souffrît de cancer. Le *Globe and Mail* citait même Renée Langevin, secrétaire particulière de Madame Sauvé: «Son état est grave, avait dit la secrétaire, mais elle n'est pas mourante.»

Pas mourante? Bien des gens n'étaient pourtant pas de cet avis. Renée Langevin se vit offrir par un haut fonctionnaire un emploi très lucratif; quand elle le refusa en se déclarant très satisfaite de son poste, le mandarin lui annonça sur un ton sans pitié que Madame Sauvé n'en avait que pour quelques jours à vivre. Plusieurs journalistes assoiffés de nouvelles avaient laissé leurs numéros de téléphone à la secrétaire de presse de Madame Sauvé, Marie Bender, la priant de les appeler, à quelque heure du jour ou de la nuit, dès que surviendrait la mort de sa patronne. La Presse Canadienne mettait à jour une notice nécrologique prête à être confiée en quelques minutes aux téléscripteurs. Radio-Canada se tenait également sur le qui-vive, montant en hâte un film-souvenir d'une demi-heure consacré à la carrière de Madame Sauvé. Attente poignante, durant laquelle les collaborateurs du nouveau gouverneur général essayaient de se réconforter mutuellement mais en étaient souvent réduits aux larmes.

Jeanne, à son transfert aux soins intensifs, se crut elle-même à l'article de la mort. Aux médicaments qu'on lui faisait absorber s'ajoutait l'effet des calmants par lesquels on voulait réduire l'inconfort du tube respiratoire. Elle s'évanouissait puis revenait à elle, de sorte qu'elle perdait la notion du temps. À un moment donné, elle crut rêver lorsqu'elle entendit une voix lui demander: «Madame Sauvé, est-ce que vous priez pour votre guérison?» Tournant péniblement la tête, elle aperçut un homme vêtu de blanc, debout à côté du lit. Incapable de prononcer un mot, elle acquiesça d'un signe de la tête. «Je prie pour vous chaque jour», reprit l'homme, qui disparut ensuite aussi paisiblement qu'il était venu. Elle sut plus tard que l'inconnu aux paroles d'espoir faisait partie du personnel de l'établissement.

C'était un des milliers de Canadiens qui priaient pour sa guérison. Pendant la maladie de Jeanne, ce fut, aux bureaux de celle-ci, une avalanche de lettres; de son côté, l'Hôpital général d'Ottawa recevait, par milliers, appels, lettres, cartes et fleurs, de la part des admirateurs de Jeanne. La moitié de ce courrier provenait de la province de Québec, qui pourtant avait manifesté au cours des récentes années une grande indifférence à l'égard de la Couronne. (En fait, la popularité de Jeanne y était telle que, à l'annonce de sa nomination, l'Assemblée nationale, sous la houlette du séparatiste René Lévesque, vota à l'unanimité une résolution pour présenter ses respects au nouveau gouverneur.) Deux choses contribuèrent, hors de tout doute, à la guérison de Jeanne: la foi profonde dont elle était animée et l'assurance que d'autres priaient aussi pour elle.

Le 1er février marqua un point tournant dans l'évolution de la maladie. Ce jour-là, l'état de Jeanne se stabilisa et connut même une légère amélioration. Il y avait déjà une semaine qu'on lui avait introduit dans la gorge le tube respiratoire, et le Dr Sauvé suggéra de le retirer craignant des dommages permanents aux cordes vocales. Mais ses collègues, devant l'état grave de la patiente, en décidèrent autrement, estimant la respiration plus importante que la parole. Le 3 février, on retira le tube et les médecins émirent un communiqué où, prudemment, ils se disaient «satisfaits du rythme de l'amélioration». Une semaine plus tard, l'équipe médicale y allait d'un bulletin plus optimiste, exprimant sa «très, très grande satisfaction devant les progrès accomplis». Mi-février, Marie Bender annonça que Madame Sauvé allait bientôt quitter l'hôpital.

Le 3 mars, une ambulance transporta la patiente à Montréal. En réponse aux questions des journalistes, Marie Bender assurait que Madame Sauvé «se sentait très bien». Ce qui n'était pas tout à fait exact, malgré le bonheur que Jeanne ressentait d'avoir survécu à l'épreuve. En réalité, la maladie l'avait laissée dans un tel état de faiblesse qu'elle ne pouvait marcher; par ailleurs, le tube avait à ce point endommagé ses cordes vocales que la parole restait pour l'instant impossible. Pour comble de malheur, l'infection des voies respiratoires avait entraîné l'affaissement d'un des poumons. Aidée d'une infirmière et d'une physiothérapeute, Jeanne entreprit pourtant de se refaire une santé. Toutes les heures, elle devait faire des mouvements de jambes et, plusieurs fois par jour, s'exercer les cordes vocales en répétant inlassablement devant un magnétophone: «Comment allez-vous? Bien, merci! Un, deux, trois.» Le but de cet exercice était de tendre les cordes vocales, de façon à pouvoir moduler les sons; et Jeanne, qui avait eu jusque-là un agréable timbre de contralto, s'exprimait maintenant avec une voix rauque. Elle devait, dans le cadre de sa convalescence, passer quelques semaines en

Floride, mais quand approcha le moment du départ, elle ne s'en sentit plus le goût.

Dans l'intervalle, on avait dû reporter trois fois la date de son intronisation. Ed Schreyer, dont le mandat était expiré, avait hâte de quitter Rideau Hall pour assumer ses nouvelles fonctions de haut-commissaire du Canada en Australie. À la mi-mars, Pierre Trudeau, tenu au courant de l'état de santé de Jeanne Sauvé par les médecins de la patiente, téléphona à celle-ci dans l'espoir de fixer une nouvelle date pour l'investiture. Mais l'appel surprit Jeanne dans un état dépressif: elle était convaincue, avouait-elle, de ne jamais recouvrer une santé suffisante pour exercer ses nouvelles fonctions. Trudeau protesta que tout cela n'avait aucun sens, qu'il tenait des médecins l'assurance d'un complet rétablissement, et qu'il la rappellerait un mois plus tard. Lorsqu'il rappela en avril, Jeanne était encore faible, mais se sentait quand même mieux. Consciente qu'il lui faudrait une plus longue convalescence, elle convint malgré tout que l'intronisation eût lieu le lundi 14 mai.

Samedi le 12 mai, Jeanne et Maurice firent en train le voyage Montréal-Ottawa, à bord du wagon vice-royal. Le premier ministre Trudeau les attendait à la gare Union, en compagnie d'une demi-douzaine d'autres dignitaires. Madame Sauvé n'étant pas encore gouverneur général, on se rendit non pas à la demeure officielle de celui-ci, mais au 7 Rideau Gate, résidence des invités d'État. Ce soir-là, les Sauvé reçurent à dîner leur famille. Le lendemain, il fallut se livrer, sur la colline parlementaire, à une pénible répétition de la cérémonie d'assermentation. Le dimanche soir, Serge Senecal et Réal Bastien restèrent à Rideau Gate, car ces deux invités avaient une mission très spéciale.

Senecal et Bastien exploitent en société à Montréal la maison de couture Serge et Réal. Jeanne Sauvé, après avoir assisté à Montréal à leur première exposition de mode, est restée depuis lors leur plus fidèle cliente. Repensant à cette époque, Serge se rappelle que Madame Sauvé avait toujours eu le sens de la mode et savait mettre en valeur les vêtements qu'elle portait:

J'étais très surpris car c'était une intellectuelle, et j'avais toujours cru que ce type de femme ne s'intéressait jamais à des questions de vêtements. Mais Madame Sauvé avait le goût des belles choses. Elle adorait à l'époque les gris pâles, les bleus Wedgwood et le mauve; elle affectionne maintenant les couleurs franches. Très féminine, elle aime pour le soir les tissus doux. Elle a horreur des plissés — qui d'ailleurs ne lui siéent pas — et ses hanches lui imposent des jupes amples. Elle porte celles-ci plutôt longues, ce qui la grandit et l'amincit. Ses vêtements de jour restent d'un classicisme impénitent, mais elle aime bien le soir afficher une certaine extravagance.

Jeanne Sauvé garde longtemps les mêmes vêtements, qu'elle porte encore et encore. Ce qui n'empêche pas ses achats chez Serge et Réal d'atteindre au moins dix mille dollars par année; elle confesse, un peu triste, y passer une bonne partie de son salaire. Pour leurs autres clientes, Serge et Réal réutilisent un même dessin avec différents tissus; mais les vêtements qu'ils confectionnent pour Madame Sauvé restent des pièces uniques. Les relations de Jeanne avec ces fournisseurs ont débouché sur une étroite amitié, si bien qu'une séance d'essayage de dix minutes dans leur luxueux salon de la rue Sherbrooke peut tourner en une heure d'agréable discussion sur la mode.

Ce soir-là donc, Serge et Réal apportaient à Rideau Gate deux robes différentes: un ensemble pour la cérémonie d'assermentation, et une robe du soir pour la réception qui allait suivre. Mais la séance d'habillage qui précéda la cérémonie fut pénible pour tous. L'ensemble, conçu avant la maladie de Jeanne, était composé d'un manteau de style élisabéthain et d'une robe de taffetas de soie grise. Par malheur, les grandes manches bouffantes du manteau soulignaient l'enflure du visage, conséquence des traitements à la cortisone. Tenant compte de la distance que Madame Sauvé, vêtue de la robe longue, allait franchir à pied, les couturiers conseillaient le port de talons bas. Mais elle s'obstina à porter des souliers à talons hauts — ce dont elle allait se repentir.

Le matin de l'investiture, il faisait un temps frais et radieux. Au moment où sa limousine franchit les grilles de la colline parlementaire, Madame Sauvé aperçut, flottant au sommet de la tour de la Paix, l'étendard du gouverneur général — drapeau d'un bleu royal avec en son centre un lion d'or tenant dans sa griffe une

219

feuille d'érable. Elle fut frappée de ce que prenaient fin des mois d'attente et d'angoisse: elle allait enfin devenir gouverneur général du Canada. Un sourire de bonheur sur les lèvres, elle agitait la main en direction des écoliers réunis le long de l'allée montant à l'édifice central. Comme la limousine arrivait au pied de la tour, la batterie fit retentir, de la pointe Nepean toute proche, une salve de vingt et un coups de canon, la garde d'honneur présenta les armes et la fanfare joua le «Dieu protège la reine». Le premier ministre Trudeau accueillit Jeanne Sauvé sur les marches du grand perron, puis l'accompagna à l'intérieur. Quelques minutes plus tard se mettait en branle le cortège qu'ouvrait le Huissier à la verge noire: Jeanne Sauvé, accompagnée des officiers supérieurs de la maison vice-royale, s'avançait vers la salle du Sénat.

Quittant la pénombre du corridor, elle fut un moment éblouie par la très vive lumière du Sénat: le soleil, filtrant par les hautes fenêtres cintrées, joignait ses feux à ceux de la télévision pour éclairer une mer de visages tournés vers elle. La salle du Sénat était remplie de plus de mille cent invités: représentants du corps diplomatique, lieutenants-gouverneurs, juges de la Cour suprême vêtus de leur toge rouge, membres du Conseil privé, députés, amis. On remarquait, assis au premier rang, Jean-François, fils de Jeanne, ainsi que les trois soeurs qui lui restaient: Berthe, Annette et Lucille. Leur frère Jean était assis immédiatement derrière, avec d'autres membres de la famille. On trouvait également là le juge en chef de la Cour suprême, qui représente la Couronne durant l'intérim ou lorsque le gouverneur général est en dehors du pays ou frappé d'incapacité.

De la tribune, une sonnerie de trompettes salua l'arrivée de Madame Sauvé. Atmosphère solennelle et festive à la fois. Foulant à pas lents le tapis rouge de l'allée médiane, Madame Sauvé s'avançait vers l'estrade surmontée d'un dais; aux amis et aux connaissances qui la saluaient au passage, elle répondait d'un signe de tête ou d'un sourire. Quand elle eut pris place sur le trône du Sénat, le premier ministre, dans un bref discours, l'assura qu'elle devait ses nouvelles fonctions non pas simplement au fait d'être femme, mais aux qualités qui avaient fait d'elle la candidate idéale à ce poste. Esmond Butler donna lecture de l'acte par lequel la reine la nommait gouveneur général du Canada. Cela fait, Madame Sauvé prêta le serment d'office et signa la proclamation officielle. La bible sur laquelle elle fit serment appartenait à la famille; c'est celle-là même qui avait servi à l'assermentation de Maurice, puis de Jeanne, comme membres du Cabinet. L'investiture proprement dite prit fin sur un geste symbolique: celui du secrétaire d'État présentant à Son Excellence le Grand Sceau du Canada.

Madame Sauvé, dans un discours d'une trentaine de minutes, mit en relief les trois thèmes qui allaient inspirer son mandat: la paix, l'unité du pays, et le souci qu'elle se faisait au sujet des jeunes. Parlant de l'unité nationale, elle demanda aux Canadiens de se montrer plus généreux et plus tolérants les uns envers les autres: «Tel est, disait-elle, le prix de notre bonheur; et il n'y a pas de place pour le bonheur dans une civilisation du «chacun pour soi.» Dans une allusion à la violence et aux tensions qui sévissent à travers le monde, elle déclarait: «Les plus tragiques conséquences de ces désordres, c'est la génération à venir qui la subira; c'est elle qui vivra des temps apocalyptiques…. Quant à moi, j'ai une foi inébranlable dans la jeunesse d'aujourd'hui. Mon expérience de travail au sein d'associations de jeunesse et mes rencontres de tous les jours avec les jeunes, tout cela m'a révélé les vraies dimensions de leur esprit et de leurs possibilités. Je suis sûre que, leur temps venu, ils sauront affronter le défi et le relever avec succès.» Elle conclut son allocution sur une citation de l'Ecclésiastique: «Comme est le gouverneur ainsi seront les habitants de la cité.»

La cérémonie d'intronisation avait eu quelque chose d'épuisant pour les forces de Jeanne. Mais l'esprit de celle-ci, au sortir de la salle du Sénat, était envahi d'un double sentiment: l'importance du geste qu'elle venait de poser et l'éclat de la cérémonie qu'elle venait de vivre. Sur le point de quitter l'immeuble, elle s'arrêta pour écouter un choeur qui chantait en son honneur, et elle en remercia les membres. Avant de quitter la colline parlementaire, on entendit une seconde fois tonner vingt et un coups de canon, on vit un défilé de réactés de l'Aviation canadienne traverser le ciel, et le gouverneur général reçut de nouveau le salut de la garde d'honneur. Celle-ci était formée de cent cadets à tunique rouge, venus du Collège militaire royal. Le jeune officier qui les commandait s'avança bientôt vers le gouverneur pour l'inviter à en faire l'inspection. Mesurant la distance à parcourir durant ce cérémonial militaire, Madame Sauvé se disait en elle-même: «Jamais je n'y arriverai.» Mais, emportée par le sens du devoir, elle acquiesça. Soulevant d'une main sa jupe, elle parcourut le premier rang, salua le drapeau et s'efforça d'atteindre sans incident l'extrémité. Mais comme elle se retournait pour passer en revue le second rang, son talon se coinça entre deux pavés et elle se tordit la cheville. Se redressant, elle boitilla avec acharnement jusqu'à ce que son talon se prît une seconde fois. La douleur était telle que Jeanne dut, pour éviter une chute, s'accrocher au bras de l'officier, côté épée. Celui-ci faillit perdre l'équilibre puis, redressant les épaules, accompagna lentement Madame jusqu'aux marches de la Tour. Grâce à l'assurance qu'il mit à son geste, peu de témoins se rendirent compte de ce qui n'allait pas, encore moins du désastre qu'avait frôlé Son Excellence. Angoissé, Maurice avait observé toute la scène; il se précipita pour aider sa femme à gravir les marches.

Leurs Excellences retournèrent à Rideau Hall à bord d'un carrosse tiré par quatre chevaux noirs; trente-deux gendarmes à cheval les escortaient, revêtus de l'uniforme complet et armés de lances qui renvoyaient l'éclat du soleil. Comme le carrosse quittait la colline parlementaire, la foule fit une ovation au nouveau gouverneur général. À la résidence officielle, Madame Sauvé fut accueillie par une autre garde d'honneur, puis son secrétaire l'accompagna jusqu'à la salle de bal où elle devait rencontrer les membres de son personnel. Après le déjeuner, Son Excellence reçut le premier ministre et les membres de son cabinet.

Quand arriva la fin de l'après-midi, Madame Sauvé, cheville enflée et douloureuse, boitait dangereusement. Bien qu'elle prît la chose à la légère, Serge Senecal insista pour lui bander la cheville, ce qui eut pour effet de soulager la douleur et de soutenir le pied. Ce soir-là vêtue d'une robe vert émeraude, Madame Sauvé assista à un gala artistique donné en son honneur au Centre national des arts. On remarquait à ses côtés, dans la loge royale fleurie pour la circonstance, son mari, sa soeur Berthe et le premier ministre

Trudeau. Pour le chant de l'hymne national, on avait éteint toutes les lumières de la salle, à l'exception d'une seule restée braquée sur le gouverneur. À peine évanouis les derniers accords, l'assistance fit éclater en son honneur une salve d'applaudissements.

Les invités avaient été choisis pour évoquer par leur présence les diverses époques de la vie de Jeanne, à commencer par Son Honneur Steve Sopotyk, maire de Prud'homme, son village natal. Plusieurs amies d'enfance étaient là, tout comme soeur Marguerite Myre, qui lui avait fait la classe au couvent et avait suivi avec elle des cours du soir à l'Université d'Ottawa. On avait également invité les compagnes de chambre de l'époque de la J.É.C.: Berthe (Deschênes) Bellemare, Françoise (Chamard) Cadieux, Fernande (Martin) Juneau et Jacqueline (Ratté) Varin. Assistaient aussi à cette soirée de gala Alex et Gérard Pelletier, Pierre Juneau, ainsi que les deux anciens aumôniers de la Centrale: les pères Maurice Lafond et Germain-Marie Lalande, devenus pour les Sauvé des amis autant que des conseillers spirituels. (Comme il se faisait tard, le père Lalande, qui avait autrefois voyagé dans l'Ouest avec Jeanne et avait béni son mariage, fit remarquer en grommelant que Jeanne paraissait fatiguée et que tout ce beau monde devrait rentrer chez soi.) De la période européenne, il y avait là des amis comme Françoise Côté et d'Iberville Fortier. Deux invités venaient évoquer par leur présence la carrière de Jeanne à la radio et à la télévision: Michael Hind-Smith, qui l'avait lancée à la télé, et Fernand Doré, le plus important réalisateur de ses débuts radiophoniques. Le monde de la politique était abondamment représenté, depuis les travailleurs de la circonscription qui avait élu Jeanne à la Chambre, jusqu'au personnel de la présidence des Communes, en passant par les députés et les collègues au sein du Cabinet. Les plus récents amis qu'on vit ce soir-là, étaient des médecins et des infirmières qui avaient soigné Jeanne à l'Hôpital général d'Ottawa.

Plusieurs de ces personnes étaient aussi au nombre des deux cents personnes invitées à un dîner dansant qu'offrait Rideau Hall à l'issue du gala. Depuis des semaines, Madame Sauvé appréhendait cette journée d'assermentation, se demandant si elle pourrait franchir une telle épreuve. Or, durant la réception de Rideau

Hall, Pierre Trudeau lui fit remarquer: «Jeanne, vous semblez beaucoup mieux ce soir.» Celle-ci répliqua en souriant: «C'est le soulagement de voir que tout cela est presque terminé!»

Il n'y a pas longtemps, Serge Senecal rappelait cette journée mémorable: «Bien peu de gens, observait-il, passeraient à travers une telle journée, surtout quand vous vous sentez malade et que vous savez n'être pas du tout à votre avantage. Il faut du courage.»

Le *Leader Post* de Regina émit pour sa part le commentaire suivant: «Certes, Madame nous a fait attendre; mais cela en valait la peine, la plupart des Canadiens en conviendront.» Dans le *Chronicle-Herald* de Halifax, on lisait: «On sent que cette brillante fonction constitutionnelle et la distinguée Canadienne qui l'occupe sont pleines de promesses pour notre pays.» Dans la *Gazette* de Montréal, Gretta Chambers signa un éditorial qu'elle concluait par ces mots: «Jeanne Sauvé est bien femme à mettre sa grâce et sa distinction au service de la confiance, de la générosité et du bon sens de tous les Canadiens et Canadiennes. Comme il est dit dans le serment d'office qu'elle a prononcé: Que Dieu la protège!»

CHAPITRE 10

La représentante de la reine

Dès le lendemain de la cérémonie d'investiture, Son Excellence Madame Jeanne Sauvé emménagea à Rideau Hall et assuma pleinement ses devoirs de gouverneur général.

Les fonctions vice-royales ne sont pas ce «fatras de cérémonies anachroniques» que M. Gold décrivait dans le *Calgary Herald*. Le Canada est une monarchie constitutionnelle, où la reine est chef de l'État. Or le gouverneur général est le représentant de la reine; à ce titre, il remplit les fonctions du chef de l'État chaque fois que celui-ci est absent du pays. Quant au chef du gouvernement, c'est le premier ministre: élu, il représente la majorité politique. Le gouverneur général, nommé et non point élu, incarne le pays tout entier et doit se situer au-dessus des clivages politiques.

À titre de représentante de la reine, Madame Sauvé exerce certains devoirs: les uns protocolaires, d'autres constitutionnels, et d'autres enfin d'ordre mondain. Représentante de la Couronne, elle est gardienne de la constitution canadienne et participe, de ce fait, au pouvoir exécutif du gouvernement comme à son pouvoir législatif. C'est elle qui, à ce titre, ouvre les sessions du Parlement et les proroge, elle aussi qui assermente les ministres du cabinet fédéral. Elle appose la sanction royale aux lois que vote le Parlement et qui, sans cet aval, n'ont ni légalité ni effet. Elle ratifie également une multitude de documents, comme les arrêtés ministériels, les décrets de nomination, les recours en grâce, les lettres de créance et les lettres de révocation. À titre de chancelier de l'Ordre du Canada et de l'Ordre du Mérite militaire, elle préside les cérémonies où sont décernées ces décorations; c'est également elle qui remet les récompenses pour actes d'héroïsme. C'est elle enfin qui, commandant en chef des armées canadiennes, signe tous les brevets d'officiers.

Presque tous les actes que pose le gouverneur général nécessitent l'accord du premier ministre. Mais le gouverneur a le pouvoir d'agir à sa guise dans les cas d'urgence constitutionnelle. Il lui incombe en particulier de veiller à ce que le pays ait toujours un gouvernement et à ce que le parti au pouvoir ait à sa tête un chef. En cas de mort subite ou accidentelle du premier ministre — la chose se produisit lorsque Sir John Thompson mourut d'une crise cardiaque en déjeunant avec la reine Victoria au château de Windsor —, le gouverneur général peut être appelé à choisir un chef intérimaire. Si la Chambre des communes se trouve enfermée dans une impasse qui paralyse toute action (comme ce fut presque le cas durant la «guerre des cloches» en 1982), le gouverneur général a le pouvoir de démettre le premier ministre, de dissoudre le Parlement et de convoquer une élection. De même, dans l'hypothèse où plusieurs partis obtiendraient dans une élection un nombre égal de sièges et que ne se dessinât aucune majorité nette, le gouverneur général pourrait être prié d'intervenir. Le professeur Norman Ward décrit en ces termes le rôle du vice-roi: «C'est avant tout un chef d'État impartial, un symbole de la nation. Mais ce peut être plus qu'un simple figurant: ses pouvoirs latents sont là qui demeurent, sortes de valves de sécurité utilisables en temps de crise, mais qui autrement restent inutilisées.» Parlant de ces pouvoirs latents, Madame Sauvé déclarait à un journaliste de Radio-Canada: «Le fin du fin, pour le gouverneur général, c'est de ne jamais les utiliser.»

Une autre fonction importante du vice-roi est de conseiller le premier ministre. Cette fonction est d'ailleurs enchâssée dans la Constitution, comme étant le droit d'être consulté, d'encourager et de conseiller. Certes, le premier ministre n'est pas tenu de suivre ses avis; mais si l'un et l'autre entretiennent de bons rapports, le gouverneur général peut devenir pour le premier ministre un précieux confident. Pour se tenir au fait des politiques du Gouvernement et des législations soumises au Parlement, Madame Sauvé reçoit régulièrement du Cabinet des documents confidentiels. Ajoutons que le premier ministre lui rend visite tous les deux mercredis pour discuter avec elle des affaires de l'État. De son côté, Son Excellence écrit périodiquement à la reine pour l'informer de la situation qui prévaut dans le pays. (Madame Sauvé rédige ces lettres en français, et la reine y répond en anglais.) C'est ainsi que le gouverneur général constitue le lien entre le premier ministre et le souverain.

Côté réceptions, un gouverneur général est très actif. N'est-il pas au pays l'hôte par excellence? Il accueille chaque année un grand nombre de dignitaires étrangers, ainsi que des milliers de Canadiens; il reçoit ses invités soit à Rideau Hall, soit à la Citadelle de Québec. Mais il voyage beaucoup aussi: il parcourt le pays d'est en ouest, et les derniers titulaires du poste ont de plus effectué des tournées à l'étranger.

Ce poste est le plus prestigieux qui soit au pays: le protocole lui reconnaît partout préséance. Son titulaire voit à vie son nom précédé du qualificatif «Très honorable» et, pendant la durée de son mandat, du titre de «Son Excellence»; on accole également ce dernier au nom du conjoint. C'est l'État canadien qui verse au gouverneur général son salaire et le défraie de toutes les dépenses liées à l'exercice de ses fonctions. Sous le Régime français, le traitement du gouverneur s'établissait à dix mille livres françaises; après la Conquête, le chiffre ne changea pas mais fut désormais compté en livres sterling. Il resta à ce niveau pendant plus d'un siècle. Au cours des années 1970, on convint de l'exprimer en dollars canadiens: quarante-huit mille dollars, bénéficiant d'une totale exonération fiscale. Le 1er avril 1986, le traitement annuel passa à soixante-dix mille dollars. Le gouverneur, malgré les nombreuses gratifications dont il jouit, doit souvent prélever sur ses propres économies; l'un d'eux, Vincent Massey, dut même y aller de fortes dépenses personnelles.

À titre de gouverneur général, Madame Sauvé a deux résidences officielles: les quartiers du gouverneur à la Citadelle de Québec, et Rideau Hall à Ottawa. Cette dernière est officiellement appelée «Résidence du gouverneur»; c'est là que Madame

Sauvé passe la majeure partie de son temps. L'édifice fut érigé en 1838 par Thomas MacKay; ce dernier, membre du Conseil législatif du Haut-Canada, fut l'un des principaux entrepreneurs dans la construction du canal Rideau. Cette maison, qui évoque une villa de style Régence, est située au milieu d'un domaine de quatre-vingt-huit acres où alternent parcs et bosquets. Le gouvernement canadien loua d'abord Rideau Hall en 1864, puis l'acheta quatre ans plus tard pour en faire la résidence permanente du gouverneur général. George Brown, qui fut un des pères de la Confédération et qui fonda le *Globe and Mail* de Toronto, écrivait en 1864 à Sir John A. Macdonald une lettre aigre-douce dans laquelle on pouvait lire ces mots: «La résidence du gouverneur n'est qu'une masure, plantée sur un terrain qui conviendrait à quelque hobereau ambitieux.»

George Brown reconnaîtrait-il aujourd'hui la «masure»? Celle-ci a connu depuis cette époque quatre transformations successives et compte maintenant cent soixante-treize pièces. Le changement le plus radical fut sans doute l'ajout, à la veille de la Première Guerre mondiale, de la monumentale façade de pierre, surmontée des armes royales. Au rez-de-chaussée se trouvent une salle de bal richement décorée de feuilles d'or, divers salons servant aux réceptions privées ou officielles, deux salles à manger, les bureaux de l'administration, ainsi qu'une serre. La «Tent Room» est sans doute la pièce la plus insolite. C'est Lord Dufferin qui en 1873 fit ériger cette structure de bois pour y jouer à la courte paume (jeu où l'on utilise à la fois les murs et le plafond pour renvoyer la balle). À peine construite, cette salle fut ornée de tentures qui la rendirent propice aux réceptions sans cérémonie. On n'y joue plus à la courte paume depuis plus d'un siècle, depuis en fait que les murs de la salle furent drapés de riche pékiné; mais par temps humide, on y hume encore des relents d'enceinte sportive.

À l'étage, se trouvent les chambres à coucher, des salons, ainsi qu'une petite chapelle. C'est à cet étage qu'on trouve les appartements privés de Son Excellence, de même que dix chambres ou suites pour les invités. La suite royale, réservée à la reine pour les visites que celle-ci fait à Ottawa, comprend une élégante chambre ovale, avec lit double à baldaquin; c'était à l'origine le petit salon de Thomas MacKay. C'est dans cette pièce que la reine, assise à son pupitre, prononça la première allocution télévisée de tout son règne.

Les vastes terrains qui entourent Rideau Hall ont gardé de leurs origines cet agencement remarquable de parcs, de bosquets et de jardins; une lourde grille de fer les entoure, qui prend appui sur des piliers de pierre disposés à intervalles réguliers. L'entrée principale, flanquée d'une loge de garde et protégée par d'immenses portes de fer à motifs d'or, terrorise les chauffeurs de cars de tourisme: l'ouverture n'a que la largeur d'une voiture. Le domaine abrite également d'autres édifices, comme Rideau Cottage: cette maison de briques, toute en coins et recoins, est traditionnellement réservée au secrétaire du gouverneur général. On trouve aussi dans le parc les quartiers du personnel, des serres, un atelier et deux garages — dont l'un fut autrefois une écurie.

Les aménagements récréatifs ont le charme d'une époque révolue. En été, on joue encore au cricket sur les vastes pelouses qui s'étendent à l'ouest de la résidence principale, et l'on dispute des matchs de tennis sur deux courts en plein air. En hiver, le terrain offre une patinoire extérieure, ainsi qu'une piste de glace pour le curling. Près des patinoires, sur un monticule, une piste permet la descente en toboggan.

Mais on ne trouve à Rideau Hall aucune piscine. La seule chose qui puisse s'en rapprocher, c'est un étang qu'on creusa près de la patinoire, sous le règne d'Edward Schreyer. Celui-ci le fit empoissonner à ses frais; par les soirs d'été, il adorait s'y promener en taquinant la truite arc-en-ciel. Mais plus la saison avançait, plus le poisson se faisait rare. Un bon soir, le gouverneur avisa deux gamins qui de toute évidence avaient enjambé la grille pour pêcher en eaux interdites. Il les observa quelques minutes, puis s'enquit: «Alors, ça mord bien?» Et l'un des galopins d'exhiber une truite qu'il venait de sortir de l'eau: «Une pêche formidable, m'sieu! J'ai pris seulement ça, mais mon copain, lui, il en a attrapé trois!»

Une autre fois, le secrétaire du gouverneur, Esmond Butler, un grand homme aux manières distinguées, faisait de bon matin son jogging par-delà l'étang. Quelle ne fut pas sa surprise lorsqu'il aperçut une jeune femme nue s'apprêtant à y plonger. De quoi in-

terrompre la course du digne monsieur qui, dans toute son expérience au service de la maison, n'avait souvenir d'aucun précédent qui pût l'éclairer sur la conduite à suivre. Il fit donc simplement un signe de tête, lança un «bonjour, madame» plein de
componction, et passa son chemin. Chaque matin que le bon
Dieu amena cet été-là, M. Butler accomplit fidèlement son jogging rituel, mais il ne revit pas la petite dame.

Le secrétaire du gouverneur général est mêlé à tout ce qui
concerne la Couronne canadienne; c'est le plus haut gradé de
toute la maison vice-royale. Son rôle principal consiste à conseiller Son Excellence et à l'assister; mais en même temps lui incombe la gestion de tous les aspects de la fonction de son patron.
Le poste exige tact et talent, ainsi qu'une bonne dose de dévouement. Dans la hiérarchie de la fonction publique, ce secrétaire est
l'égal d'un sous-ministre en titre et reçoit de ce fait un traitement
qui, avant impôt, dépasse celui de son patron.

Dans la personne d'Esmond Butler, Jeanne Sauvé héritait
d'un secrétaire doté d'une expérience et d'une compétence in-
comparables. Ancien membre de la marine canadienne, diplômé
des universités de Toronto et de Genève, Butler fit, en 1955, sa
première apparition à Rideau Hall, dans le rôle de secrétaire de
presse de Vincent Massey. Détaché par la suite auprès du palais
de Buckingham, il revint au Canada en 1959 comme secrétaire du
gouverneur général Georges Vanier. Puis Roland Michener, Jules
Léger et Edward Schreyer retinrent tour à tour ses services pour
la même fonction. En 1972, il fut fait Commandeur de l'Ordre
royal de Victoria, en reconnaissance des services personnels rendus à la souveraine.

Madame Sauvé a également à sa disposition trois aides de
camp, venus respectivement des trois forces armées canadiennes.
Ces jeunes officiers sont généralement choisis au sein des services
actifs: un pilote, un officier de pont, ainsi qu'un officier d'infanterie ou de blindés. Généralement célibataires avec rang de
capitaines (ou de lieutenants dans le cas de la marine), ils sont
nommés pour un mandat de deux ans. Le gouverneur général est
toujours accompagné d'un aide de camp, qu'on reconnaît à la
bride lisérée d'or qu'il porte à l'épaulette gauche.

Le rôle de l'aide de camp est de servir de son mieux Leurs Ex-

230

cellences. Il y arrive avec d'autant plus de bonheur qu'il est plus sensible aux goûts et aux préférences du couple vice-royal. Le gouverneur accepte-t-il un rendez-vous? C'est à l'aide de camp qu'il appartiendra de planifier l'événement dans ses moindres détails et de veiller à son bon déroulement. Durant une tournée ou au cours d'une cérémonie officielle, l'aide de camp doit s'assurer que tout baigne dans l'huile. Il aura au préalable mis Son Excellence au courant du programme — qu'il lui rappellera discrètement le moment venu: Quel est le nom de tel personnage qu'on va rencontrer? En quel point de la tribune Son Excellence devra-t-elle se tenir à tel moment?

Mis à part le gouverneur général lui-même, ce sont les aides de camp qui, plus que toute autre personne, projettent dans le public l'image de Rideau Hall. Ils sont en contact avec toutes sortes de gens, depuis le premier ministre jusqu'aux touristes de rencontre. De là le soin qu'on met au recrutement de chaque aide de camp. Le ministère de la Défense nationale choisit d'abord six candidats admissibles, tous parmi la crème de leurs services respectifs. L'administration de Rideau Hall en élimine trois sur la foi de leurs dossiers et convoque les trois autres à une entrevue personnelle. Des cadres de la maison vice-royale sont alors appelés à examiner chacune des trois candidatures et à établir entre elles un ordre de priorité; ils accordent une importance particulière à l'ouverture et à l'équilibre de l'esprit, à la discrétion, à l'esprit de décision et au sens de l'humour. Enfin, Son Excellence elle-même reçoit successivement à déjeuner chacun des finalistes pour s'entretenir avec lui; c'est seulement après cette ronde qu'elle fait son choix. Écoutons le commentaire d'un observateur de cette dernière épreuve: «Son Excellence est formidable. Quinze ou vingt minutes à causer au coin du feu, puis on passe à table. Qu'il soit ou non l'heureux élu, le candidat vit là une expérience inoubliable.»

L'aide de camp travaille vingt et un jours par mois. Durant les sept premiers jours de ce cycle, il est en service et doit être disponible à toute heure du jour et de la nuit. Pendant les sept jours suivants, il est aide de camp en second; il fait sa journée normale, tout en restant disponible en soirée et pour le week-end. Les sept derniers jours, il n'est plus en service immédiat: il prépare des programmes à venir et n'est appelé à intervenir que si les circonstances l'exigent. Le rôle d'aide de camp à Rideau Hall jouit d'un certain prestige et fournit souvent à qui l'exerce un précieux tremplin dans l'avancement de sa carrière; l'exemple le plus notoire qu'on puisse apporter est celui de Harold Macmillan, qui devint par la suite premier ministre de Grande-Bretagne. Expérience enivrante certes, mais combien exigeante pour le système nerveux: l'aide de camp est toujours à l'avant-scène, où un faux-pas reste impardonnable.

On eut de cela une illustration concrète lorsque, quelques mois à peine après son investiture, Madame Sauvé prononça l'allocution de circonstance au cours de la collation des grades de l'Université McGill. Elle avait choisi pour thème les défis que les jeunes affrontent au sortir de leurs études. Madame était en grande forme et tenait en main son auditoire. Mais comme approchait la conclusion de son discours, elle s'aperçut que manquaient les deux dernières pages du texte. Réduite au silence au beau milieu d'une phrase, elle avoua à l'assemblée sa mésaventure. Nerveux et agité, l'aide de camp retrouva enfin les pages — dont il aurait dû au préalable vérifier lui-même le bon ordre. Sans doute se rappellera-t-il cet incident jusqu'à la fin de ses jours.

En juin de cette année-là, Madame Sauvé s'en fut en Angleterre rendre visite à Sa Majesté. Ce voyage, que normalement elle aurait effectué avant son investiture, avait été différé par la maladie dont elle avait souffert. Le matin du 12 juin, au palais de Kensington à Londres, Son Altesse Royale le duc de Gloucester, cousin cadet de la reine, créa Madame Sauvé Grande Dame de l'Ordre hospitalier de Saint-Jean de Jérusalem. (À titre de gouverneur général, elle est Prieure de la section canadienne de cet Ordre.) À l'occasion de la même remise de décorations, la souveraine nommait Maurice Sauvé Grand Chevalier de cet Ordre. Après la cérémonie, Madame Sauvé gagna le palais de Buckingham, où elle devait prendre le déjeuner avec Sa Majesté; c'était, depuis 1948, sa première visite en ces lieux. Là l'attendait un accueil dont la chaleur la ravit: la souveraine mit à l'aise la visiteuse par sa vivacité d'esprit et son sens de l'humour, et l'impressionna fortement par la connaissance qu'elle avait de notre pays et l'évidente affection qu'elle éprouvait à son égard.

Et pendant qu'au sortir de table les deux dames échangeaient d'aimables propos, un poste de télévision d'Ottawa annonçait que Madame Sauvé souffrait d'un cancer. Dans son bulletin de nouvelles de dix-huit heures, CJOH prétendait en effet que, «selon des sources bien informées», Son Excellence était traitée pour le mal de Hodgkin. On sait que cette forme de cancer, qu'on traite par radiations et par chimiothérapie, est curable dans soixante-dix pour cent des cas. Elle présente comme symptômes le grossissement des ganglions lympathiques, la fièvre, la réduction pondérale et l'anémie.

Tout comme la résidence du gouverneur général, le bureau du premier ministre se refusa à tout commentaire. Le lendemain, dans une conférence de presse tenue à Londres, Madame Sauvé elle-même en faisait autant. «Ce que je dois dire au public, c'est que je suis en mesure de remplir les devoirs inhérents à mes fonctions. Qu'on s'en remette là-dessus à ma parole.»

Elle expliqua cette absence de commentaires dans une conversation privée: «La raison qui m'incite à garder le silence sur cette question, c'est mon désir de ne pas alimenter la presse en potins à sensation. Je ne suis pas une personne malade, et je ne veux pas répandre dans mon pays une telle image. Quand j'ai été malade, je n'étais encore que simple citoyenne; si la maladie me frappait aujourd'hui, je devrais à mon pays toute la vérité à mon sujet.»

Telle fut la première escarmouche entre la presse et le nouveau gouverneur général. Dans les recommandations qu'il communiquait à Madame Sauvé avant que celle-ci n'assumât ses fonctions, Esmond Butler la mettait en garde au sujet de ses relations avec la presse: c'est véritablement, disait-il, une marche en terrain piégé. Jetons un coup d'oeil sur les notes du secrétaire: «Les médias ont traditionnellement un comportement de sophistes... Les bonnes nouvelles n'y font pas la manchette. Ce qu'il leur faut, ce sont de mauvaises nouvelles. De là le plaisir qu'ils prennent constamment à mettre dans l'embarras le Gouvernement, quelle que soit sa couleur politique. Et la cible rêvée de ce jeu, n'est-ce pas le gouverneur général, ce personnage que la Constitution enserre dans une camisole de force et à qui elle impose de strictes limites quant à ce qu'il peut ou ne peut pas dire? Il faut éviter comme la peste les questions hypothétiques, du genre «qu'arrivera-t-il si?»...

Le secrétaire de presse du gouverneur général a justement pour rôle d'alimenter les médias en information — et de filtrer celle-ci. Son bureau répond en outre à des centaines de lettres venues du public; elles émanent souvent d'enfants à la recherche de renseignements sur le gouverneur général, dans le cadre de leurs travaux scolaires. Le secrétaire de presse doit avoir ses entrées directes et continues auprès du gouverneur; il s'établit donc entre l'un et l'autre une étroite relation. Pour occuper cette délicate fonction, Son Excellence amena avec elle à Rideau Hall Marie Bender, que, présidente de la Chambre des communes, elle avait eue comme chargée de presse. Parfaitement bilingue et très compétente, Mme Bender entretient des relations amicales avec les médias des deux langues. Mais elle sait en même temps défendre farouchement sa patronne, comme il sied à une vigilante secrétaire de presse.

Madame Sauvé passe à parcourir le pays une part importante de son temps. Il s'agit pour elle d'aller vers le peuple et d'encourager l'unité du pays — thème forcément cher au coeur d'un gouverneur général. Grâce à ses rencontres avec les uns, à ses conversations avec les autres, elle est en mesure de prendre en quelque sorte le pouls du pays. Le protocole, cependant, exige qu'avant de participer à quelque événement que ce soit dans une province, le gouverneur général fasse l'objet d'une réception officielle ayant pour hôtes les dirigeants de cette province. C'est donc avec empressement que, sitôt entrée en fonctions, Madame Sauvé se mit à effectuer une visite officielle dans chacune des provinces, ainsi qu'au Yukon et dans les Territoires du Nord-Ouest. Deux jours après son retour d'Angleterre, elle s'envola vers Québec; c'était sa première visite en province. À l'aéroport de l'Ancienne-Lorette, plusieurs dignitaires s'étaient portés à sa rencontre: le lieutenant-gouverneur (représentant de la Couronne dans la province), le maire de la ville de Québec, un membre du cabinet des ministres, ainsi qu'une garde d'honneur du Royal 22e régiment. Après un accueil chaleureux, Son Excellence gagna sa résidence, au sein de la Citadelle.

Cette Citadelle est une ancienne forteresse, située sur un promontoire qui surplombe le Saint-Laurent. Des remparts, la vue sur le large fleuve et sur la campagne environnante est fort impressionnante. Bâtie pour résister aux attaques terrestres ou maritimes, la Citadelle se déploie en forme d'étoile. La forteresse originale, qui remonte au Régime français, fut agrandie et reconstruite par les Britanniques dans les années 1820. Tous les édifices contenus dans l'enceinte sont de pierre, tout comme les remparts massifs recouverts de terre-pleins. La Citadelle n'a cessé depuis ses débuts d'abriter une garnison; elle est depuis soixante ans le siège du Royal 22e Régiment — formation dont le nom, chez les anglophones, devient familièrement «Van Doos».

Le caractère historique de la Citadelle constitue un attrait touristique de première importance, particulièrement en été, où le 22e Régiment effectue chaque jour la relève de la garde: cérémonie haute en couleurs, avec l'uniforme du Régiment, tunique écarlate et bonnet à poil, semblable à celui des gardes de la colline parlementaire d'Ottawa. La chèvre qui sert de mascotte au Régiment ajoute au caractère pittoresque de l'événement.

La résidence vice-royale est située dans l'aile dite du gouverneur. C'est une construction de deux étages, d'où on a sur le fleuve une vue à couper le souffle. Un incendie l'a presque détruite en 1976, mais on a pu fort heureusement récupérer le vieux mobilier et les peintures d'époque. On a reconstruit à grands frais la partie ravagée et on a complètement rénové la section endommagée par la fumée. Mis à part la beauté discutable de la cheminée moderne, dont la pierre ouvrée évoque la gueule d'une lamproie, la restauration offre un spectacle magnifique. L'aile du gouverneur, nettement plus petite que Rideau Hall, ne peut accueillir qu'une partie de la suite vice-royale: de là l'atmosphère intime qui y règne. Tant qu'y habite le gouverneur général, le 22e Régiment y monte la garde: salut militaire à chaque arrivée ou départ de la châtelaine et sentinelles en grande tenue à la porte vice-royale. Madame Sauvé adore la ville de Québec et s'enchante de chaque instant qu'elle y passe.

Après une suite de réceptions qui dura trois jours à Québec, Leurs Excellences rentrèrent à Ottawa. À Rideau Hall, un des premiers et mémorables devoirs qui attendaient Madame Sauvé était la cérémonie des adieux au premier ministre sortant, Pierre Trudeau. Tristes circonstances pour chacun d'eux; adieux «très émouvants», dira Son Excellence. Le même jour, celle-ci recevait un autre vieil ami, John Turner, que le Parti libéral venait de choisir pour chef et pour premier ministre. Au cours de la conversation, le gouverneur invita formellement le nouveau chef à prendre les rênes du gouvernement; mais on sentait affluer, au détour de chaque phrase, les souvenirs du temps où l'un et l'autre siégeaient au Conseil des ministres.

Une semaine plus tard, Son Excellence revint à Québec pour participer aux célébrations qui marquaient le 450e anniversaire du premier voyage de Jacques Cartier «en Canada». Le moment le plus impressionnant de toute cette manifestation fut sans doute l'arrivée des grands voiliers; justement, le gouverneur allait recevoir à la Citadelle les capitaines de ces légendaires vaisseaux. L'horaire prévoyait pour le milieu de la journée un saut à la résidence officielle d'Ottawa pour présider à l'assermentation du nouveau premier ministre et de son cabinet — sans compter plusieurs autres rendez-vous à Québec et une réception officielle. Malgré qu'il lui en coûtât, Madame prit l'hélicoptère à Rideau Hall; par bonheur, son fils Jean-François l'accompagnait, de sorte qu'elle put lui serrer le bras quand l'engin prit son vol. Elle attendit, pour ouvrir les yeux et jeter un regard hors de la nacelle, que cette dernière eût atteint son altitude de croisière. La peur fit alors place à l'enchantement, devant les splendeurs automnales se déployant sur terre. L'émerveillement de la passagère était tel qu'à l'approche de Québec, elle pria le pilote de raser le fleuve pour avoir une vue aérienne des grands voiliers.

Le 1er juillet, Leurs Excellences étaient de retour à Ottawa pour la célébration officielle de la Fête nationale, sur la colline parlementaire. Maurice Sauvé, avant de quitter Québec, avait, dans la salle de bal de la Citadelle, présidé au lancement de douze timbres commémorant cette Fête: c'était sa première apparition en solo depuis la nomination de son épouse au poste de gouverneur général. Cette dernière, dans une entrevue que Barbara Frum animait à la télévision de la C.B.C., eut à répondre à une question au sujet de son vice-royal mari. Celui-ci, demandait l'intervieweuse, était-il préparé à son nouveau rôle? «Il espère s'amuser follement à divertir ces dames durant les déjeuners officiels! avait répondu Madame Sauvé. Je compte beaucoup sur son aide à ce chapitre!»

Au matin du 9 juillet le premier ministre John Turner vint à Rideau Hall solliciter la permission de dissoudre les Chambres et de convoquer une élection générale. Son Excellence, sans un commentaire, accéda à sa demande.

Ce même après-midi, Madame Sauvé tenait la traditionnelle fête champêtre à Rideau Hall. Cet événement annuel, autrefois très «collet monté» et réservé à des invités choisis, est désormais ouvert au public; l'étiquette vestimentaire y est devenue si souple que chacun s'y présente vêtu comme il l'entend. On y sert un goûter fait de sandwichs, de gâteaux, de thé et de jus de fruits. Plus de cinq mille personnes envahirent ce jour-là les pelouses de Rideau Hall, dans l'espoir d'apercevoir Son Excellence. Celle-ci allait de groupe en groupe, serrant la main à des centaines de participants. Une fillette de huit ans lui fit cadeau d'une poupée de sa confection. Un bambin haut comme trois pommes traversait la foule à la recherche de sa mère en criant surexcité: «Je l'ai vue! J'ai vu la reine!»

La reine, en fait, devait venir au Canada la semaine suivante, mais son voyage avait été remis en raison des élections prochaines. La tradition veut en effet qu'on évite une visite royale en pleine campagne électorale, de crainte que la présence du chef de l'État ne vienne influencer les électeurs. Pour la même raison, Madame Sauvé, dans son rôle de représentante de la souveraine, remit à plus tard plusieurs visites dans les provinces et se fit délibérément moins visible.

Cette trêve allait lui procurer un repos bien nécessaire. Malgré l'état d'affaiblissement où l'avait laissée la maladie, elle n'avait cessé de travailler douze heures par jour et de constamment voyager — sans compter les traitements qu'elle recevait encore à l'Hôpital général d'Ottawa. Qu'elle eût traversé les premiers mois de son mandat, elle le devait à une volonté de fer. «Je me mourais de faiblesse dans mon fauteuil», avouera-t-elle plus tard. Pendant donc que les hommes politiques sillonnaient le pays, elle put, pour le reste de cet été-là, bénéficier de vacances imprévues, qui lui firent un bien immense.

La tournée canadienne de Sa Sainteté le pape Jean-Paul II était déjà annoncée depuis plus d'un an pour 1984. Événement historique. On sait la sympathie que cet homme s'est gagnée à travers le monde pour son style direct et chaleureux. Sa Sainteté arriva à Québec le dimanche matin, 9 septembre. L'émotion était grande à l'aéroport de l'Ancienne-Lorette, par ce radieux jour d'automne. À titre de souverain du Vatican, donc de chef d'État, le pape devait être accueilli par le gouverneur général. Quand le visiteur descendit d'avion, il fut salué par vingt et un coups de canon. Hélas, la première salve éclata au moment précis où il s'agenouillait pour baiser le sol: tous les témoins furent saisis de surprise. Mis à part cet incident négligeable, la cérémonie se déroula avec la précision d'un mécanisme d'horloge. Madame Sauvé conclut ainsi son allocution de bienvenue à l'adresse du souverain pontife:

> Ce qui nous rassure — et qui a le pouvoir de toucher la jeunesse —, c'est l'audace, le caractère désintéressé, la tranquille assurance de votre message; tout cela nous révèle l'amour que vous nous portez...
>
> Quand se sera estompé le tumulte de cette visite sans précédent, nous pourrons pénétrer plus à fond le mystère d'une rencontre qui, nous l'apprendrons enfin, n'était semblable à aucune autre. Elle laissera dans nos âmes une marque indélébile...
>
> Très Saint-Père, le Canada vous salue et vous remercie...

Le discours du gouverneur général — l'un des meilleurs qu'elle eût jamais prononcés — donna le ton de la visite papale. Ce même après-midi, Leurs Excellences assistèrent à la messe que Sa Sainteté célébrait à l'Université Laval. Le lendemain, le pontife entreprenait sa tournée d'une semaine à travers le pays.

Dans l'intervalle, le 4 septembre, avait eu lieu l'élection fédérale. Véritable raz-de-marée: les conservateurs avaient raflé deux cent onze sièges, n'en laissant que quarante aux libéraux et trente aux néo-démocrates. John Turner, après avoir été premier ministre pendant moins de trois mois, vint à la Citadelle présenter sa démission au gouverneur général. Son Excellence convoqua alors à Québec Brian Mulroney, qu'elle pria de former un nouveau gouvernement. On convint, malgré la visite papale en cours, de procéder dès la semaine suivante à l'assermentation du nouveau premier ministre et de son cabinet. Le pape était donc encore dans l'Ouest du pays quand le gouverneur général regagna Ottawa pour cette cérémonie d'investiture, qui eut lieu à Rideau Hall le 17 septembre.

Le dimanche suivant, Son Excellence donnait en sa résidence une grande réception en l'honneur du pape. Avant de se présenter devant ses invités qui depuis plus d'une heure attendaient son arrivée, Sa Sainteté causa pendant quinze minutes avec Leurs Excellences et leur fils Jean-François, dans le bureau de Madame Sauvé. Loin de la pompe et du cérémonial qui se déroulaient à l'extérieur, le pape apporta à cet entretien la gentillesse et la simplicité d'un curé de paroisse. Après cette audience réservée à la famille, le pontife rencontra privément le gouverneur général pendant un quart d'heure, puis passa un autre quart d'heure en compagnie de Madame Sauvé et du premier ministre Brian Mulroney. Dans leurs apparitions publiques, Madame Sauvé et le pape manifestaient une évidente communauté de pensée — à tel point qu'un journaliste francophone, chargé de décrire pour la télé la cérémonie des adieux, ne peut retenir le commentaire suivant: «Ils forment un couple adorable!»

Au lendemain du départ de Sa Sainteté, Madame Sauvé fit au Nouveau-Brunswick sa première visite officielle. Puis, elle retourna à Moncton le lundi suivant avec son mari pour accueillir Sa Majesté la reine et le duc d'Edimbourg, venus d'Angleterre célébrer le bicentenaire du Nouveau-Brunswick. Leurs Excellences, après un dîner privé en compagnie de la reine et du prince, regagnèrent Ottawa par avion le soir même.

Le lendemain, c'était fête dans la salle de bal de Rideau Hall: Son Excellence présentait les Prix littéraires du gouverneur général pour l'année 1983. Il s'agit des plus prestigieuses de toutes les récompenses littéraires décernées à des Canadiens. L'attribution en est proclamée par le gouverneur, mais le choix des récipiendaires est confié à un jury indépendant, sous l'égide du Conseil des arts du Canada. Madame Sauvé, à cause de son expérience du journalisme et de son intérêt pour la littérature, prit un plaisir particulier à la présentation de ces récompenses.

La reine et le prince consort arrivèrent le lendemain à Ottawa, où, sur la colline parlementaire, les attendait une cérémonie d'accueil. Celle-ci terminée, ils retournèrent à Rideau Hall pour y rencontrer le premier ministre Mulroney et les membres de son cabinet. La reine eut ce jour-là l'occasion de confirmer sa réputation de fine connaisseuse en matière de chevaux. Les cavaliers de la Gendarmerie royale lui avaient jadis fait cadeau d'une jument noire appelée Burmese, qu'elle chevauchait depuis 1969 à chaque célébration de l'anniversaire royal. Mais Burmese se faisait vieille, et la Gendarmerie entendait offrir à la reine une nouvelle monture. On voulait laisser à la souveraine le choix entre trois bêtes, que les contraintes de l'horaire ne lui permettaient pas d'examiner dans les casernes de Rockliffe. Pour résoudre ce problème, on convint que, durant le trajet qu'elle allait parcourir en carrosse du Parlement à la résidence du gouverneur, les trois chevaux montés par des jockeys, ferait partie du défilé; la reine pourrait ainsi les examiner à loisir.

Pendant que Sa Majesté recevait les membres du Cabinet dans la Grande galerie de Rideau Hall, les cavaliers amenèrent tranquillement les trois animaux à l'arrière de l'édifice et se postèrent avec eux sur la terrasse supérieure. La reine ne fut pas longue à porter jugement: trente secondes après avoir aperçu les chevaux, elle sortit sur la terrasse pour signifier son choix.

Madame Sauvé avait pour le reste de l'automne un agenda fort chargé. Le dimanche 7 octobre, elle était à Winnipeg pour saluer la reine et le prince consort, qui terminaient là leur visite en terre canadienne. Fin octobre, elle repartait vers l'Ouest, pour une tournée officielle en Saskatchewan.

À Ottawa même, les rendez-vous se faisaient nombreux. Un bon dimanche, elle assista à l'office du matin en l'église anglicane St. Bartholomew, où elle fit la lecture de l'épître. Cette chapelle gothique, située en face de Rideau Hall, fut construite en 1868 sur un terrain qu'avait donné Thomas MacKay. Dès ses débuts, elle devint église paroissiale pour les châtelains de Rideau Hall; aujourd'hui, elle est également chapelle attitrée de la garde à pied du gouvernement général. À l'intérieur de St. Bartholomew, les plaques commémoratives, les armoiries de certains gouverneurs généraux, les drapeaux de la garde et d'autres souvenirs rappellent ces liens prestigieux. Les deux premiers bancs de la nef sont, par tradition, réservés au gouverneur et aux membres de sa maison.

Il existe d'ailleurs, à Rideau Hall même, une chapelle privée qu'avait aménagée le général Vanier, et à laquelle M. Michener donna par la suite une vocation oecuménique. Pendant plusieurs années, deux chapelains honoraires étaient attachés à la résidence du gouverneur: le recteur de St. Bartholomew, ainsi qu'un prêtre catholique relevant de l'archidiocèse d'Ottawa. Lorsqu'elle passe le dimanche dans la capitale, Madame Sauvé fréquente généralement la basilique Notre-Dame, mais à titre de gouverneur elle visite aussi des temples d'autres confessions.

Pour les vice-rois, la coutume de rendre visite à une institution religieuse remonte à l'époque des gouverneurs de la Nouvelle-France. À Québec, plusieurs institutions s'enorgueillissent de cette tradition longue de plus de deux siècles: le monastère des ursulines, l'Hôpital général et l'Hôtel-Dieu. Au gouverneur général appartient la prérogative de décréter en ces occasions un congé royal. Il peut aussi, en visite officielle, pénétrer dans un cloître. C'est ainsi que Madame Sauvé visita un jour un carmel; dans le cloître elle fut frappée par l'expression béate des religieuses en prière: «On eût dit, raconte-t-elle, qu'elles étaient au ciel.»

L'inauguration du Parlement, sans être aussi béatifique, ne fait pas moins partie des fonctions du gouverneur général. Au coeur de ce rituel se situe le discours du Trône, que prononce le gouverneur et qui expose dans leurs grandes lignes les projets législatifs du gouvernement. Ce discours est lu dans la salle du Sénat, pendant que les membres de la Chambre des communes se tiennent respectueusement debout à l'entrée. (En pratique, l'espace est si restreint, derrière le cordon, que la plupart des députés doivent se tenir hors de la salle pour écouter le discours.) Après l'inauguration de la session, le gouverneur général invite les parlementaires à un bal à Rideau Hall.

Début novembre, Son Excellence inaugura la première session du trente-troisième Parlement. Ce fut, à l'arrivée de son carrosse sur la colline, le déploiement du faste traditionnel. Mais, même vêtue d'un manteau de vison et d'une robe longue, elle avait pris cette fois la précaution de chausser des souliers à talons plats, de sorte que la revue de la garde d'honneur se déroula sans incident: Madame avait le pied ferme. Sa voix aussi était plus forte qu'au jour de son intronisation. Le gouverneur général ne peut certes pas donner libre cours à sa créativité dans le discours du Trône, dont la rédaction incombe d'ailleurs au premier ministre. Mais Madame Sauvé put au moins exprimer dans le préambule ses propres espoirs: «Nous inaugurons aujourd'hui un nouveau Parlement. Que cette cérémonie ouvre aussi devant nous une ère de réconciliation, de renouveau économique et de justice sociale. C'est dans cet esprit que mes ministres vont honorer le mandat que leur a confié le peuple canadien.»

Au bal qui eut lieu ce soir-là à Rideau Hall, on compta plus de sept cents personnes: députés ou sénateurs, et leurs conjoints. Chacun, accueilli par Son Excellence, traversait la salle de bal, où deux bars faisaient des affaires en or. Les invités affichaient une humeur joviale: plusieurs d'entre eux ne sortaient-ils pas d'une réception offerte par le président des Communes, ou par celui du Sénat — ou, pour certains, des deux successivement? Ayant accueilli bon nombre de parlementaires, Madame Sauvé quitta son poste et passa à la grande salle pour y ouvrir le bal. La soirée ainsi lancée, elle revint au salon des Ambassadeurs pour y recevoir les derniers retardataires. Puis elle dansa presque sans arrêt pendant tout le reste de la soirée. Il lui arriva seulement une fois de se sentir prisonnière d'un partenaire: il s'agissait d'un grand bonhomme, député conservateur, qui s'était adonné à de trop copieuses libations. Devinant l'embarras de sa mère, Jean-François vint à sa rescousse. À onze heures, on servit un somptueux buffet. Il y avait bien dans la «Tent Room» des tables à la disposition des invités, mais l'affluence était telle que la plupart durent mettre à profit tous les recoins disponibles: dans les escaliers, au grand salon ou au petit, et même dans la serre. L'assemblée se dispersa à une heure, sur le chant du «God Save the Queen» et l'hymne national. On était unanime: avec l'arrivée de Jeanne Sauvé, Rideau Hall avait retrouvé sa splendeur d'antan.

Le lendemain, Son Excellence était à Montréal pour prendre la parole à la collation des grades de l'Université McGill. Puis elle retournait aussitôt à Ottawa pour y accueillir Laurent Fabius, premier ministre de France. Le surlendemain, elle présidait à une remise de décorations pour actes de bravoure, recevait le légendaire skieur Herman (Jackrabbit) Johannsen dont on fêtait le cent-dixième anniversaire, et assistait à une réception en l'honneur des quatre-vingts ans du physicien Gerhard Herzberg, gagnant du prix Nobel de chimie en 1971. Le samedi soir, à Rideau Hall, elle décernait le prix Michener, attribué à un journaliste qui s'est distingué par la qualité de son oeuvre et par son dévouement à la chose publique. La présentation de ce prix fort convoité se fait dans la salle de bal: cérémonie habituellement compassée, solennelle même. Cette fois, pourtant, Madame Sauvé se laissa emporter par son humour. Au milieu de son discours, qui chantait la noblesse et la générosité de la presse, elle s'interrompit soudainement et fit des yeux le tour de la salle avant de s'écrier: «Grand Dieu, qui est-ce qui a écrit ça?» Après un silence stupéfié, ce fut dans la salle un immense éclat de rire.

C'est à la mi-novembre que Madame Sauvé fit sa première visite officielle en Ontario. Durant les cinq jours qu'elle passa à Toronto, il y eut réceptions protocolaires à Queen's Park et à l'hôtel de ville. Elle fut aussi invitée d'honneur à un dîner qu'offrait au Toronto Club le président de la «Royal Winter Fair». Elle assista également à une des seules réunions qui, au Canada, exigent encore le port de la cravate blanche et des décorations: le *Royal Horse Show*, tenu au *Coliseum*. Au dernier soir de sa visite, elle fut invitée d'honneur au dîner annuel des officiers de la garde à cheval du gouverneur général, qui se déroulait au manège Denison.

Son Excellence est en fait colonel honoraire de cette formation — autrefois régiment de cavalerie, maintenant de cuirassés — qui fournit encore des gardes à cheval pour les grandes occasions. Madame Sauvé est également colonel honoraire de deux autres régiments d'infanterie: la garde à pied du gouverneur général, qui a son siège à Ottawa, et les «Canadian Grenadier

Guards», de Montréal. En dehors de leur participation à diverses cérémonies, ces trois corps militaires affichent de brillants états de service sur les champs de bataille.

Fin décembre, Madame Sauvé recevait à Rideau Hall, à l'occasion de leur fête annuelle, l'«Ottawa Boys and Girls Club» et son homologue francophone le «Patro d'Ottawa». De toutes les réceptions auxquelles elle eut l'occasion de présider, celle-ci eut peut-être sa préférence. Elle s'ouvrit à midi par un lunch, servi dans la «Tent Room» gaiement décorée pour la circonstance. Son Excellence, coiffée d'un bonnet de papier et assistée de deux de ses plus jeunes invités, se mit en frais de dépecer la dinde. Puis, fidèle à la tradition, elle se joignit au personnel de Rideau Hall pour servir tout ce petit monde. Pour un menu de Noël, tout y était: mais le chef cuisinier avait pris soin d'éliminer la plupart des épices. Quant aux boissons gazeuses, elles avaient cédé la place au lait, tant l'expérience passée avait montré ce qu'elles ont comme effet désastreux lorsqu'elles sont absorbées dans une atmosphère de surexcitation. Après le lunch, toute la petite troupe se rassembla dans la salle de bal pour une joyeuse récréation. Les lieux avaient été transformés: sol jonché de coussins, murs ornés de décorations de Noël et une myriade de ballons accrochés au plafond. Serrés autour de Madame Sauvé, les enfants — dont la plupart étaient issus de milieux défavorisés — observaient, médusés, les tours de passe-passe d'un prestidigitateur. Mais le clou de la fête, l'instant qui suscita les plus joyeux éclats, ce fut sûrement l'entrée en scène du père Noël et de la Fée des étoiles (incarnés par l'aide de camp principal et sa fiancée). Leur arrivée annonçait le moment tant attendu: la distribution des cadeaux. Chaque enfant s'asseyait sur les genoux du père Noël pour recevoir des mains de la bonne Fée son cadeau, puis passait devant le gouverneur général pour être gratifié d'une grosse bise. Et ce fut, pour clore la séance, la pluie des ballons qu'on fait éclater.

Son Excellence reçut encore à dîner à Rideau Hall: c'était cette fois pour sa famille. Le lendemain de Noël, elle partit avec son mari pour des vacances de trois semaines à Palm Beach, où les invitaient Paul et Jacqueline Desmarais.

Ainsi se terminait pour le gouverneur général une année mouvementée. Ne l'avait-elle pas commencée à demi-morte?

244

Pendant les six premiers mois de son mandat, n'avait-elle pas vu se succéder trois premiers ministres, dont deux lui avaient remis leur démission et dont deux aussi avaient prêté devant elle le serment d'office? Et Jeanne n'avait-elle pas accueilli successivement la souveraine du pays ainsi que le chef de l'Église catholique romaine? N'avait-elle pas, enfin, inauguré un nouveau Parlement?

À la fin de son séjour en Floride, ses amis lui trouvaient bonne mine. «À mon retour à Ottawa, confirmera-t-elle, je me sentais beaucoup plus forte; je me savais en meilleure santé.»

La première apparition publique du gouverneur général après son retour de vacances eut lieu au cours de la réception du Nouvel An. Ce rituel plusieurs fois séculaire qu'on avait coutume de célébrer dans les édifices du Parlement, se déroule maintenant à Rideau Hall. Il consiste, pour les invités, à aller présenter leurs vœux au gouverneur. À midi, les dignitaires et les haut placés du Gouvernement, de l'Église et de l'Armée sont reçus selon l'ordre de préséance qu'impose le protocole: le premier ministre d'abord, puis le juge en chef de la Cour suprême, et ainsi de suite. Chacun dispose d'un carton, qu'il remet à l'aide de camp adjoint; ce dernier le tend à l'aide de camp de service, qui appelle à haute voix le nom de l'invité. Après une poignée de main échangée avec le gouverneur, on passe à la salle de bal, où l'on se voit offrir des boissons non alcoolisées. Dans l'après-midi, c'est au tour du grand public d'être reçu; pour sa première expérience du Nouvel An, Madame Sauvé vit affluer à Rideau Hall près de trois mille personnes.

Depuis qu'Ottawa a été le théâtre de l'assassinat d'un diplomate turc et d'une attaque contre la résidence de l'ambassadeur de Turquie, les questions de sécurité ont pris à Rideau Hall une importance croissante. La protection du gouverneur général et de ses résidences est confiée à la Gendarmerie royale. Certes, la personne du gouverneur n'est pas une cible plus particulièrement visée, mais il y a toujours quelque cerveau brûlé pour se faufiler dans une réception vice-royale. D'où la présence, à la réception du Nouvel An et à la fête champêtre, de gendarmes en tenue civile, mêlés aux invités; repère-t-on quelqu'un de louche, on l'évince avec courtoisie mais fermeté. Rappelons aussi qu'un détachement de la Gendarmerie royale patrouille continuellement les terrains de Rideau Hall. On obéit à un double principe: d'une part, rendre les lieux accessibles au public dans toute la mesure du possible et, d'autre part, maintenir la sécurité à un niveau adéquat. C'est pourquoi on ne permet plus l'accès à tout venant, même si sont admises les visites guidées des terrains et des pièces publiques. Autre mesure de sécurité: on inspecte, à l'aide d'un dispositif fluoroscopique installé dans la loge de garde, tout le courrier qui entre à Rideau hall.

Chaque fois que le gouverneur général participe, hors de sa résidence, à quelque cérémonie ou événement, des membres de la Gendarmerie le précèdent pour inspecter les lieux et y attendre son arrivée. Son Excellence — où qu'elle aille, fût-ce simplement chez son dentiste — doit bien sûr être accompagnée de son garde du corps. Aux yeux de bien des personnalités politiques, les gendarmes qui veillent à leur sécurité apparaissent comme un mal nécessaire et «font partie des meubles». Madame Sauvé, au contraire, entretient avec ces gendarmes en tenue civile une relation plus personnelle et tient à leur adresser la parole chaque fois qu'elle les rencontre ici ou là au pays. Au Québec, un détachement montréalais de la G.R.C. surveille la résidence des Sauvé à Outremont et suit Madame dans ses déplacements en province; entre eux, les préposés à cette tâche donnent à leur «protégée» le sobriquet affectueux de «tante Jeanne». Quand Son Excellence voyage à l'étranger, c'est un inspecteur de la G.R.C. qui l'accompagne; il a pour titre «officier de voyage», mais il agit en réalité comme garde du corps. Avant de quitter le Canada pour la Floride, Madame Sauvé avait demandé à Madame Gabrielle Léger (veuve de l'ancien gouverneur général Jules Léger) ce que, durant une tournée des magasins, on pouvait bien faire d'un garde du corps. «Faites-lui porter vos colis!» avait suggéré Madame Léger. Durant ses vancances de Noël à Palm Beach, Madame Sauvé avait pour garde du corps l'inspecteur Claude Thériault. Celui-ci, comme le veut la coutume, portait à l'étranger ses vêtements civils.

Durant ses vacances en Floride, un matin où elle quittait un magasin de Palm Beach, deux Canadiennes, la reconnaissant, se ruèrent sur elle pour lui serrer la main et faire un brin de causette. Pendant ce temps, Son Excellence se tourna d'un air dégagé vers un grand monsieur aux cheveux d'argent qui accourait vers elle; dans un sourire, elle lui confia ses colis. Nos deux dames, ne reconnaissant pas dans cet étranger Maurice Sauvé, se montrèrent choquées et incrédules, mais se répandirent par la suite en excuses.

La G.R.C. exerce aussi auprès du gouverneur une autre fonction, qui consiste à accompagner à Rideau Hall les ambassadeurs étrangers venus présenter leurs lettres de créance. On amène l'ambassadeur dans un carrosse fermé que tirent quatre chevaux; deux cavaliers vont devant, et deux derrière. En hiver, toutefois, on déroge à cette coutume: plutôt que de laisser grelotter l'ambassadeur dans un carrosse non chauffé, on le conduit à la résidence du gouverneur à bord d'une confortable limousine.

L'ambassadeur qui a présenté ses lettres de créance est dès lors admis comme représentant officiel de son pays. La cérémonie, empreinte de dignité, se déroule dans la salle de bal, durant la matinée généralement. Pendant que le nouveau venu monte l'allée qui conduit à la porte d'honneur, Son Excellence prend place dans un fauteuil à l'extrémité de la salle. Dehors, le cortège se forme sur trois rangs: d'un côté le personnel de l'ambassade concernée et le secrétaire du gouverneur général; seul au centre, l'ambassadeur; de l'autre côté, les membres de la maison du gouverneur, ainsi que le chef du protocole du ministère des Affaires extérieures. D'un pas solennel, ils pénètrent dans la salle de bal, tels deux équipes sur le point de s'affronter. L'ambassadeur, guidé par le chef du protocole, s'arrête à cinq pas du gouverneur, à qui on le présente. Il débite alors un discours bref mais fleuri, tend à Madame Sauvé ses lettres de créance et retourne à sa place. Le gouverneur prononce ensuite une courte allocution de bienvenue, et tous deux se serrent la main. Ce rituel terminé, Son Excellence se retire dans son bureau en compagnie du nouveau représentant, avec qui elle s'entretient pendant une dizaine de minutes. Pour lui faciliter les choses, on lui a préalablement remis pour étude un document de deux pages résumant la carrière du nouvel ambassadeur et fournissant sur son pays des renseignements de divers ordres. La précaution n'est pas superflue, car on peut voir jusqu'à trois ambassadeurs se présenter le même jour. À cet égard, le personnel de Madame

Sauvé s'émerveille sans cesse de la rapidité avec laquelle celle-ci assimile l'information, qui alimente ensuite chez elle une conversation brillante.

Pour notre héroïne, de quoi est faite une journée type? Madame se lève à sept heures. Durant son petit déjeuner, elle parcourt au moins quatre journaux: le *Globe and Mail*, *Le Devoir*, la *Gazette*, et l'*Ottawa Citizen*. Peu après neuf heures, elle descend à son bureau, spacieuse pièce circulaire lambrissée de noyer, ornée d'une cheminée et offrant sur les terrains une vue splendide. À neuf heures trente, Madame écoute un exposé de la bouche de sa secrétaire personnelle, Renée Langevin — celle-là même qui tenait ce rôle auprès d'elle à l'époque de la présidence des Communes. Grande, attrayante, sourire charmant, Mme Langevin allie tact et efficacité dans l'exercice de ses lourdes fonctions. Son exposé matinal porte sur le déroulement de la journée qui commence, ainsi que sur certaines activités à venir; il dure généralement une demi-heure. Son Excellence pourra profiter de cette rencontre pour donner à Mme Langevin des instructions à transmettre au chef cuisinier, au premier jardinier ou à d'autres membres du personnel d'entretien. À moins qu'elle n'ait un rendez-vous, Son Excellence consacrera le reste de la matinée à sa volumineuse correspondance. Presque tous les midis, il y a quelque invité à déjeuner.

Quand siège la Chambre, Madame Sauvé ne manque pas de regarder à la télé la période des questions, diffusée de deux heures à trois heures de l'après-midi. C'est pour elle plus qu'un moyen de se tenir au courant des débats en cours; on l'aura deviné: la politique n'a jamais cessé de la fasciner. Avec le temps, ses propres opinions ont glissé de la gauche vers le centre. Elle confiait il y a quelques années à la revue *Châtelaine*: «Dans ma jeunesse, on me situait à gauche. Mais j'ai découvert qu'un tas de gauchistes sont en réalité des gens qui croient pouvoir tout décider pour les autres. J'estime aujourd'hui que, dans ce qu'on appelle la droite, il y a plus de place pour la liberté de chacun: liberté de construire soi-même sa vie, liberté d'entreprise, et toutes sortes de libertés fondamentales que souvent la planification gouvernementale tient pour inexistantes.»

De trois heures à six heures, Madame reçoit des visiteurs,

prend connaissance de rapports confidentiels émanant du Cabinet, ou travaille avec les principaux membres de son personnel. Désire-t-elle discuter de questions familiales? Elle n'a qu'à passer au bureau voisin, réservé à son mari. Mais il se peut fort bien que Maurice Sauvé, resté actif au sein de divers conseils d'administration d'entreprises, se trouve à l'extérieur de la ville; dans ce cas, il ne passera pas une journée sans téléphoner à Madame. Celle-ci, de même, parle quotidiennement à leur fils Jean-François, qui vient du reste passer à Rideau Hall au moins un week-end par mois. Malgré ses nouvelles fonctions, Madame Sauvé n'est pas femme à laisser tomber ses anciens amis: Sylvia et Bernard Ostry, Françoise Côté, Bluma Appel, Lisa Philips, Jacqueline et Paul Desmarais, ou Anna Abromeit. Elle reste également en relation avec son amie Gaetana Enders, épouse de l'ancien ambassadeur des États-Unis au Canada, et maintenant en Espagne.

Fin janvier et début février, Madame Sauvé organisa à Rideau Hall diverses réceptions dont la tradition remonte à plus de cent ans: pour les membres du corps diplomatique, pour les journalistes de la tribune parlementaire, et pour les hauts fonctionnaires. Il s'agit certes de réunions sans trop de cérémonie, mais chaque hôte n'en reçoit pas moins une carte d'invitation gravée, calligraphiée à son nom par la main d'une employée — justement surnommée «Madame Gothique». Comme une bonne partie des divertissements se tiendra en plein air par une température inférieure à zéro, le code vestimentaire est simple: on se vêt chaudement. Chaque réception commence à sept heures trente du soir et comporte, entre autres: patinage sur glace au son de la musique; matches de curling où chaque joueur se mesure à chacun des participants; promenades en traîneau ou glissades en toboggan sur la colline toute proche, illuminée pour la circonstance. (En 1985, on y a même ajouté des courses de traîneaux à chiens dans les bosquets; pour l'occasion, on a fait venir de l'Île de Baffin un conducteur et sa meute de chiens.) Leurs Excellences, vêtues de manteau de chat sauvage, appellent deux par deux un certain nombre d'invités à bord de leur carriole à haut dossier. Souvenir inoubliable pour les heureux élus, emmitouflés de peaux de bison: sous le regard de la lune, la carriole glisse sur l'épaisse neige qui recouvre les pelouses de Rideau Hall. Vous vous sentez peu sportif? Venez simplement vous détendre devant l'immense feu de bois, allumé derrière la patinoire; vous pourrez, au bout d'un long bâton pointu, faire griller des guimauves.

Vers neuf heures, tout le monde entre dans la résidence, où reçoit Son Excellence, puis passe dans la salle de bal où l'on sert du vin chaud épicé. Une demi-heure plus tard, on sert un copieux buffet où figurent les fèves au lard, le boeuf bourguignon et autres plats dont la renommée a franchi les murs de Rideau Hall. Les convives, s'étant servis au buffet, viennent déguster le repas dans la «Tent Room», où ont été dressées des tables rondes à huit couverts, recouvertes de nappes à carreaux. Monsieur et Madame Sauvé ne se sont pas assis à la même table, s'assurant ainsi de lier conversation avec le plus grand nombre possible de leurs invités. Le repas terminé, on danse au son d'une musique enregistrée où, de façon fort éclectique, les airs du bon vieux temps alternent avec les derniers «tubes». L'atmosphère est à la détente et le protocole fait relâche, mais la courtoisie garde toutefois ses droits: on attend, pour passer à un autre service, que Son Excellence ait terminé, et c'est à elle qu'il appartiendra d'ouvrir le bal. Ces fêtes d'hiver ont lieu en semaine: pas question, par conséquent, de les prolonger très tard et elles survivent rarement aux douze coups de minuit.

Début 1985, Madame Sauvé fit face à un défi qu'elle sut relever avec élégance et fermeté à la fois. En février, Esmond Butler apprit par le bureau du premier ministre la venue à Québec, le mois suivant, du président Reagan. Même si le président des États-Unis cumule les fonctions de chef de gouvernement et de chef d'État, il allait s'agir, assurait-on, d'une visite «d'affaires», sans grand déploiement, plutôt que d'une visite officielle: Madame Sauvé n'aurait pas à y participer. Le premier ministre souhaitait pourtant passer ces jours-là à la Citadelle avec son invité et même occuper une chambre voisine de la sienne, de façon à pouvoir s'entretenir avec lui au petit déjeuner et en fin de soirée. Butler crut bon de signaler à Son Excellence que, selon toute vraisemblance, cet événement très public était conçu pour rehausser l'image du premier ministre. «La Citadelle, avait répondu Madame Sauvé, c'est ma résidence à moi. Personne d'autre

250

que moi n'en fera les honneurs.» Cette fière réplique, adoucie par un langage un peu plus diplomatique, fut transmise au bureau du premier ministre.

Au cours des semaines qui suivirent, Butler dut essuyer les tracasseries de Gordon Osbaldeston, secrétaire du Cabinet et greffier du Conseil privé; Osbaldeston voulait qu'il persuadât Madame Sauvé de réviser ses positions sur l'usage que le premier ministre entendait faire de la Citadelle. C'était pour Osbaldeston jouer un rôle odieux: à titre de secrétaire du Cabinet, il pouvait certes exprimer le point de vue du premier ministre; mais comme greffier du Conseil privé, il avait pour premier devoir la protection des prérogatives de la Couronne. Butler refusa de jouer les intermédiaires et suggéra plutôt que le premier ministre, à sa prochaine visite à Rideau Hall, fît lui-même sa demande. Osbaldeston écarta la proposition: «Le premier ministre, alléguait-il, tient en horreur les affrontements.» Les négociations traînèrent en longueur. Madame Sauvé convint enfin de rester à Ottawa, après avoir reçu du premier ministre l'assurance qu'il s'agirait d'une visite à caractère privé, avant tout consacrée à des séances de travail; elle permit donc qu'on mît la Citadelle à la disposition des deux chefs de gouvernement, pour la signature des accords envisagés. Mais, même absente de Québec, elle déléguait à la Citadelle son secrétaire pour l'y représenter.

Le président Reagan débarqua à Québec le jour de la Saint-Patrick — tel qu'en avaient décidé, après mûre réflexion, les relationnistes de l'entourage de Mulroney. Il y avait là, pour l'accueillir, le premier ministre, cent une tuniques rouges de la Gendarmerie royale, une garde d'honneur complète, une fanfare qui joua trente-cinq pièces musicales, et une salve de vingt et un coups de canon. On avait eu recours à tous les attraits protocolaires que peut comporter une visite d'État. Le gouverneur général en moins cependant.

Ce soir-là, la télévision canadienne montra Mulroney et Reagan assistant à un gala spécial de la Saint-Patrick. Le clou de la soirée? Les deux chefs de gouvernement montant sur scène pour roucouler ensemble «When Irish Eyes Are Smiling». Du strict point de vue «relations publiques», c'était un succès du tonnerre. La presse avait du reste, bien avant l'arrivée du président, saisi l'astuce de cette rencontre entre deux Irlandais, qui tombait pile le jour de la Saint-Patrick; on avait abondamment glosé sur ce «sommet des Trèfles». Le lendemain matin, les deux hommes retournèrent à la Citadelle, on les photographia abondamment durant la signature de l'entente, puis le président rentra à Washington.

Les journaux de langue française furent les premiers à se rendre compte de ce qui s'était passé: le premier ministre avait mis au rancart le gouverneur général pour pouvoir jouer lui-même les chefs d'État et occuper seul l'avant-scène. La presse anglophone mit plus longtemps à enfourcher l'affaire: on remarqua que, dans cette rencontre dite «de travail», deux heures seulement avaient passé en discussions — soit moins de temps qu'on en avait consacré au fameux gala. Madame Sauvé, consciente d'avoir été trompée, était loin de trouver drôle la plaisanterie, mais elle était réduite au silence.

Elle allait, un mois plus tard, prendre quelque revanche à l'occasion du dîner offert par les journalistes parlementaires. Rencontre unique en son genre: le smoking y est de rigueur, on y voit généralement le gouverneur général ainsi que plusieurs chefs politiques et, surtout, on peut y proférer les pires grossièretés à l'endroit des invités d'honneur puisque rien n'est censé y être enregistré, ni par écrit ni autrement. Au départ, Madame Sauvé n'était pas sûre de vouloir s'y montrer, car on exigerait sans doute qu'elle y prît la parole. Or une réunion de journalistes constitue — c'est le moins qu'on puisse dire — un auditoire difficile. Deux ans plus tôt, étant présidente de la Chambre, elle avait assisté à ce dîner aux côtés de Monsieur Schreyer: celui-ci, pour avoir prononcé un discours ennuyeux, avait reçu dans la tête une bordée de brioches (Jeanne Sauvé en avait elle-même attrapé quelques-unes). À la dernière minute, elle décida «malgré une peur bleue» de participer au dîner qui allait se tenir au restaurant du Parlement.

Avant le repas, on consacra aux cocktails une longue heure; à table le vin coula à flots. Si bien qu'au moment des discours, certains convives avaient jeté par-dessus bord toute inhibition. À titre de gouverneur général, Madame Sauvé parla la première. «Je voudrais, dit-elle en commençant, remercier le premier ministre de m'avoir admise à figurer sur la même tribune que lui.» Cette seule phrase provoqua dans toute la salle des éclats de rire et un concert de sifflements approbateurs. Puis Madame Sauvé se lança dans la lecture d'une lettre présentée sous forme de poème et racontant à la reine certains événements survenus au Canada. En voici l'une des strophes:

> Trèfles des deux pays arrivent au rendez-vous.
> La Citadelle est leur, et grand est mon courroux.
> Reagan et Mulroney font comme chez eux chez moi:
> Ils travaillent, disent-ils, et n'ont besoin de moi.

Après une strophe, Madame Sauvé dut marquer un temps d'arrêt, car la plupart des convives s'étaient levés et scandaient: «Jeanne! Jeanne! Jeanne!» À la fin du poème, elle eut droit à une autre ovation — la plus bruyante de toute la soirée. En des termes pleins d'humour mais dénués de toute ambiguïté, elle avait fait savoir au premier ministre qu'elle ne souffrirait désormais aucune incursion dans ses terres. M. Mulroney pour sa part, avec la sensibilité qu'on lui connaît à l'égard des médias, ne pouvait plus entretenir un seul doute quant à l'opinion de la presse sur le «sommet des Trèfles». Son discours, contrairement à celui de Son Excellence, ne suscita que de discrets applaudissemnts. Quelques jours plus tard, le chroniqueur Allan Fotheringham (qui avait accompagné Mila Mulroney au dîner en question) y alla d'un article intitulé: «La dame de Rideau Hall les met K. O.» Rompant avec la consigne du secret qui traditionnellement protège ces agapes, Fotheringham, écrivait:

> En fin de semaine dernière, ces misérables professionnels de l'encrier ont, non sans surprise, découvert en la personne du gouverneur général la reine des mots d'esprit. Jeanne Sauvé, tout en faisant crouler la salle sous les rires et les applaudissements, a fait s'écrouler la statue de Brian Mulroney. Pour avoir été écartée du «sommet des Trèfles» tenu à Québec, elle a, pince-sans-rire, décoché contre le premier ministre ses flèches empoisonnées.

Les journalistes avaient oublié qu'elle fut autrefois l'une des leurs. Bien au fait de la tradition, elle a su provoquer leurs rires. Elle s'était même fait accompagner de son écuyer, qui brandissait aux bons moments des écriteaux demandant «Applaudisse-ments» ou «Protestations».

Malgré la controverse qui entoura la visite de Reagan, le gouverneur général et le premier ministre s'entendent fort bien. En fait, ils se sont connus à Montréal bien avant l'entrée de M. Mulroney en politique. Les dernières séquelles de l'affaire des Trèfles s'évanouirent d'ailleurs quelques mois plus tard, lors-que le premier ministre donna, au 24 Promenade Sussex, une réception en l'honneur de Son Excellence; il y invita plusieurs amis intimes de celle-ci. Mulroney rencontre par ailleurs Madame Sauvé deux fois le mois à Rideau Hall, pour s'entretenir avec elle de questions confidentielles concernant la bonne marche de l'État.

Au cours d'un dîner d'État, aucun danger de voir voler les tomates ou les mots acérés: le décorum régit tout. Quelques jours avant le coup de la tribune de la presse, Madame Sauvé recevait à un dîner officiel M. Ceausescu, président de la République socialiste de Roumanie, et Mme Ceausescu. À sept heures trente, les invités se rassemblaient pour l'apéritif dans la Grande Galerie. Au même moment, le premier ministre et Mme Mulroney re-joignaient Leurs Excellences dans le bureau de Madame Sauvé. Le secrétaire du gouverneur général monta alors à l'étage pour y rejoindre le président de Roumanie et sa femme, puis descendre avec eux au bureau. À huit heures moins cinq, le cortège vice-royal se mettait en marche vers la salle de réception: là, le prési-dent invité et le gouverneur général, en compagnie de leurs con-joints, se mirent en rang pour accueillir les convives. On passait d'abord devant Madame Sauvé, puis devant le président et la femme de celui-ci, et enfin devant Monsieur Sauvé. Pendant que les invités défilaient ainsi selon un ordre de préséance strictement établi, le premier ministre et sa femme se tenaient debout de l'autre côté de la salle avec le secrétaire — car seul un chef d'État peut ainsi accueillir les convives à un dîner d'État.

Un tel repas réunit normalement cent vingt invités. On dispose d'habitude au fond de la salle, sous la collection des por-traits, une table d'honneur regroupant seize couverts sur un même côté — l'autre restant vide. Les autres convives sont regroupés autour de tables de neuf ou de dix. Le placement des invités à table obéit lui aussi à l'ordre de préséance. Règle d'or? Plus haut vous vous situez dans l'échelle protocolaire, plus près vous serez du centre de la table d'honneur — et il ne manque jamais de convives pour se sentir frustrés de la mise en place. Après le plat principal, Son Excellence se lève pour proposer un toast à la santé du chef d'État invité et celui-ci répond par un toast en l'honneur de la souveraine: «*To the Queen of Canada* — À la reine du Canada.» Le repas se poursuit ainsi, jusqu'à ce qu'on serve le pousse-café et les cigares. Alors Madame Sauvé se lève pour prononcer un discours à l'adresse de l'invité d'honneur; celui-ci y répondra s'il le désire. Rideau Hall invite quelquefois tel pianiste ou tel violoncelliste renommés à venir jouer pendant quinze ou vingt minutes pour les convives. Le repas terminé, le gouverneur général et le chef d'État invité entraînent les invités vers la Grande Galerie. Tout le monde se tient debout; un à un, on présente les couples à l'invité d'honneur. Vers dix heures trente, celui-ci et son conjoint quittent la salle, escortés par Leurs Excellences jusqu'au pied des escaliers. Les invités d'honneur s'étant retirés dans leurs appartements, Leurs Excellences en font autant.

Avec un protocole aussi rigide, un dîner d'État se déroule généralement sans aucune anicroche. On vécut cependant une exception quand, en 1967, Rideau Hall reçut Hailé Sélassié 1er, Lion de Juda et empereur d'Éthiopie. Pendant le repas, le petit chien de l'empereur — une bête de race mexicaine, sans poils et répondant au nom de «Lulu» — se promenait sous la table; il faillit créer un incident diplomatique en soulageant sa vessie sur le pied d'un des plus distingués convives.

On croit parfois que les dîners d'État et les réceptions protocolaires sont de pures pertes de temps. Tel n'est pourtant pas l'avis de Madame Sauvé: «Je ne les trouve pas inutiles du tout: ils peuvent être l'occasion de toutes sortes de démarches et de rencontres utiles.»

Madame Sauvé adore préparer le menu d'un grand repas; elle y veille en compagnie de Michel Pourbaix, qui est depuis des années chef cuisinier à Rideau Hall, (avec un sous-chef et un chef pâtissier). Madame Sauvé est un fin gourmet: un repas dépasse à ses yeux la simple fonction alimentaire, pour devenir une véritable aventure artistique. Rentre-t-elle de quelque voyage? Elle saura suggérer à son cuisinier un nouveau plat goûté à l'étranger et décrire en détail les délices qu'il lui a procurés. Cet enthousiasme enchante Pourbaix, qui parle de sa patronne comme d'«une femme gastronome».

Les trois serres de Rideau Hall ne servent pas qu'à la culture de fleurs magnifiques; on y trouve également des épices et des fruits tropicaux. Il y a même derrière la patinoire une érablière dont les arbres, entaillés tous les printemps, fournissent une sève qu'on fait bouillir sur place. La plus grande partie du sirop ainsi fabriqué sert au cusinier (qui a fait de sa mousse à l'érable un spécialité réputée); mais on en remplit aussi de petits flacons qu'on offre en cadeaux.

Madame Sauvé aime manger mais, soucieuse de son poids et de sa ligne, elle le fait avec modération. Au petit déjeuner, elle se contente de pain grillé sans beurre et de café. Est-elle seule à midi? Elle reviendra à la salade de fruits qu'elle mangeait quotidiennement à l'époque de la résidence des Communes. Avec le thé de l'après-midi, Son Excellence acceptera que le laquais apporte un biscuit ou un morceau de gâteau; mais celui-ci risque fort de rester dans l'assiette, son but étant avant tout de mettre à l'aise les invités. C'est seulement au repas du soir que Madame écoutera parfois son appétit. Mais après une période chargée en réceptions de toutes sortes, elle rompra volontiers avec la fine cuisine et demandera au chef un plat tout simple: spaghetti ou quoi encore? Même au dîner, elle se contentera parfois d'une salade verte.

Les voyages — et Dieu sait qu'elle en fit en 1985 — sont autant de catastrophes pour la diète de Madame Sauvé. En plus de plusieurs courtes excursions, elle a fait cette année-là des tournées officielles en Colombie-Britannique, en Nouvelle-Écosse, au Manitoba, en Alberta, à l'Île-du-Prince-Édouard, à Terre-Neuve et au Yukon.

Pendant son séjour à Victoria, elle fut invitée d'honneur à la cérémonie de réarmement du destroyer canadien *Yukon*, qui sortait tout juste de cale sèche. Le clou de cette cérémonie est le déploiement des drapeaux du navire, qu'on hisse simultanément sur deux rangs, de la proue et de la poupe. Cette fois-là, quand fut donné l'ordre de hisser les couleurs, la rangée de la poupe s'emmêla aux cordages. On pouvait voir l'officier des transmissions tenter désespérément de rétablir les choses; sur le pont, l'équipage, impassible, restait au garde-à-vous tandis que les officiers, tout aussi figés, gardaient la position du salut militaire. Après quelques minutes qui parurent autant d'heures, un matelot grimpa au mât pour décrocher les drapeaux. Plus tard, causant avec le capitaine dans le carré des officiers, Son Excellence s'enquit de ce qui allait advenir de l'officier responsable des drapeaux. Il allait être de service pour trente jours, lui répondit-on. Désireuse d'en savoir plus long, Madame Sauvé se tourna vers son aide de camp, lui-même lieutenant de marine. Pour un mois complet, lui expliqua celui-ci, l'officier allait être confiné au navire et rester en service vingt-quatre heures par jour. Puis, se tournant vers le capitaine, Son Excellence s'exclama: «Pas possible! Remettez-lui sa peine!» Le capitaine ne pouvait qu'obtempérer à pareille demande: le gouverneur général n'est-il pas commandant en chef des armées canadiennes?

Au cours de sa première visite officielle en Nouvelle-Écosse, le gouverneur général fut l'objet d'une réception à l'hôtel de ville de Halifax. Au milieu de son discours, elle remarqua une fillette qui traversait la salle — c'était Christine Dewell, âgée de trois ans. Celle-ci de toute évidence, brûlait d'envie de présenter sans tarder à la visiteuse le bouquet de fleurs qu'elle tenait à la main, et seul son père arrivait à l'en retenir. Son discours terminé, Son Excellence sourit à Christine: «C'est bien, tu peux venir maintenant!» La fillette, comme propulsée par quelque ressort, fendit l'air et atterrit dans les bras de Madame Sauvé, qu'elle faillit renverser. Dans sa lettre de remerciement à monsieur le maire, Madame Sauvé fit allusion à la bambine, dont elle disait ironiquement qu'elle prenait très au sérieux ses fonctions et s'en acquittait admirablement.

Son Excellence profita de son séjour en Nouvelle-Écosse pour visiter la forteresse de Louisbourg, au Cap-Breton. Sur le chemin qui ce matin-là la ramenait de Sydney, elle fit arrêter sa limousine pour saluer les élèves de l'école Albert-Bridge, alignés au bord de la route dans l'attente de son passage. Accompagnée de son aide de camp, elle entreprit de serrer les mains des enfants et de leur caresser amicalement la tête. Mais on ne voyait pas diminuer le nombre d'enfants qui attendaient leur tour. Elle reconnut un visage à qui elle venait de parler et comprit bientôt le stratagème: après la poignée de main, les enfants couraient se mettre en bout de file pour passer une seconde fois. Si elle n'y avait mis gentiment le holà, le manège aurait duré jusqu'au soir.

Après un déjeuner pris à l'intérieur de la forteresse, Madame Sauvé eut droit à une promenade en chaise à porteurs. Dans cette étroite cage munie de quatre barres et portée par autant d'hommes, voilà notre voyageuse bousculée de droite et de gauche comme elle ne l'avait jamais été. Quand un des porteurs fut prit d'une crampe à la main et lâcha sa poignée, la chaise s'écrasa au sol avec une telle force que Madame Sauvé faillit être éjectée par la fenêtre. Voyant l'air penaud de celui qui avait lâché prise, elle eut un mot délicieux: «Tout est de ma faute: j'ai trop mangé ce midi!»

Un des temps forts de sa première visite officielle au Manitoba fut un spectacle de danse que des jeunes devaient donner pour elle devant l'Assemblée législative. Les danseurs, dont l'âge variait de quatorze à dix-huit ans, n'arrivèrent d'abord pas à danser, tant les impressionnaient la majesté des lieux et la présence du gouverneur général. Très bonne danseuse, Madame Sauvé dégela les planches en offrant aux garçons de danser avec eux: plusieurs garçons ayant été ainsi entraînés malgré eux sur la piste, tout le monde se joignit bientôt à la joyeuse farandole.

Durant sa première tournée albertaine, Son Excellence participa aux célébrations du 100e anniversaire de Lethbridge. Elle reçut dans cette ville un accueil formidable, qui en plusieurs occasions s'exprima par des bannières et des affiches rédigées en français. Toutes les écoles voulurent participer à la fête. Passant devant l'une d'elles, Son Excellence remarqua, plantées à intervalles réguliers, une série d'affiches dont chacune portait un seul mot: «Madame — Sauvé — nous — avons — pour — vous — un — cadeau!» put-elle lire enfin. Mais, arrivée au dernier mot, il était déjà trop tard pour stopper le convoi. Soucieuse de ne décevoir personne, Son Excellence fit organiser le transport des élèves jusqu'à l'aéroport où, au moment de son départ, ils pourraient enfin lui présenter leur cadeau.

Elle fut encore gratifiée d'un cadeau-surprise durant les cérémonies de clôture des Jeux d'été de 1985. Pour les jeunes athlètes, cette rencontre à Saint-jean, Nouveau-Brunswick, était placée sous le signe de la joie et de l'ardeur au jeu. En défilant autour du stade, chacune des délégations provinciales lançait vers les gradins divers petits souvenirs — épingles, chapeaux, etc. L'équipe albertaine, pour sa part, y lança des *frisbees*, dont un atterrit aux pieds de Madame Sauvé. Celle-ci, s'en emparant, vit au verso le nom et le numéro de téléphone du propriétaire. De retour à Ottawa, elle fit retracer son adresse et lui écrivit un mot.

En plus de parcourir le Canada, Son Excellence fit en 1985 un voyage en Allemagne de l'Ouest pour y visiter les contingents canadiens basés à Lahr et à Baden. Pendant qu'elle passait en revue une escadrille canadienne de l'O.T.A.N., on lui offrit une balade à bord du nouvel avion de chasse CF-18. Elle déclina, comme il fallait s'y attendre, mais elle accepta de monter à bord et de s'asseoir pendant quelques minutes dans la cabine de pilotage. Ce soir-là, au cours d'un dîner que lui offraient les officiers de l'escadrille, elle commença son discours par un rappel de la phrase célèbre d'un ministre canadien de la Défense nationale. «On m'a dit que voler à bord d'un CF-18, c'était comme faire l'amour. Certes, je n'ai fait que m'asseoir dans le «cockpit», mais j'ai peine à croire l'affirmation de M. Gilles Lamontagne.»

À son titre de commandant en chef des forces armées, Son Excellence ajoute celui de Chancelier de l'Ordre du Mérite militaire; comme telle, elle préside aux cérémonies d'investiture de l'Ordre. Deux fois l'an, le gouverneur général décerne aussi des décorations pour actes de bravoure: il s'agit généralement de civils, alors que l'Ordre du Mérite militaire est réservé aux membres des forces armées. Les décorations pour actes de bravoure sont, comme la plupart des autres décorations, présentées au cours de cérémonies qui se tiennent dans la grande salle de bal de Rideau Hall. Le récipiendaire se tient debout devant le gouverneur général pendant qu'on lit le récit du geste qui lui vaut la distinction, puis il s'avance pour recevoir la décoration. Le courage insigne que révèle parfois le gouverneur général confère à la cérémonie un côté émouvant. Le plus jeune récipiendaire qu'on ait vu fut Jonathan Carter, de Souris, de l'Île-du-Prince-Édouard. Ce médaillé de sept ans avait sauvé la vie d'une fillette de huit ans qui s'était enfoncée sous la glace. En présentant la médaille, Madame Sauvé se disait en elle-même: «Si j'avais été ta mère, je t'aurais supplié de n'en rien faire!»

Madame Sauvé accorde son patronage à plus de cent cinquante organismes charitables, bénévoles ou militaires: c'est dire qu'elle a maintes et maintes occasions de présider à des cérémonies de toutes sortes. La plus insolite fut sans doute celle où le récipiendaire était... une chèvre. C'était à la Citadelle, en septembre 1985, pendant une parade officielle. À la mascotte du Royal 22e Régiment — une chèvre appelée Baptisse V —, Madame Sauvé présentait un nouveau serre-tête en laiton. Déjà dressé à s'agenouiller au son de l'hymne national, l'animal ainsi décoré ploya le genou devant le gouverneur général. (Cette cérémonie se situait du reste dans une tradition vice-royale déjà bien ancrée: la première chèvre-mascotte, Baptisse I, avait été présentée au Régiment par Vincent Massey.) Ce soir-là, Madame Sauvé dîna à la Citadelle, invitée dans leur mess par les officiers du Royal 22e.

La remise des décorations de l'Ordre du Canada donne lieu à l'une des cérémonies les plus prestigieuses que connaisse Rideau Hall. Elle se tient deux fois l'an dans la salle de bal et se déroule à la façon de la remise des décorations pour actes de bravoure. Debout à la droite de Leurs Excellences (ces dernières étant assises), le secrétaire du gouverneur lit la citation justificative de la décoration. Un aide de camp tend alors à Madame Sauvé la décoration qui convient (on distingue trois niveaux: les Compagnons, les Officiers et les Membres). Le récipiendaire s'avance alors pour recevoir sa décoration. Il serre la main de Son Excellence, fait quelques pas en arrière, s'incline et se dirige vers le côté de la salle pour y signer le registre. Après cette cérémonie, Madame Sauvé reçoit les invités dans la salle de réception. Pendant ce temps, on retire les chaises de la salle de bal, qui servira dès lors au service des apéritifs; quiconque n'est pas familier de la résidence du gouverneur peut ne pas se rendre compte qu'il s'agit de la même salle. Après la réception, on sert le dîner, un buffet dressé dans la «Tent Room».

En octobre 1985, quatre Canadiens particulièrement en vue devinrent Compagnons de l'Ordre du Canada. L'un d'eux n'était autre que Pierre Trudeau. Quand celui-ci s'inclina devant elle pour recevoir le collier de l'Ordre, Madame Sauvé pensa en elle-même: «Que la vie est étrange! Voici que moi, qui fut un des ministres les moins importants de son cabinet, je confère aujourd'hui à cet homme l'Ordre du Canada!»

Cette cérémonie constituait en même temps la dernière apparition d'Esmond Butler comme secrétaire de Son Excellence. Cet homme reste, hors de tout doute, celui qui en connaît le plus long sur tous les aspects de la vice-royauté au Canada; il a servi sous cinq gouverneurs généraux. Sa popularité était telle, que l'annonce de son départ souleva des remous; une sénatrice particulièrement entreprenante offrit de faire circuler sur la colline parlementaire une pétition demandant la réintégration de Butler. L'intéressé déclina lui-même cette offre, estimant le temps venu de tirer sa révérence: «Je comprends très bien que Son Excellence veuille composer sa propre équipe.» Il eut pour successeur Léopold Amyot, ancien ambassadeur au Maroc. Les deux hommes ne firent en réalité qu'échanger leurs postes, puisque Butler prit l'ambassade canadienne à Rabat. Avant qu'il ne rejoignît son nouveau poste, Madame Sauvé convoqua en son honneur à Rideau Hall un dîner «en smoking». Dans le discours qu'elle prononça à cette occasion, elle loua l'extraordinaire apport de Butler à la fonction vice-royale en vingt-six ans de service: elle nota qu'enfin il allait avoir droit au titre bien mérité de «Son Excellence».

La nomination d'un nouveau secrétaire constituait le dernier et le plus important changement que Madame Sauvé apporta à la composition de son personnel. La ronde des mutations avait été enclenchée le jour même de l'intronisation du nouveau gouverneur général: Madame Sauvé avait amené avec elle à Rideau Hall onze des personnes qu'elle avait eues à son service à la présidence de la Chambre des communes. Peu après sa propre nomination, elle avait confié à une firme de conseillers en administration, Price Waterhouse, une étude complète de la structure administrative de Rideau Hall. Le rapport des conseillers préconisa une restructuration des cadres intermédiaires et leur renforcement. Les recommandations de ce rapport furent étudiées avec soin par un comité que présidait Madame Sauvé elle-même, et les changements qu'on adopta prirent forme graduellement, étalés sur une période de plusieurs mois.

Une forte proportion du personnel est composée de francophones, tous bilingues. Une des rares personnes à ne pas parler couramment le français est la propre nièce de Madame Sauvé: l'attachée de presse Liane Benoit, spécialisée dans la rédaction des discours en langue anglaise. Pleine d'entrain, à la fin de sa vingtaine, détentrice de trois diplômes universitaires, Mme Benoit a toutes les qualités de l'emploi. Devant le succès que connut le discours de Son Excellence devant les journalistes de la tribune parlementaire, Liane Benoit reçut du bureau du premier ministre l'offre d'un emploi beaucoup mieux rémunéré. Par fidélité à sa patronne — sentiment que partage toute l'équipe du gouverneur général —, Mme Benoit refusa l'offre.

Depuis le jour où Madame Sauvé prêta serment comme gouverneur, la résidence a connu quelques transformations matérielles — la plupart imposées par d'urgentes nécessités. Mis à part quelques rajouts relativement récents, la résidence principale a plus de cent ans d'âge, et la qualité de la construction est fort inégale. Dans les pièces accessibles au public, les planchers menacent de s'effondrer, et plusieurs parties de l'immeuble sont de véritables nids à incendie. À son arrivée, la nouvelle châtelaine trouva en fort mauvais état ses appartements privés: grande chambre principale avec salle de bain et salle d'habillage, avec un petit salon de l'autre côté du corridor. Madame Sauvé prétendait confier les travaux de rénovation à un entrepreneur-décorateur: mais le ministère des Travaux publics (responsable, à cette époque, de l'entretien de tous les édifices gouvernementaux) insista pour procéder lui-même, assurant avoir toute la compétence pour le faire. «Bien, concéda Son Excellence. Restaurez une pièce, et nous verrons le résultat.» Au bout du compte, on confia à une entreprise privée la réfection des appartements vice-royaux.

En 1985, on affecta plus de sept cent mille dollars au réaménagement des cuisines. Bien sûr, une presse à sensation a vu là une folle extravagance. En réalité, ces cuisines qui, vieilles de cinquante ans, servent plus de cent mille repas annuellement, étaient depuis longtemps reconnues pour leur insalubrité. On joua d'ailleurs de malchance: sitôt commencés les travaux, on découvrit que certaines parties de l'immeuble étaient dans un état de pourriture avancée: ce qui fit monter en flèche les coûts de

262

réfection. Bientôt, du reste, deux des serres nécessiteront de lourds travaux: le ministère des Travaux publics ne les a-t-il pas déclarées dangereuses? (Ces installations fournissent en fleurs non seulement Rideau Hall, mais aussi toutes les autres résidences officielles, y compris celle du premier ministre.)

Chose tout aussi importante, l'intérieur de Rideau Hall a été ravalé et la qualité du service y a été relevée. À cheval sur l'étiquette et la tenue, Madame Sauvé a dès son arrivée lancé le mot d'ordre aux laquais: «Enfilez vos gants blancs, messieurs!» Elle s'est livrée à une inspection minutieuse du sous-sol, que les précédents châtelains avaient laissé à ses ténèbres. À un journaliste du *Globe and Mail*, elle expliquait ses «souterraines» préoccupations: «Je suis une ménagère exigeante. Il faut qu'en bas tout soit en ordre; je suis incapable de tolérer le désordre. Je ne supporte pas non plus que des objets de valeur soient laissés à l'abandon, ou qu'on néglige d'envelopper de feutre les pièces d'argenterie non utilisées. Je suis donc descendue, et j'ai fait savoir à chacun la façon dont les choses doivent se faire.»

Elle vise pour elle-même à l'excellence et établit d'exigeants standards de qualité pour tous ceux qui, dans sa maison, détiennent quelque responsabilité. Esmond Butler définit ainsi le style de Madame Sauvé, à partir de son attitude dans les réunions du personnel: «Très femme d'affaires, elle a des idées claires, qu'elle expose avec netteté — avec sévérité même, quand les choses ne vont pas à son goût.» Indubitablement, ses efforts ont amélioré dans le public l'image de Rideau Hall. Comme il était écrit un jour dans *The Gazette*:

> Depuis la nomination en 1952 de Vincent Massey, on n'avait jamais vu chez un gouverneur général pareil sens, inné, du flair et de l'élégance. C'est plus qu'un atout pour la vie mondaine d'Ottawa. C'est un des seuls moyens dont dispose un gouverneur général pour rappeler aux Canadiens une réalité de leur régime politique: les premiers ministres passent, mais le chef d'État demeure, qui domine la politique et symbolise le pays lui-même, ses valeurs les plus sûres.

Sur la façon dont Madame Sauvé préside aux cérémonies de remise de décorations — une des plus importantes prérogatives liées à sa fonction — son ancien secrétaire déclarait récemment: «Elle y apporte une infinie gentillesse. Moins prolixe en paroles que certains de ses prédécesseurs, elle s'acquitte de cette fonction avec chaleur et grâce.» Élargissant la perspective, Charles Lynch fait remarquer que «sans snobisme ni élitisme, Jeanne Sauvé tient à Rideau Hall de magnifiques réceptions; elle y met beaucoup d'assurance et y prend un plaisir évident».

Elle s'intéresse d'aussi près aux aspects politiques de son rôle, et l'on peut voir en elle, à cet égard, la personne la mieux informée du pays. Il faut y voir l'effet de l'accès privilégié qu'elle a aux documents du Cabinet, mais aussi de sa propre sensibilité face à la chose politique. Parlant de ses discussions avec le premier ministre, elle aura ce mot qui la décrit bien: «Consciemment, j'ai troqué le pouvoir pour l'influence.»

Au cours des dix-huit premiers mois de son mandat, elle a prononcé plus de deux cents discours. Elle tient sur toute chose des propos pertinents, remarque un proche observateur, et elle le fait sans tomber dans les banalités ou les «gouverneurs-généralités». Ses nombreux voyages — elle en a effectué quarante-sept hors de la capitale durant cette même période — avec l'accueil qu'on lui réserve partout, donnent la mesure de son succès dans son entreprise de restauration de l'unité nationale. Et nulle part mieux qu'au Québec se vérifie cette assertion.

Un dimanche de septembre 1985, alors à sa résidence de la Citadelle de Québec, Son Excellence se rendit assister à la messe à l'église Notre-Dame-des-Victoires. Cette vieille église est située Place royale, dans le secteur de la basse-ville qui a été restauré. Le jeudi précédent, l'aide de camp avait téléphoné au curé pour l'avertir de la présence de Son Excellence, qui ne désirait pas pour autant faire de cela une visite officielle. À l'arrivée, le prêtre était sur le parvis, pour souhaiter la bienvenue à la visiteuse et l'escorter jusqu'au banc du gouverneur (le premier de la travée de droite). Dans son homélie, le curé loua le sens humanitaire de Madame Sauvé, citant abondamment l'allocution qu'elle avait prononcée un an plus tôt pour accueillir le pape. À l'issue de la messe, quel ne fut pas l'étonnement de Madame Sauvé de voir la foule se lever et entonner «Ô Canada». Quand le prêtre descendit de l'autel et vint serrer la main de Son Excellence, l'assistance se mit à applaudir. Dehors, la Place était bondée de gens qui attendaient le gouverneur général, au point que la limousine eut peine à se frayer un chemin. Et pourtant aucune publicité n'avait entouré cette sortie; la nouvelle s'était propagée de bouche à oreille.

Madame Sauvé quitta très émue cette manifestation spontanée. Il est aussi un autre souvenir qu'elle conserve précieusement dans son coeur: celui d'une conversation qu'elle eut un jour à Edmonton avec un garçonnet de cinq ans. Comme elle le fait souvent avec les enfants, elle lui avait demandé, mi-figue mi-raisin:

«Sais-tu qui je suis?

— Oui. Vous êtes le gouverneur général.

— Et qu'est-ce que fait un gouverneur général?

— Il travaille pour les Canadiens!»

Remerciements

Je dois d'abord remercier ici Son Excellence Madame Jeanne Sauvé. Sa gentillesse et sa générosité ont rendu possible la rédaction de ce livre. Quelque ennui qu'elle ait pu ressentir devant mes questions incessantes comme devant ma présence assidue aux réceptions vice-royales, Madame Sauvé a été d'une indéfectible courtoisie à mon égard. Son Excellence Monsieur Maurice Sauvé m'a été, lui aussi, d'une aide incommensurable.

L'essentiel de ma documentation me vient d'une série d'entretiens que j'eus avec Madame Sauvé. Je suis particulièrement reconnaissant à Madame Renée Langevin pour son accueil sympathique face à toutes mes demandes d'entrevues; elle a toujours su me trouver quelque niche dans l'agenda fort chargé de Son Excellence.

Mmes Berthe Belisle, Annette Peters et Liane Benoit, de même que MM. Jean Benoit et Jean-François Sauvé, m'ont eux aussi accordé des entrevues qui ont jeté d'utiles lumières sur l'histoire de leurs familles respectives.

M. Esmond Butler, qui occupait alors le plus haut rang parmi le personnel de Rideau Hall, m'a de bien des façons facilité les choses et m'a communiqué de précieuses indications sur la fonction de vice-roi. J'ai également une dette de reconnaissance à l'endroit du major Colin Sangster qui, au prix de quelques difficultés, a fait en sorte que je puisse accompagner Madame Sauvé dans deux de ses tournées provinciales.

Les trois aides de camp m'ont également assisté sans relâche. Je remercie donc ici le capitaine Pierre Richard, le capitaine André Lévesque et le lieutenant de marine Paul Maddison.

Mme Marie Bender, secrétaire de presse de Son Excellence, et son adjointe Mme Manon Caris ont passé un temps incroyable

267

à dénicher pour moi les renseignements dont j'avais besoin. Leur patience et leur bonne humeur n'ont cessé de m'émerveiller.

M. Robert Hubbart, auteur de deux excellents ouvrages sur Rideau Hall, m'a prodigué, en même temps que son encouragement, ses précieux conseils d'historien.

Un grand nombre d'autres personnes se sont prêtées à des entrevues ou m'ont aidé de quelque façon. J'aimerais, parmi elles remercier en particulier celles dont les noms suivent:

Dominique Balas, Robert Blain, Don Boudria, Les Brown, l'honorable Jean Chrétien, le major général Maurice Cloutier, Susan Cornell, Françoise Côté, Ramsay Derry, James Ferrabee, Douglas Fisher, d'Iberville Fortier, Guy Fortier, Douglas Fullerton, Edgar Gallant, Harold «Sonny» Gordon, Charles Greenwell, Richard Gwyn, Fernande Juneau, Pierre Juneau, Floralove Katz, le commissaire adjoint William Kelley, Beverley Koester, Pierre Lafleur, le père Maurice Lafond, Marie Tessier-Lavigne, le père Georges-Henri Lévesque, Charles Lynch, Bernard Ostry, John de B. Payne, Alex Pelletier, Gérard Pelletier, Simon Reisman, Denise Robichaud, Blair Seaborn, Serge Senecal, le très honorable John Turner, Jacqueline Varin, Patrick Watson et Peter White.

L'accès à la bibliothèque du Parlement a singulièrement facilité mes recherches; à M. Erik Spicer et à son personnel, j'apporte ici le témoignage de mon appréciation. Je remercie de même le personnel de la section des ouvrages de référence de la Bibliothèque publique d'Ottawa, pour la rapidité avec laquelle il apportait réponse à mes questions les plus saugrenues.

Une partie des photographies reproduites dans le présent ouvrage provient des albums de la famille Sauvé. J'ai également puisé à d'autres sources précieuses: aux archives de la Résidence du gouverneur général, aux Archives publique du Canada, au Centre du film et de la vidéo du gouvernement canadien, etc. Je dois remercier aussi le bureau du protocole de la Saskatchewan, qui m'a gracieusement fait parvenir deux magnifiques photos de la visite que Son Excellence fit à Prud'homme. Merci également à l'*Ottawa Citizen* pour ses très bons clichés. Quant au photographe Yousuf Karsh, il a gracieusement autorisé la reproduction du portrait qui orne la couverture. On doit à Michael S. Heney la soigneuse reproduction de toutes les photos venues de la famille Sauvé; c'est également lui qui a pris plusieurs des photos originales. Le présent livre est le troisième sur lequel nous avons travaillé ensemble; si chaque fois le texte m'a fait problème, les illustrations, elles, sont au-dessus de tout reproche.

Je dois enfin remercier Sandrea, ma femme, pour la patience et la tolérance dont elle a fait preuve au cours des deux dernières années, aux côtés d'un mari qu'obsédait l'oeuvre entreprise. À Sandrea incombait la tâche peu enviable de lire et de commenter chacun de mes mots, chacune de mes phrases, dont certaines trois ou quatre fois reprises. La dédicace de ce livre n'est qu'une des marques de gratitude que je lui dois.

Table des matières

Ouvrages parus chez les éditeurs du groupe Sogides

LES EDITIONS DE L'HOMME

ANIMAUX

* **Art du dressage, L'**, Chartier Gilles
Bien nourrir son chat, D'Orangeville Christian
Cheval, Le, Leblanc Michel
Chien dans votre vie, Le, Margolis Matthew et Swan Marguerite
* **Éducation du chien de 0 à 6 mois, L'**, DeBuyser Dr Colette et Dr Dehasse Joël
Encyclopédie des oiseaux, Godfrey W. Earl
Mammifères de mon pays, Duchesnay St-Denis J. et Dumais Rolland
* **Mon chat, le soigner, le guérir**, D'Orangeville Christian
Observations sur les mammifères, Provencher Paul
Papillons du Québec, Veilleux Christian et Prévost Bernard
Petite ferme, T. 1, Les animaux, Trait Jean-Claude

Vous et votre berger allemand, Eylat Martin
Vous et votre boxer, Herriot Sylvain
Vous et votre caniche, Shira Sav
Vous et votre chat de gouttière, Gadi Sol
Vous et votre chow-chow, Pierre Boistel
Vous et votre doberman, Denis Paula
Vous et votre husky, Eylat Martin
Vous et votre labrador, Van Der Heyden Pierre
Vous et vos oiseaux de compagnie, Huard-Viau Jacqueline
Vous et votre persan, Gadi Sol
Vous et votre setter anglais, Eylat Martin
Vous et vos poissons d'aquarium, Ganiel Sonia
Vous et votre siamois, Eylat Odette

ARTISANAT/ARTS MÉNAGERS

Appareils électro-ménagers, Prentice-Hall of Canada
* **Art du pliage du papier**, Harbin Robert
Artisanat québécois, T. 1, Simard Cyril
Artisanat québécois, T. 2, Simard Cyril
Artisanat québécois, T. 3, Simard Cyril
Artisanat québécois, T.4, Simard Cyril, Bouchard Jean-Louis
Bon Fignolage, Le, Arvisais Dolorès A.
Coffret artisanat, Simard Cyril
Comment aménager une salle
Comment utiliser l'espace
Construire sa maison en bois rustique, Mann D. et Skinulis R.

Crochet Jacquard, Le, Thérien Brigitte
Cuir, Le, Saint-Hilaire Louis et Vogt Walter
Décapage-rembourrage
Décoration intérieure, La,
Dentelle, T. 1, La, De Seve Andrée-Anne
Dentelle, T. 2, La, De Seve Andrée-Anne
Dessiner et aménager son terrain, Prentice-Hall of Canada
Encyclopédie de la maison québécoise, Lessard Michel

Encyclopédie des antiquités, Lessard
Michel
Entretenir et embellir sa maison, Pren-
tice-Hall of Canada
Entretien et réparation de la maison,
Prentice-Hall of Canada
Guide du chauffage au bois, Flager
Gordon
J'apprends à dessiner, Nash Joanna
Je décore avec des fleurs, Bassili Mimi
J'isole mieux, Eakes Jon
Mécanique de mon auto, La, Time-Life
Book
Menuiserie, La, Prentice-Hall of Ca-
nada

* Noeuds, Les, Shaw George Russell
Outils manuels, Les, Prentice-Hall of
Canada
Petits appareils électriques, Prentice-
Hall of Canada
Piscines, barbecues et patio
Terre cuite, Fortier Robert
Tissage, Le, Grisé-Allard Jeanne et Ga-
larneau Germaine
Tout sur le macramé, Harvey Virginia
L.
Trucs ménagers, Godin Lucille
Vitrail, Le, Bettinger Claude

ART CULINAIRE

À table avec soeur Angèle, Soeur An-
gèle
Art d'apprêter les restes, L', Lapointe
Suzanne
Art de la cuisine chinoise, L', Chan
Stella
Art de la table, L', Du Coffre Margue-
rite
Barbecue, Le, Dard Patrice
Bien manger à bon compte, Gauvin
Jocelyne
Boîte à lunch, La, Lambert-Lagacé
Louise
Brunches & petits déjeuners en fête,
Bergeron Yolande
Cheddar, Le, Clubb Angela
Cocktails & punchs au vin, Poister
John
Cocktails de Jacques Normand, Nor-
mand Jacques
Coffret la cuisine
Confitures, Les, Godard Misette
Congélation de A à Z, La, Hood Joan
Congélation des aliments, Lapointe
Suzanne
Conserves, Les, Sansregret Berthe
Cornichons, Ketchups et Marinades,
Chesman Andrea
Cuisine au wok, Solomon Charmaine
Cuisine chinoise, La, Gervais Lizette
Cuisine de Pol Martin, Martin Pol
Cuisine facile aux micro-ondes, Saint-
Amour Pauline
Cuisine joyeuse de soeur Angèle, La,
Soeur Angèle
Cuisine micro-ondes, La, Benoit
Jehane
Cuisine santé pour les aînés, Hunter
Denyse
Cuisiner avec le four à convection,
Benoit Jehane

Cuisinez selon le régime Scarsdale,
Corlin Judith
Faire son pain soi-même, Murray Gill
Janice
Faire son vin soi-même, Beaucage
André
Fondues & flambées de maman La-
pointe, Lapointe Suzanne
Fondues, Les, Dard Patrice
Guide canadien des viandes, Le,
App. & Services Canada
Muffins, Les, Clubb Angela
Nouvelle cuisine micro-ondes, La,
Marchand Marie-Paul et Grenier Ni-
cole
Nouvelle cuisine micro-ondes II, La,
Marchand Marie-Paul, Grenier Ni-
cole
Pâtes à toutes les sauces, Les, La-
pointe Lucette
Pâtés et galantines, Dard Patrice
Pâtisserie, La, Bellot Maurice-Marie
Pizza, La, Dard Patrice
Poissons et fruits de mer, Sansregret
Berthe
Recettes au blender, Huot Juliette
Recettes canadiennes de Laura Se-
cord, Canadian Home Economics
Association
Recettes de gibier, Lapointe Suzanne
Recettes de maman Lapointe, Les,
Lapointe Suzanne
Recettes Molson, Beaulieu Marcel
Robot culinaire, Le, Martin Pol
Salades, sandwichs, hors-d'oeuvre,
Martin Pol

BIOGRAPHIES POPULAIRES

Boy George, Ginsberg Merle
Daniel Johnson, T. 1, Godin Pierre
Daniel Johnson, T. 2, Godin Pierre
Daniel Johnson — Coffret, Godin
Pierre
Dans la fosse aux lions, Chrétien Jean
Duplessis, T. 1 — L'ascension, Black
Conrad
Duplessis, T. 2 — Le pouvoir, Black
Conrad
Duplessis — Coffret, Black Conrad
Dynastie des Bronfman, La, Newman
Peter C.

Establishment canadien, L', Newman
Peter C.
Frère André, Le, Lachance Micheline
Mastantuono, Mastantuono Michel
Maurice Richard, Pellerin Jean
Mulroney, Macdonald L.I.
Nouveaux Riches, Les, Newman Peter
C.
Prince de l'Église, Le, Lachance Miche-
line
Saga des Molson, La, Woods Shirley

DIÉTÉTIQUE

Contrôlez votre poids, Ostiguy Dr
Jean-Paul
* **Cuisine sage,** Lambert-Lagacé Louise
Diététique dans la vie quotidienne,
Lambert-Lagacé Louise
* **Maigrir en santé,** Hunter Denyse
* **Menu de santé,** Lambert-Lagacé
Louise
Nouvelle cuisine santé, Hunter Denyse
Oubliez vos allergies et... bon appétit,
Association de l'information sur les
allergies
Petite & grande cuisine végétarienne,
Bédard Manon

Plan d'attaque Weight Watchers, Le,
Nidetch Jean
Recettes pour aider à maigrir, Ostiguy
Dr Jean-Paul
* **Régimes pour maigrir,** Beaudoin
Marie-Josée
Sage Bouffe de 2 à 6 ans, La, Lam-
bert-Lagacé Louise
**Weight Watchers — cuisine rapide et
savoureuse,** Weight Watchers
**Weight Watchers-Agenda 85 — Fran-
çais,** Weight Watchers
**Weight Watchers-Agenda 85 — An-
glais,** Weight Watchers

DIVERS

* **Acheter ou vendre sa maison,** Bri-
sebois Lucille
* **Acheter et vendre sa maison ou son
condominium,** Brisebois Lucille
* **Bourse, La,** Brown Mark
Chaînes stéréophoniques, Les, Poirier
Gilles
* **Choix de carrières, T. 1,** Milot Guy
* **Choix de carrières, T. 2,** Milot Guy
* **Choix de carrières, T. 3,** Milot Guy
* **Comment rédiger son curriculum
vitae,** Brazeau Julie
Conseils aux inventeurs, Robic
Raymond
* **Dictionnaire économique et financier,**
Lafond Eugène
* **Faire son testament soi-même,** Me
Poirier Gérald, Lescault Nadeau
Martine (notaire)
* **Faites fructifier votre argent,** Zimmer
Henri B.
* **Guide de la haute-fidélité, Le,** Prin
Michel
* **Je cherche un emploi,** Brazeau Julie

* **Loi et vos droits, La,** Marchand Paul-
Émile
* **Règles d'or de la vente, Les,** Kahn
George N.
* **Roulez sans vous faire rouler, T. 3,**
Edmonston Philippe
Savoir vivre aujourd'hui, Fortin
Jacques Marcelle
Séjour dans les auberges du Québec,
Cazelais Normand, Coulon Jac-
ques
Stratégies de placements, Nadeau
Nicole
Temps des fêtes au Québec, Le, Mont-
petit Raymond
Tenir maison, Gaudet-Smet Françoise
* **Tout ce que vous devez savoir sur le
condominium,** Dubois Robert
Univers de l'astronomie, L', Tocquet
Robert
Vente, La, Hopkins Tom
Votre système vidéo, Boisvert Michel,
Lafrance André A.
* **Week-end à New York,** Tavernier-
Cartier Lise

ENFANCE

ÉSOTÉRISME

HISTOIRE

INFORMATIQUE

JARDINAGE

Arbres, haies et arbustes, Pouliot Paul
Culture des fleurs, des fruits, Prentice-Hall of Canada
Encyclopédie du jardinier, Perron W.H.
Guide complet du jardinage, Wilson Charles

Petite ferme, T. 2 — Jardin potager, Trait Jean-Claude
Plantes d'intérieur, Les, Pouliot Paul
Techniques du jardinage, Les, Pouliot Paul
* Terrariums, Les, Kayatta Ken

JEUX/DIVERTISSEMENTS

Améliorons notre bridge, Durand Charles
* Bridge, Le, Beaulieu Viviane
Clés du scrabble, Les, Sigal Pierre A.
Collectionner les timbres, Taschereau Yves
* Dictionnaire des mots croisés, noms communs, Lasnier Paul
* Dictionnaire des mots croisés, noms propres, Piquette Robert
* Dictionnaire raisonné des mots croisés, Charron Jacqueline

Finales aux échecs, Les, Santoy Claude
Jeux de société, Stanké Louis
* Jouons ensemble, Provost Pierre
* Ouverture aux échecs, Coudari Camille
Scrabble, Le, Gallez Daniel
Techniques du billard, Morin Pierre
* Voir clair aux échecs, Tranquille Henri

LINGUISTIQUE

Améliorez votre français, Laurin Jacques
* Anglais par la méthode choc, L', Morgan Jean-Louis
Corrigeons nos anglicismes, Laurin Jacques
* J'apprends l'anglais, Silicani Gino

Notre français et ses pièges, Laurin Jacques
Petit dictionnaire du joual, Turenne Auguste
Secrétaire bilingue, La, Lebel Wilfrid
Verbes, Les, Laurin Jacques

LIVRES PRATIQUES

Bonnes idées de maman Lapointe, Les, Lapointe Lucette

Temps c'est de l'argent, Le, Davenport Rita

MUSIQUE ET CINÉMA

* Belles danses, Les, Dow Allen
* Guitare, La, Collins Peter

Wolfgang Amadeus Mozart raconté en 50 chefs-d'oeuvre, Roussel Paul

NOTRE TRADITION

Coffret notre tradition
Écoles de rang au Québec, Les, Dorion Jacques
Encyclopédie du Québec, T. 1, Landry Louis
Encyclopédie du Québec, T. 2, Landry Louis
Histoire de la chanson québécoise, L'Herbier Benoît

Maison traditionnelle, La, Lessard Micheline
Moulins à eau de la vallée du Saint-Laurent, Adam Villeneuve
Objets familiers de nos ancêtres, Genet Nicole
Vive la compagnie, Daigneault Pierre

PHOTOGRAPHIE (ÉQUIPEMENT ET TECHNIQUE)

* Apprenez la photographie avec Antoine Desilets, Desilets Antoine
Chasse photographique, La, Coiteux Louis
8/Super 8/16, Lafrance André
Initiation à la Photographie, London Barbara
Initiation à la Photographie-Canon, London Barbara
Initiation à la Photographie-Minolta, London Barbara
Initiation à la Photographie-Nikon, London Barbara
Initiation à la Photographie-Olympus, London Barbara
Initiation à la Photographie-Pentax, London Barbara
* Je développe mes photos, Desilets Antoine
* Je prends des photos, Desilets Antoine
* Photo à la portée de tous, Desilets Antoine
Photo guide, Desilets Antoine
* Technique de la photo, La, Desilets Antoine

PSYCHOLOGIE

Âge démasqué, L', De Ravinel Hubert
* Aider mon patron à m'aider, Houde Eugène
* Amour de l'exigence à la préférence, Auger Lucien
Au-delà de l'intelligence humaine, Pouliot Élise
Auto-développement, L', Garneau Jean
Bonheur au travail, Le, Houde Eugène
Bonheur possible, Le, Blondin Robert
Chimie de l'amour, La, Liebowitz Michael
* Coeur à l'ouvrage, Le, Lefebvre Gérald
Coffret psychologie moderne
Colère, La, Tavris Carol
* Comment animer un groupe, Office Catéchèse
* Comment avoir des enfants heureux, Azerrad Jacob
* Comment déborder d'énergie, Simard Jean-Paul
Comment vaincre la gêne, Catta Rene-Salvator
* Communication dans le couple, La, Granger Luc
* Communication et épanouissement personnel, Auger Lucien
Comprendre la névrose et aider les névrosés, Ellis Albert
* Contact, Zunin Nathalie
* Courage de vivre, Le, Kiev Docteur A.
Courage et discipline au travail, Houde Eugène
Dynamique des groupes, Aubry J.-M. et Saint-Arnaud Y.
Élever des enfants sans perdre la boule, Auger Lucien
* Émotivité et efficacité au travail, Houde Eugène
Enfants de l'autre, Les, Paris Erna
* Être soi-même, Corkille Briggs, D.
* Facteur chance, Le, Gunther Max
* Fantasmes créateurs, Les, Singer Jérôme
* J'aime, Saint-Arnaud Yves
Journal intime intensif, Progoff Ira
Miracle de l'amour, Un, Kaufman Barry Neil
* Mise en forme psychologique, Corrière Richard
* Parle-moi... J'ai des choses à te dire, Salome Jacques
Penser heureux, Auger Lucien
* Personne humaine, La, Saint-Arnaud Yves
* Première impression, La, Kleinke Chris, L.
Prévenir et surmonter la déprime, Auger Lucien
* Psychologie dans la vie quotidienne, Blank Dr Léonard
* Psychologie de l'amour romantique, Braden Docteur N.
* Qui es-tu grand-mère? Et toi grand-père?, Eylat Odette
* S'affirmer et communiquer, Beaudry Madeleine
* S'aider soi-même, Auger Lucien
* S'aider soi-même davantage, Auger Lucien
* S'aimer pour la vie, Wanderer Dr Zev
* Savoir organiser, savoir décider, Lefebvre Gérald
* Savoir relaxer et combattre le stress, Jacobson Dr Edmund
* Se changer, Mahoney Michael
* Se comprendre soi-même par des tests, Collectif
* Se concentrer pour être heureux, Simard Jean-Paul

Se connaître soi-même, Artaud Gérard
* Se contrôler par biofeedback, Ligonde Paultre
* Se créer par la Gestalt, Zinker Joseph
* S'entraider, Limoges Jacques
* Se guérir de la sottise, Auger Lucien
Séparation du couple, La, Weiss Robert S.
Sexualité au bureau, La, Horn Patrice

Tendresse, La, Wölfl Norbert
* Vaincre ses peurs, Auger Lucien
Vivre à deux: plaisir ou cauchemar, Duval Jean-Marie
* Vivre avec sa tête ou avec son coeur, Auger Lucien
Vivre c'est vendre, Chaput Jean-Marc
* Vivre jeune, Waldo Myra
* Vouloir c'est pouvoir, Hull Raymond

ROMANS/ESSAIS

Adieu Québec, Bruneau André
Baie d'Hudson, La, Newman Peter C.
Bien-pensants, Les, Berton Pierre
Bousille et les justes, Gélinas Gratien
Coffret Establishment canadien, Newman Peter C.
Coffret Joey
C.P., Susan Goldenberg
Commettants de Caridad, Les, Thériault Yves
Deux innocents en Chine Rouge, Hébert Jacques
Dome, Jim Lyon
Emprise, L', Brulotte Gaétan
IBM, Sobel Robert
Insolences du Frère Untel, Les, Untel Frère

ITT, Sobel Robert
J'parle tout seul, Coderre Émile
Lamia, Thyraud de Vosjoli P.L.
Mensonge amoureux, Le, Blondin Robert
Nadia, Aubin Benoît
Oui, Lévesque René
Premiers sur la Lune, Armstrong Neil
Telle est ma position, Mulroney Brian
Terrorisme québécois, Le, Morf Gustave
Un doux équilibre, King Annabelle
Vrai visage de Duplessis, Le, Laporte Pierre

SANTÉ ET ESTHÉTIQUE

Allergies, Les, Delorme Dr Pierre
Art de se maquiller, L', Moizé Alain
* Bien vivre sa ménopause, Gendron Dr Lionel
Bronzer sans danger, Doka Bernadette
* Cellulite, La, Ostiguy Dr Jean-Paul
Cellulite, La, Léonard Dr Gérard J.
Exercices pour les aînés, Godfrey Dr Charles, Feldman Michael
Face lifting par l'exercice, Le, Runge Senta Maria
Grandir en 100 exercices, Berthelet Pierre
* Guérir ses maux de dos, Hall Dr Hamilton
Médecine esthétique, La, Lanctot Guylaine
Obésité et cellulite, enfin la solution, Léonard Dr Gérard J.
Santé, un capital à préserver, Peeters E.G.
Travailler devant un écran, Feeley, Dr Helen
Coffret 30 jours
30 jours pour avoir de beaux cheveux, Davis Julie

30 jours pour avoir de beaux ongles, Bozic Patricia
30 jours pour avoir de beaux seins, Larkin Régina
30 jours pour avoir de belles cuisses, Stehling Wendy
30 jours pour avoir de belles fesses, Cox Déborah
30 jours pour avoir un beau teint, Zizmor Dr Jonathan
30 jours pour cesser de fumer, Holland Gary, Weiss Herman
30 jours pour mieux organiser, Holland Gary
30 jours pour perdre son ventre, Burstein Nancy
30 jours pour perdre son ventre (homme), Matthews Roy, Burnstein Nancy
30 jours pour redevenir un couple amoureux, Nida Patricia K., Cooney Kevin
30 jours pour un plus grand épanouissement sexuel, Schneider Alan, Laiken Deidre

SEXOLOGIE

Adolescente veut savoir, L', Gendron Lionel
Fais voir, Fleischhaner H.
Guide illustré du plaisir sexuel, Corey Dr Robert E.
Helga, Bender Erich F.
Plaisir partagé, Le, Gary-Bishop Hélène

* Première expérience sexuelle, La, Gendron Lionel
* Sexe au féminin, Le, Kerr Carmen
* Sexualité du jeune adolescent, Gendron Lionel
* Sexualité dynamique, La, Lefort Dr Paul
* Shiatsu et sensualité, Rioux Yuki

SPORTS

Collection sport: dirigée par LOUIS ARPIN

100 trucs de billard, Morin Pierre
5BX Le programme pour être en forme
Apprenez à patiner, Marcotte Gaston
Arc et la Chasse, L', Guardo Greg
* Armes de chasse, Les, Petit Martinon Charles
* Badminton, Le, Corbeil Jean
* Canoe-kayak, Le, Ruck Wolf
* Carte et boussole, Kjellstrom Bjorn
* Chasse au petit gibier, La, Paquet Yvon-Louis
Chasse et gibier du Québec, Bergeron Raymond
Chasseurs sachez chasser, Lapierre Lucie
* Comment se sortir du trou au golf, Brien Luc
* Comment vivre dans la nature, Rivière Bill
* Corrigez vos défauts au golf, Bergeron Yves
Curling, Le, Lukowich Ed.
Devenir gardien de but au hockey, Allaire François
Encyclopédie de la chasse au Québec, Leiffet Bernard
Entraînement, poids-haltères, L', Ryan Frank
Exercices à deux, Gregor Carol
Golf au féminin, Le, Bergeron Yves
Grand livre des sports, Le, Le groupe Diagram
Guide complet du judo, Arpin Louis
* Guide complet du self-defense, Arpin Louis
Guide d'achat de l'équipement de tennis, Chevalier Richard, Gilbert Yvon
* Guide de survie de l'armée américaine
Guide des jeux scouts, Association des scouts
Guide du judo au sol, Arpin Louis
Guide du self-defense, Arpin Louis
Guide du trappeur, Le, Provencher Paul

Hatha yoga, Piuze Suzanne
* J'apprends à nager, Lacoursière Réjean
* Jogging, Le, Chevalier Richard
Jouez gagnant au golf, Brien Luc
Larry Robinson, le jeu défensif, Robinson Larry
Lutte olympique, La, Sauvé Marcel
* Manuel de pilotage, Transports Canada
* Marathon pour tous, Anctil Pierre
* Médecine sportive, Mirkin Dr Gabe
Mon coup de patin, Wild John
* Musculation pour tous, Laferrière Serge
Natation de compétition, La, Lacoursière Réjean
Partons en camping, Satterfield Archie, Bauer Eddie
Partons sac au dos, Satterfield Archie, Bauer Eddie
Passes au hockey, Les, Champleau Claude
Pêche à la mouche, La, Marleau Serge
Pêche à la mouche, Vincent Serge-J.
Pêche au Québec, La, Chamberland Michel
* Planche à voile, La, Maillefer Gérald
* Programme XBX, Aviation Royale du Canada
Provencher, le dernier coureur des bois, Provencher Paul
Racquetball, Corbeil Jean
Racquetball plus, Corbeil Jean
Raquette, La, Osgoode William
* Règles du golf, Les, Bergeron Yves
Rivières et lacs canotables, Fédération québécoise du canot-camping
* S'améliorer au tennis, Chevalier Richard
Secrets du baseball, Les, Raymond Claude

le jour,
éditeur

ANIMAUX

ART CULINAIRE ET DIÉTÉTIQUE

ARTISANAT/ARTS MÉNAGERS

DIVERS

ENFANCE

ÉSOTÉRISME

HISTOIRE

JEUX/DIVERTISSEMENTS

LINGUISTIQUE

Des mots et des phrases, T. 1, Dagenais Gérard

Des mots et des phrases, T. 2, Dagenais Gérard

Joual de Troie, Marcel Jean

NOTRE TRADITION

Ah mes aïeux, Hébert Jacques

Lettre à un Français qui veut émigrer au Québec, Dubuc Carl

OUVRAGES DE RÉFÉRENCE

Règles d'or de la vente, Les, Kahn George N.

PSYCHOLOGIE

* Adieu, Halpern Dr Howard
* Agressivité créatrice, Bach Dr George
* Aimer son prochain comme soi-même, Murphy Joseph
* Anti-stress, L', Eylat Odette
Arrête! tu m'exaspères, Bach Dr George
Art d'engager la conversation et de se faire des amis, L', Gabor Don
* Art de convaincre, L', Ryborz Heinz
* Art d'être égoïste, L', Kirschner Josef
* Au centre de soi, Gendlin Dr Eugèr:e
* Auto-hypnose, L', Le Cron M. Leslie
Autre femme, L', Sevigny Hélène
Bains Flottants, Les, Hutchison Michael
* Bien dans sa peau grâce à la technique Alexander, Stransky Judith
Ces vérités vont changer votre vie, Murphy Joseph
Chemin infaillible du succès, Le, Stone W. Clément
Clefs de la confiance, Les, Gibb Dr Jack
Comment aimer vivre seul, Shanon Lynn
* Comment devenir des parents doués, Lewis David
* Comment dominer et influencer les autres, Gabriel H.W.
Comment s'arrêter de fumer, Mc Farland J. Wayne
* Comment vaincre la timidité en amour, Weber Éric
Contacts en or avec votre clientèle, Sapin Gold Carol
* Contrôle de soi par la relaxation, Marcotte Claude
Couple homosexuel, Le, McWhirter David P., Mattison Andrew M.

Découvrez l'inconscient par la parapsychologie, Ryzl Milan
* Devenir autonome, St-Armand Yves
* Dire oui à l'amour, Buscaglia Léo
Enfants du divorce se racontent, Les, Robson Bonnie
* Ennemis intimes, Bach Dr George
Espaces intérieurs, Les, Eisenberg Dr Howard
États d'esprit, Glasser Dr William
* Être efficace, Hanot Marc
Être homme, Goldberg Dr Herb
* Fabriquer sa chance, Gittenson Bernard
Famille moderne et son avenir, La, Richards Lyn
Gagner le match, Gallwey Timothy
Gestalt, La, Polster Erving
Guide de l'urgence-stress, Reuben Dr David
Guide du succès, Le, Hopkins Tom
L'Harmonie, une poursuite du succès, Vincent Raymond
* Homme au dessert, Un, Friedman Sonya
Homme en devenir, L', Houston Jean
* Homme nouveau, L', Bodymind, Dychtwald Ken
* Jouer le tout pour le tout, Frederick Carl
Maigrir sans obsession, Orbach Susie
Maîtriser la douleur, Bogin Meg
Maîtriser son destin, Kirschner Josef
Manifester son affection, Bach Dr George
* Mémoire, La, Loftus Elizabeth
* Mémoire à tout âge, La, Dereskey Ladislaus
* Mère et fille, Horwick Kathleen
* Miracle de votre esprit, Murphy Joseph

ROMANS/ESSAIS

Jean-Paul ou les hasards de la vie, Bellier Marcel
Johnny Bungalow, Villeneuve Paul
Jolis Deuils, Carrier Roch
Lettres d'amour, Champagne Maurice
Louis Riel patriote, Bowsfield Hartwell
Louis Riel un homme à pendre, Osler E.B.
Ma chienne de vie, Labrosse Jean-Guy
Marche du bonheur, La, Gilbert Normand
Mémoires d'un Esquimau, Metayer Maurice

Mon cheval pour un royaume, Poulin J.
Neige et le feu, La, Baillargeon Pierre
N'Tsuk, Thériault Yves
Opération Orchidée, Villon Christiane
Orphelin esclave de notre monde, Labrosse Jean
Oslovik fait la bombe, Oslovik
Parlez-moi d'humour, Hudon Normand
Scandale est nécessaire, Le, Baillargeon Pierre
Vivre en amour, Delisle Lapierre

SANTÉ

Alcool et la nutrition, L', Brunet Jean-Marc
Bruit et la santé, Le, Brunet Jean-Marc
Chaleur peut vous guérir, La, Brunet Jean-Marc
Échec au vieillissement prématuré, Blais J.
Greffe des cheveux vivants, Guy Dr
Guérir votre foie, Brunet Jean-Marc
Information santé, Brunet Jean-Marc
Magie en médecine, Silva Raymond
Maigrir naturellement, Lauzon Jean-Luc

Mort lente par le sucre, Duruisseau Jean-Paul
40 ans, âge d'or, Taylor Eric
Recettes naturistes pour arthritiques et rhumatisants, Cuillerier Luc
Santé de l'arthritique et du rhumatisant, Labelle Yvan
* Tao de longue vie, Le, Soo Chee
Vaincre l'insomnie, Filion Michel, Boisvert Jean-Marie, Melanson Danielle
Vos aliments sont empoisonnés, Leduc Paul

SEXOLOGIE

* Aimer les hommes pour toutes sortes de bonnes raisons, Nir Dr Yehuda
* Apprentissage sexuel au féminin, L', Kassorla Irene
* Comment faire l'amour à un homme, Penney Alexandra
* Comment faire l'amour à une femme, Morgenstern Michael
* Comment faire l'amour ensemble, Penney Alexandra
* Comment séduire les filles, Weber Éric
Dépression nerveuse et le corps, La, Lowen Dr Alexander
Drogues, Les, Boutot Bruno
* Femme célibataire et la sexualité, La, Robert M.

* Jeux de nuit, Bruchez Chantal
* Massage en profondeur, Le, Bélair Michel
Massage pour tous, Le, Morand Gilles
* Orgasme au féminin, L', L'heureux Christine
* Orgasme au masculin, L', Boutot Bruno
* Orgasme au pluriel, L', Boudreau Yves
Première fois, La, L'Heureux Christine
Rapport sur l'amour et la sexualité, Brecher Edward
Sexualité expliquée aux adolescents, La, Boudreau Yves
Sexualité expliquée aux enfants, La, Cholette Pérusse F.

SPORTS

Baseball-Montréal, Leblanc Bertrand
Chasse au Québec, Deyglun Serge
Chasse et gibier du Québec, Guardo Greg
Exercice physique pour tous, Bohemier Guy
Grande forme, Baer Brigitte
Guide des pistes cyclables, Guy Côté

Guide des rivières du Québec, Fédération canot-kayac
Lecture des cartes, Godin Serge
Offensive rouge, L', Boulonne Gérard
Pêche et coopération au Québec, Larocque Paul
Pêche sportive au Québec, Deyglun Serge

ASTROLOGIE

BIOGRAPHIES

DIVERS

HISTOIRE

HUMOUR

LINGUISTIQUE

NOTRE TRADITION

PSYCHOLOGIE

* **Esprit libre, L',** Powell Robert

ROMANS/ESSAIS

* **Aaron,** Thériault Yves
* **Aaron, 10/10,** Thériault Yves
* **Agaguk,** Thériault Yves
* **Agaguk, 10/10,** Thériault Yves
* **Agénor, Agénor, Agénor et Agénor,** Barcelo François
* **Ah l'amour, l'amour,** Audet Noël
* **Amantes,** Brossard Nicole
* **Après guerre de l'amour, L',** Lafrenière J.
* **Aube,** Hogue Jacqueline
* **Aube de Suse, L',** Forest Jean
* **Aventure de Blanche Morti, L',** Beaudin Beaupré Aline
* **Beauté tragique,** Robertson Heat
* **Belle épouvante, La,** Lalonde Robert
* **Black Magic,** Fontaine Rachel
* **Blocs erratiques,** Aquin Hubert
* **Blocs erratiques, 10/10,** Aquin Hubert
* **Bourru mouillé,** Poupart Jean-Marie
* **Bousille et les justes,** Gélinas Gratien
* **Bousille et les justes, 10/10,** Gélinas Gratien
* **Carolie printemps,** Lafrenière Joseph
* **Charles Levy M.D.,** Bosco Monique
* **Chère voisine,** Brouillet Chrystine
* **Chère voisine, 10/10,** Brouillet Chrystine
* **Chroniques du Nouvel-Ontario,** Brodeur Hélène
* **Confessions d'un enfant,** Lamarche Jacques
* **Corps vêtu de mots, Le,** Dussault Jean
* **Coup de foudre,** Brouillet Chrystine
* **Couvade, La,** Baillie Robert
* **Cul-de-sac, 10/10,** Thériault Yves
* **De mémoire de femme,** Andersen Marguerite
* **Demi-Civilisés, Les, 10/10,** Harvey Jean-Charles
* **Dernier havre, Le, 10/10,** Thériault Yves
* **Dernière chaîne, La,** Latour Chrystine
* **Des filles de beauté,** Baillie Robert
* **Difficiles lettres d'amour,** Garneau Jacques
* **Dix contes et nouvelles fantastiques,** Collectif
* **Dix nouvelles de science-fiction québécoise,** Collectif
* **Dix nouvelles humoristiques,** Collectif
* **Dompteurs d'ours, Le,** Thériault Yves

* **Double suspect, Le,** Monette Madeleine
* **En eaux troubles,** Bowering George
* **Entre l'aube et le jour,** Brodeur Hélène
* **Entre temps,** Marteau Robert
* **Entretiens avec O. Létourneau,** Huot Cécile
* **Esclave bien payée, Une,** Paquin Carole
* **Essai sur l'Hindouisme,** Dussault Jean-Claude
* **Été de Jessica, Un,** Bergeron Alain
* **Et puis tout est silence,** Jasmin Claude
* **Été sans retour, L',** Gevry Gérard
* **Faillite du Canada anglais, La,** Genuist Paul
* **Faire sa mort comme faire l'amour,** Turgeon Pierre
* **Faire sa mort comme faire l'amour, 10/10,** Turgeon Pierre
* **Femme comestible, La,** Atwood Margaret
* **Fille laide, La,** Thériault Yves
* **Fille laide, La, 10/10,** Thériault Yves
* **Fleur aux dents, La,** Archambault Gilles
* **Fragiles lumières de la terre,** Roy Gabrielle
* **French Kiss,** Brossard Nicole
* **Fridolinades, T. 1 (45-46),** Gélinas Gratien
* **Fridolinades, T. 2 (43-44),** Gélinas Gratien
* **Fridolinades, T. 3 (41-42),** Gélinas Gratien
* **Fuites & poursuites,** Collectif
* **Gants jetés, Les,** Martel Émile
* **Grand branle-bas, Le,** Hébert Jacques
* **Grand Elixir, Le,** De Lamirande Claire
* **Grand rêve de madame Wagner, Le,** Lavigne Nicole
* **Histoire des femmes au Québec,** Collectif Clio
* **Holyoke,** Hébert François
* **Homme sous vos pieds, L',** Gevry Gérard
* **Hubert Aquin,** Lapierre René
* **Improbable autopsie, L',** Paré Paul
* **Indépendance oui mais,** Bergeron Gérard
* **IXE-13,** Saurel Pierre
* **Jazzy,** Doerkson Margaret
* **Je me veux,** Lamarche Claude

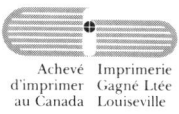

Achevé   Imprimerie
d'imprimer Gagné Ltée
au Canada Louiseville